计算机类技能型理实一体化新形态系列

IT职业素养

(第5版)

主　编　陈守森　王　俏
　　　　贾春朴　耿晓燕

清华大学出版社
北京

内 容 简 介

本书弥补了当前电子信息类专业教学过程中欠缺的非技术技能和素养能力,将沟通能力、基本信息技能(办公自动化、视频剪辑、图像处理)、时间管理等职业素养融入信息系统的设计与实现过程中,从而更有利于培养学生的 IT 职业素养。全书分为初入职场、立足职场、职业生涯三部分。初入职场部分侧重介绍基本职业规范、工作技巧、计划管理、时间管理、团队工作方法等内容;立足职场部分以提升工作能力为目标,阐述了诚信、执行力、细节管理等内容的重要性,并强调了职业道德与职业规范;职业生涯部分依托职业生涯规划,重点阐述了新一代信息技术视域下工作和生活、创新和创业等内容,力求给读者以启发。本书为校企联合开发的新形态教材,具有丰富企业经验的一线工程师为贯穿本书的项目、案例提供了技术支持。

本书既可作为高校电子信息类的专业课教材,也可作为智能制造、信息管理、大数据与会计等专业的基础课教材。

本书封面贴有清华大学出版社防伪标签,无标签者不得销售。
版权所有,侵权必究。举报: 010-62782989, beiqinquan@tup.tsinghua.edu.cn。

图书在版编目(CIP)数据

IT 职业素养 / 陈守森等主编. -- 5 版. -- 北京:清华大学出版社,2025.4.
(计算机类技能型理实一体化新形态系列). -- ISBN 978-7-302-68959-1
Ⅰ. F49
中国国家版本馆 CIP 数据核字第 2025PZ2628 号

责任编辑:李慧恬
封面设计:刘代书　陈昊靓
责任校对:李　梅
责任印制:刘　菲

出版发行:清华大学出版社
　　网　　址:https://www.tup.com.cn, https://www.wqxuetang.com
　　地　　址:北京清华大学学研大厦 A 座　　邮　编:100084
　　社　总　机:010-83470000　　邮　购:010-62786544
　　投稿与读者服务:010-62776969, c-service@tup.tsinghua.edu.cn
　　质量反馈:010-62772015, zhiliang@tup.tsinghua.edu.cn
　　课件下载:https://www.tup.com.cn, 010-83470410
印 装 者:三河市人民印务有限公司
经　　销:全国新华书店
开　　本:185mm×260mm　　印　张:17.5　　字　数:368 千字
版　　次:2009 年 4 月第 1 版　2025 年 5 月第 5 版　　印　次:2025 年 5 月第 1 次印刷
定　　价:59.80 元

产品编号:109294-01

第5版前言

自2009年第1版《IT职业素养》面世以来,教材编写团队一直坚持这门课程的日常教学,并通过教学实践不断改进教材内容。在过去的十几年中,非常感谢兄弟院校的支持,本书在一百多所院校得到应用。在教学应用过程中,兄弟院校的师生给我们反馈了一些问题,这些问题对本次改版工作帮助很大,在此对长期支持、关心本教材的师生表示感谢。

与十多年前相比,社会信息化这一特征更加明显,并且在快速发展变化中,比如,更多生活、办公模式建立在移动通信之上;日常信息获取渠道多数为自媒体;物联网、云计算、人工智能等新一代信息技术广泛应用于生产、生活中;经过多年的积累,信息能力和应用水平显著提升,数据应用模式不断变化;信息系统覆盖面更广,嵌入程度更深。

对于信息技术从业人员来讲,职业素养能力更加重要。信息系统变得越来越复杂,十多年前人们讨论大数据软件开发,现在大数据分析是软件的必备功能;计划、管理、沟通等能力在绝大部分IT工作岗位中的作用日益突出,但是在教学过程中,这部分内容往往被忽视。大部分内容独立、功能单一、设计简单的需求基本已经被发展为模块或接口,在加速系统建设的同时,不仅需要具备更加全面的专业技能,同时需要更加灵活的工作方式和职业能力,对职业素养的要求也越来越高。同时,信息技术与各行各业深度融合,人们都需要了解信息化职业素养。

为此,我们在以前版本的基础上进行了较大幅度的修订,删除了过时的案例,引入了更加贴近企业现状的案例,同时还专门邀请了烟台市大数据中心、烟台海颐软件股份有限公司的工程师和经理对如何解决IT行业面临的问题进行了讨论,共同设计了教学管理系统和客户关系管理系统两个项目。教学管理系统是师生非常熟悉且经常应用的系统,作为本书基础项目进行演示,方便教学和学习;客户关系管理系统则进一步阐述相关知识的应用,起到拓展学习的作用。通过提取项目实施过程中的能力和素养,凝结成为本书的具体内容。本次改版重点解决了以下问题:①学生缺乏对项目的整体把握,不了解自身在项目中担任的角色,不能从项目角度分析看待问题;②一旦有轮岗需求或者岗位发生变化,学生职业生涯发展即受到影响;③学生仍然缺乏人际沟通、时间管理、知识产权保护等职业素养。

全书分为初入职场、立足职场、职业生涯三部分,共有18章内容。初入职场部分侧重从信息技术基本概念讲起,接下来介绍了如何应用信息技术提高工作效率,在信息化项目中如何沟通等内容，同时以教学管理系统为例，演示了项目开发过程中计划管理、时间管理和建立团队等方面的内容和知识。立足职场从项目招投标讲起，不仅介绍了项目招投标、答辩、执行等方面的知识，同时将诚信、细节管理、执行力、质量管理、信息安全等职业素养与具体项目结合，以帮助读者实现提高工作效率及提升工作能力的目标。职业生涯部分则首先介绍了职业生涯规划，并重点剖析了IT工作人员职业生涯设计的途径和方法，接下来的内容包括压力管理、新一代信息技术知识拓展、智慧社会、创新和创业等，希望这些内容能够对读者的职业生涯发展提供帮助。

　　全书依托具体项目建设过程，将职业素养理论融入现实工作、生活中，力求语言通俗易懂、内容方便实用。本书由陈守森、王俏、贾春朴、耿晓燕担任主编，李孟曦、张超、杨晓平担任副主编。陈守森负责全书章节的设计、修订和校对工作，赵玉金等一线企业经理协助设计了项目，贾春朴、耿晓燕修订了第1部分内容，王俏修订了第2部分内容并对全书进行统稿，陈守森撰写了第13章、第14章和第18章的初稿，李孟曦撰写了第15章的初稿，张超撰写了第16章的初稿，杨晓平撰写了第17章的初稿，秦绪霞、麻晓杰参与稿件校对等工作，还有很多来自企业、院校的专家和学者为本书编写提供了各方面的帮助，在此一并表示感谢。

　　鉴于作者水平有限，书中难免有不足之处，敬请广大读者批评指正。

编　者

2024年12月

目 录

第 1 部分　初入职场 ····· 1

第 1 章　数据、信息与信息技术 ····· 2
- 1.1　案例综述 ····· 2
  - 1.1.1　教学管理系统 ····· 2
  - 1.1.2　客户关系管理系统 ····· 3
- 1.2　数据 ····· 4
  - 1.2.1　理解数据 ····· 5
  - 1.2.2　数据相关技术 ····· 6
- 1.3　信息技术基础 ····· 8
  - 1.3.1　"传统"信息技术 ····· 8
  - 1.3.2　新一代信息技术 ····· 11
- 1.4　实践训练 ····· 14

第 2 章　高效工作 ····· 15
- 2.1　价值与效率 ····· 15
  - 2.1.1　效率 ····· 15
  - 2.1.2　价值、剩余价值与效率 ····· 17
  - 2.1.3　信息技术与效率 ····· 17
- 2.2　提升工作效率 ····· 19
  - 2.2.1　硬件 ····· 20
  - 2.2.2　软件 ····· 21
  - 2.2.3　AI 技术 ····· 22
- 2.3　目标与效率 ····· 24
- 2.4　竞争与效率 ····· 25
- 2.5　实践训练 ····· 26

第 3 章 沟通与需求分析 ············ 28

3.1 沟通基础 ············ 28
3.1.1 沟通 ············ 28
3.1.2 角色 ············ 30
3.1.3 倾听 ············ 32

3.2 沟通技巧 ············ 34
3.2.1 与客户的沟通 ············ 35
3.2.2 与团队成员的沟通 ············ 36
3.2.3 跨部门沟通 ············ 38
3.2.4 与领导的沟通 ············ 39

3.3 沟通效率 ············ 41
3.3.1 学会表达 ············ 41
3.3.2 经常汇报 ············ 43
3.3.3 肯定——管理者最有效的沟通方式 ············ 44

3.4 处理冲突 ············ 45
3.4.1 多米诺骨牌效应——冲突的危害 ············ 45
3.4.2 澄清事实 ············ 46
3.4.3 说服领导 ············ 47

3.5 实践训练 ············ 48

第 4 章 计划与资源 ············ 49

4.1 计划 ············ 49
4.1.1 计划的意义 ············ 50
4.1.2 计划分类 ············ 50
4.1.3 目标与计划 ············ 51
4.1.4 资源与计划 ············ 53

4.2 战略计划方法 ············ 54
4.2.1 BCG 矩阵分析法 ············ 54
4.2.2 SWOT 分析法 ············ 55
4.2.3 头脑风暴法 ············ 56

4.3 项目计划管理 ············ 57
4.3.1 项目范围管理 ············ 58
4.3.2 项目干系人 ············ 60
4.3.3 项目进度计划 ············ 61

		4.3.4 项目成本计划 ··· 62
		4.3.5 项目质量计划 ··· 62
4.4	实践训练 ··· 63

第 5 章 时间管理 ·· 64

  5.1 时间管理概述 ··· 64
    5.1.1 认识时间 ··· 64
    5.1.2 时间管理的意义 ··· 65
  5.2 时间管理技巧 ··· 68
    5.2.1 目标与时间管理 ··· 68
    5.2.2 二八法则 ··· 69
    5.2.3 合并同类事项 ·· 70
    5.2.4 养成良好习惯 ·· 70
    5.2.5 利用空闲时间 ·· 72
    5.2.6 拒绝额外事项 ·· 73
  5.3 项目时间管理 ··· 74
    5.3.1 甘特图 ·· 75
    5.3.2 关键路径原理 ·· 77
    5.3.3 项目时间管理技巧 ······································· 78
  5.4 实践训练 ·· 79

第 6 章 团队建设 ·· 80

  6.1 团队基础 ·· 80
    6.1.1 群体与团队 ·· 80
    6.1.2 团队类型 ··· 82
    6.1.3 高效团队的特点 ··· 82
  6.2 开发管理团队 ··· 83
    6.2.1 团队管理 ··· 83
    6.2.2 团队冲突 ··· 85
  6.3 IT 团队 ··· 86
    6.3.1 我们需要什么样的成员 ································· 86
    6.3.2 组建团队 ··· 87
  6.4 企业文化 ·· 89
    6.4.1 企业文化的含义 ··· 89

  6.4.2 企业文化的内容 ·············· 90
 6.5 实践训练 ······························ 92

第 2 部分 立足职场 ························ 95

第 7 章 招投标 ································ 96
 7.1 招标 ·································· 96
  7.1.1 招标书 ······················ 96
  7.1.2 招标方式 ·················· 98
 7.2 投标 ·································· 99
  7.2.1 投标书 ······················ 99
  7.2.2 做到最好 ················ 102
 7.3 诚实守信 ·························· 104
  7.3.1 诚信工作 ················ 104
  7.3.2 诚信生活 ················ 105
 7.4 知识产权 ·························· 107
 7.5 实践训练 ·························· 108

第 8 章 答辩与细节管理 ················ 109
 8.1 答辩 PPT 制作 ·················· 109
  8.1.1 PPT 制作技巧 ········· 109
  8.1.2 PPT 制作步骤 ········· 112
 8.2 答辩细节处理 ···················· 114
  8.2.1 细节的重要性 ········· 114
  8.2.2 IT 细节管理 ············ 115
 8.3 第一印象和形象礼仪 ········ 117
  8.3.1 第一印象 ················ 117
  8.3.2 员工形象 ················ 118
 8.4 实践训练 ·························· 119

第 9 章 执行力与项目执行 ············ 120
 9.1 个人执行力 ······················ 120
  9.1.1 个人执行力的价值 ··· 120
  9.1.2 个人执行力不足的弊端 ··· 121

9.2 提高个人执行力 ··· 123
　　9.2.1 个人执行力培养 ·· 123
　　9.2.2 领导力与执行力 ·· 125
9.3 项目执行力 ·· 126
　　9.3.1 项目执行力的价值 ··· 126
　　9.3.2 项目执行力不足的弊端 ··· 127
9.4 提高项目执行力 ·· 127
9.5 实践训练 ··· 130

第 10 章 质量管理与职业态度 ··· 131
10.1 项目质量管理 ·· 132
　　10.1.1 项目质量管理概述 ··· 132
　　10.1.2 确保软件项目质量 ··· 133
10.2 职业态度 ··· 135
　　10.2.1 全心全意 ··· 135
　　10.2.2 敢于负责 ··· 136
　　10.2.3 责任心 ·· 138
10.3 工作习惯 ··· 139
　　10.3.1 习惯的力量 ·· 139
　　10.3.2 工作中的好习惯 ·· 140
　　10.3.3 应摒弃的坏习惯 ·· 141
10.4 实践训练 ··· 143

第 11 章 信息安全 ·· 144
11.1 信息安全风险 ·· 144
　　11.1.1 人为风险 ··· 145
　　11.1.2 技术风险 ··· 146
　　11.1.3 设备风险 ··· 147
　　11.1.4 软件风险 ··· 148
11.2 信息安全保障 ·· 149
　　11.2.1 硬件安全 ··· 149
　　11.2.2 数据安全 ··· 151
　　11.2.3 网络安全 ··· 152

11.3 实践训练......156

第 12 章 职业道德与法律规范......157
12.1 热情敬业......157
12.1.1 敬业精神......157
12.1.2 诚信是基础......158
12.1.3 善用 AI......160
12.2 保密......160
12.3 不做黑客......162
12.4 保护自己......165
12.4.1 在办公室中保护自己......165
12.4.2 合法权益......167
12.5 实践训练......169

第 3 部分 职业生涯......171

第 13 章 职业生涯规划......172
13.1 职业生涯规划基础......173
13.1.1 以终为始......173
13.1.2 确定目标......173
13.1.3 能力分析......175
13.2 专业能力与职业素养......176
13.2.1 专业能力......176
13.2.2 职业资格证书......177
13.3 职业发展......178
13.3.1 职业生涯规划......178
13.3.2 职业发展的方法......179
13.3.3 女性的职业生涯......180
13.4 终身学习......181
13.4.1 知识更新......181
13.4.2 终身学习的意义......182
13.4.3 学习型社会......184
13.5 实践训练......185

第 14 章 压力管理···187
14.1 压力概述···187
14.1.1 什么是压力···187
14.1.2 压力的双面性···190
14.2 心理压力测试···193
14.3 压力管理方式···196
14.3.1 情绪管理···196
14.3.2 运动与压力···199
14.3.3 专业减压···200
14.3.4 一切都是生活···202
14.4 实践训练···204

第 15 章 新一代信息技术···205
15.1 综述···205
15.2 代表技术简介···207
15.2.1 物联网···207
15.2.2 5G···208
15.2.3 云计算···210
15.2.4 大数据···213
15.2.5 人工智能···213
15.2.6 虚拟现实···215
15.2.7 区块链···217
15.3 实践训练···218

第 16 章 智慧社会···219
16.1 智慧校园···220
16.1.1 定义与发展···220
16.1.2 技术架构···221
16.1.3 应用场景···224
16.2 智慧城市···226
16.2.1 定义与起源···226
16.2.2 技术体系···227
16.2.3 应用领域···229
16.3 智慧生活···230

16.3.1 概念 ………………………………………………………………… 230
16.3.2 未来趋势 ……………………………………………………………… 231
16.4 信息化素养 ………………………………………………………………… 232
16.4.1 信息化素养概述 ……………………………………………………… 232
16.4.2 提升信息化素养 ……………………………………………………… 233
16.5 实践训练 …………………………………………………………………… 234

第 17 章 IT 创新 ……………………………………………………………… 235
17.1 创新基础 …………………………………………………………………… 235
17.1.1 创新的含义 …………………………………………………………… 235
17.1.2 创新的种类 …………………………………………………………… 237
17.1.3 激发创新 ……………………………………………………………… 239
17.2 "信息技术+" 创新 ………………………………………………………… 242
17.2.1 产品创新 ……………………………………………………………… 243
17.2.2 组织和机制创新 ……………………………………………………… 245
17.2.3 商业模式创新 ………………………………………………………… 246
17.3 失败与创新 ………………………………………………………………… 248
17.4 实践训练 …………………………………………………………………… 249

第 18 章 IT 创业 ……………………………………………………………… 250
18.1 创业基础 …………………………………………………………………… 250
18.1.1 选择创业 ……………………………………………………………… 250
18.1.2 创业时机 ……………………………………………………………… 253
18.2 创业项目 …………………………………………………………………… 254
18.2.1 不熟不做 ……………………………………………………………… 254
18.2.2 痛点 …………………………………………………………………… 257
18.2.3 高频 …………………………………………………………………… 260
18.3 创业之路 …………………………………………………………………… 261
18.3.1 失败了怎么办 ………………………………………………………… 261
18.3.2 创业难，守业更难 …………………………………………………… 263
18.4 实践训练 …………………………………………………………………… 264

参考文献 ………………………………………………………………………… 266

第1部分
初入职场

第 1 章　数据、信息与信息技术

当今社会绝大部分人工作、生活离不开 IT 技术,很多人从事 IT 或与之相关的行业。应用 IT 技术的能力、IT 职业道德和职业伦理等,共同构成了 IT 职业素养基本内容,但 IT 职业素养知识体系性差,内容分散且枯燥乏味,不便于读者学习和掌握。为了激发读者了解和掌握 IT 职业素养兴趣,本书在形成理论体系基础上,与现实工作场景结合,设计了两个生活中常见的项目。通过项目立项、招投标、实施、验收等过程中遇到的问题,将知识点串联起来。本章首先介绍两个项目背景以及实施和管理理念,这些知识是充分理解全书的基础。

知识目标:
- 掌握数据的概念和含义;
- 初步了解数据相关技术有哪些;
- 掌握信息的概念和含义;
- 理解信息技术。

实践目标:
- 观察信息技术在当前社会中的应用;
- 根据所用教学管理系统,归纳其功能和应用效果;
- 注册、体验在线 CRM 系统,并讨论功能优劣。

素质目标:
- 培养脚踏实地、认真探索的研究精神;
- 培养爱岗敬业、履职尽责的职业态度;
- 培养不怕吃苦、认真负责的工作方式。

1.1　案 例 综 述

1.1.1　教学管理系统

教学管理系统是校园信息化建设的核心,是提高教学管理效率的绝佳途径,也是师生比较容易接触、体验的系统之一。

让我们从教学管理系统建设开始。为了方便理解，我们假设有一所大学，叫作贝塔学院；而阿尔法信息技术有限公司（以下简称"阿尔法公司"）是一家软件公司，C 经理是负责销售的经理。现在假设贝塔学院有购买一套教学管理系统的需求，C 经理需要如何做，才能中标贝塔学院教学管理系统项目，并与贝塔学院一起搭建起合适的教学管理系统？

C 经理至少要面临如下问题：
- 我要找学校的哪位负责人来沟通这个问题？
- 如何沟通这个问题？
- 怎样和公司负责人沟通，以获得公司支持？
- 公司产品是否吻合学校需求？如何和学校技术负责人沟通？
- 每所学校都有单独需求，公司技术部门如何适应这种需求变化？
- 如何制作良好标书？
- 如果中标，怎样确保系统建设顺利？
- 系统上线之后，怎么做好测试、验收？
- 运维期间需要做好哪些工作？
- 如何确保数据安全、可靠？

通过专业课程的学习，可以深入掌握构建系统所需的各项技术，包括相关职业技巧、技能、规范和标准，这些都是本书所关注并详细展示的内容。在本书的后几章中，我们将了解如何运用软件工程和项目管理技术来建设教学管理系统。同时，重点探讨在项目开发整个流程中需要留意的关键事项以及应遵循的职业道德。

1.1.2 客户关系管理系统

"客户是上帝，销售是核心"，无论是什么类型的企业，如果没有销售，就没有生存空间。一个有效的客户关系管理（customer relationship management, CRM）系统，能够有利于企业的长远发展，帮助企业拓展客户资源，提高客户信任度，提高客户资源利用率，进而提升企业的整体营收效益。通过 CRM 系统建设，还可以厘清管理思路，解决因数据混乱、数据保管不当造成客户信息丢失或泄露等问题，提高企业信息管理效率，规范企业客户信息管理业务流程，建立好客户数据库，为下一步进行数据深度分析与挖掘提供基础。

为进一步理解相关知识，本书设计了另外一个案例：欧米伽商贸有限公司（以下简称"欧米伽公司"）为一家营销公司，为了提高企业效率，保持长期发展，现谋划建设公司 CRM 系统。总体目标如下。

（1）系统要具有创新性和前瞻性，以提高 CRM 系统的稳定性、可扩展性和延伸性，系统能够更好地满足服务老客户、拓展新客户的需要。

（2）聚焦产品销售，重构内部分散流程；增强与客户交流和沟通，完善销售产品信息；实现销售品统一配置，充分利用售后服务数据信息。

（3）通过CRM系统建设，打通信息系统壁垒，实现整体业务流程自动化，缩短营销和客户服务周期，提高工作效率，降低运营成本。

（4）销售人员通过CRM系统记录客户跟进情况，为以后向客户推荐产品提供帮助，同时管理人员可以根据CRM系统来监督销售跟进结果，考查销售人员业绩，并提高他们的销售服务能力，及时了解和处理客户要求和投诉，提高客户满意度。

（5）通过客户关系管理系统，向客户提供个性化服务，实现对不同对象、不同业务需求的满足；对企业营销活动和渠道进行量化评估，提高企业经营管理能力；通过数据管理，实现对企业决策的支持。

思考：欧米伽公司E经理负责此项工作，他需要做哪些工作来完成此项任务？

项目是指一系列独特的、复杂的并相互关联的活动，这些活动有着一个明确的目标或目的，必须在特定的时间、预算、资源限定内，依据规范完成。无论是贝塔学院的教学管理系统，还是欧米伽公司的客户关系管理系统，都属于项目范畴。

显然，CRM系统建设过程可以看作项目建设过程，E经理即欧米伽公司CRM系统建设项目负责人，其应该具备项目管理基本知识、能力和素养，这些内容将在本书后面章节进行介绍。

1.2 数据

教学管理系统提高了日常教学管理的便捷性，CRM系统能够为公司带来更多机会和利润，这些都源自管理效率的提升——信息更有效了：信息采集、传输、加工、应用各个方面都更为便捷。信息通常是指物体运动过程中发出的信号、消息、情报、知识等。在生物学中，信息被视为生物体之间的交流方式；在物理学中，信息被定义为物质和能量的状态，这些状态可以传递和转换；在计算机科学中，信息被视为计算机处理的数据或指令；在通信工程中，信息被定义为通过信号传输的数据；而在信息科学中，信息被定义为对数据的解释和理解，以及如何使用这些数据来解决问题。

显然教学管理系统或CRM系统中，信息概念更倾向于对数据的解释和理解，那么数据与信息之间有什么区别和联系？数据技术又有哪些？接下来我们先理解信息技术中数据相关定义和概念。

1.2.1 理解数据

数据（data）是事实或观察的结果，是对客观事物的逻辑归纳。在计算机中，数据最终被转换为 ASCII 码的形式并存储在硬盘上，字符、数字、文本、声音、图像、视频都是数据。数据元素（data element）是数据的基本单位，数据元素也叫作节点或记录。一些常见的数据类型如下。

（1）数值数据：如温度、高度、重量等，这些数据可以用数字表示。

（2）文本数据：如电子邮件、网页内容、社交媒体帖子等，这些数据由字母、单词和句子组成。

（3）图像数据：如照片、截图等，这些数据由像素或矢量图形组成。

（4）音频数据：如音乐、语音、声音等，这些数据由声波组成。

（5）视频数据：如电影、电视节目、在线视频等，这些数据由一系列图像和音频组成。

例 1-1：教学管理系统中的数据和数据元素。

如图 1-1 所示，在教学管理系统中，对教师特征和行为进行观察，从而得到与教师相关的数据。如姓名、工号、讲授课程、性别、职称、入职时间等，都是对教师这个实物对象进行数据化描述的结果。一名具体教师可以看作一个数据元素，例如 A 老师，其姓名、工号等形成一个数据元素。

图1-1　抽取实物的特征数据

思考：教学管理系统中还有哪些数据和数据元素？CRM 系统中呢？

对于绝大部分计算机程序而言，就是输入数据、处理数据、输出数据（可能没有某个环节），数据是计算机程序的主要处理对象，正是因为我们把现实世界的事物都用数据来表示，所以计算机才能有如此强大的功能，如图 1-2 所示。比如在教学管理系统中，首先对教师和课程进行数据化,输入教学管理系统中,然后按照一定规则显示,学生就能够随时随地看到课程和任课教师等相关信息。

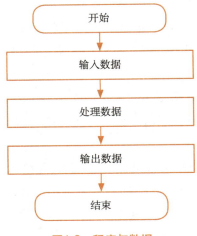

图1-2 程序与数据

1.2.2 数据相关技术

为了便于程序或软件处理数据,我们通常把数据存放在数据库中。数据库就是存放数据的仓库,现在大多数通用数据库都是关系数据库。为管理数据库而设计的计算机软件系统就叫作数据库管理系统,如微软公司的Access、开源数据库管理系统MySQL、国产达梦数据库管理系统等。很多人把数据库和数据库管理系统混为一谈,数据库管理系统能够实现数据存储、截取、安全保障、备份等基础功能,而数据库就是存储数据的仓库。

一个关系数据库往往由很多张表格构成,表格中表头称为字段;数据在表中以行为单位进行存储,一行就称为一条记录。

例1-2:贝塔学院教学管理系统教师数据表。

我们假设贝塔学院教学管理系统所用数据都存放在一个叫作beta_data的数据库中。将与教师有关的数据抽取出来,存储在表格中,从而实现了实物数据化。根据教学管理系统设计需要,可以设计一个简单教师数据表,用于存放贝塔学院教师数据,如表1-1所示。

表 1-1 贝塔学院教学管理系统教师数据表

t_id	t_name	t_number	t_course_id	t_sex	t_pro	t_begin_date
1	A	2010050101	8,10,35	F	7	2010-05-01
2	B	2012060102	7,10,40	F	9	2012-06-01
3	C	2012060103	7,20	F	9	2012-06-01

第 1 章　数据、信息与信息技术

这种能够与物质世界对应，并且能够以二元关系存放在二维表格中的数据，我们称为结构化数据，如数字、文字、日期、符号等。还有一些数据，不能或者不方便存放在数据库的表中，比如文件、图片、声音、视频等，我们称为非结构化数据。非结构化数据处理起来比较复杂，一般在数据库中存放其索引（文件名、文件路径），程序通过索引来使用非结构化数据。

拓展阅读：初步了解元宇宙和数据。

元宇宙（metaverse）是人类运用数字技术构建的，由现实世界映射或超越现实世界，可与现实世界交互的虚拟世界，具备新型社会体系的数字生活空间。它不是某项新技术，而是集成了一大批现有技术，包括 5G、云计算、人工智能、虚拟现实、区块链、数字货币、物联网、人机交互等。

数据是构成元宇宙的基础，是物质世界的物质在数字世界的映射。

表 1-1 是一个教师数据表，这里面包含了贝塔学院所有教师的信息，很显然这个表的行数，也就是记录数量不会太多。

例 1-3：贝塔学院教学管理系统学生成绩表。

为了实现学生成绩管理，我们需要设计一个成绩表 beta_score_time，如表 1-2 所示，成绩表中包括教师 ID、学生 ID 和课程 ID，成绩表是教师、学生和课程笛卡儿乘结果，并且每学期都需要单独生成。

表 1-2　贝塔学院教学管理系统学生成绩表

bs_s_id	bs_t_id	bs_c_id	bs_time	bs_score	bs_note
1	2	10	2017-03-01 11:31:50	92	
2	2	20	2017-03-01 12:55:47	88	
3	3	50	2017-03-01 11:40:25	91	
4	2	10	2017-03-02 10:11:36	98	
5	3	20	2017-03-02 11:15:50	92	
6	3	50	2017-03-02 15:40:50	82	
7	2	10	2017-03-03 9:31:34	72	
8	2	20	2017-03-03 17:55:40	96	
9	1	50	2017-03-03 11:20:20	78	
10	2	10	2017-03-04 9:31:15	92	

可以看出，随着贝塔学院学生数量扩大，无论是表格数量还是其中记录数量，都会变得很大，如果加上其他校园系统，可以达到几吉字节（GB）以上的数据，并且可能会以吉字节的速度增加（例如增加每天考勤数据）。同时处理的数据类型比较复杂，不仅包括结构化数据，还包括非结构化数据（例如增加缺勤佐证——经常是证明图片或者其他资料）。处理数据的技术和方法与以往几乎完全不同，一方面这些数据无法完全以表格形式存放，另一方面需要更先进的并行处理方式。更大的数据量、更复杂的非结构化数据、更先进的数据存储和处理方式，这些构成了大数据技术体系。

1.3 信息技术基础

在教学管理系统或 CRM 系统中，信息是对数据的解释和理解，香农（Shannon）对信息的定义是："信息是用来消除随机不确定性的东西。"可以这样理解，通过对数据加工处理，得到了对某项工作有用的或者人们想得到的内容，称为信息。在加工处理过程中需要用到各种技术，统称为信息技术（information technology，IT）。

1.3.1 "传统"信息技术

信息技术是用于管理和处理信息所采用的各种技术总称，"传统"信息技术主要包括计算机科学和通信技术等。

1．计算机硬件

计算机硬件是组成计算机（系统）的物理设备，主要由运算器、控制器、存储器、输入设备和输出设备这五个逻辑部件组成，如图 1-3 所示。在一定程度上，满足这五个逻辑部件的电子仪器设备，都可以当作计算机，如智能手机、智能汽车控制系统、大型服务器、工控机等。

计算机硬件设备并不严格与这些逻辑部件一一对应。一台计算机也不必包括所有硬件设备，但是一定要具备上述五种逻辑部件。计算机硬件设备主要包括主机箱、主板、CPU、显卡、声卡、硬盘、网卡、内存、显示器、键盘、鼠标等设备。

2．计算机软件

计算机软件系统包括系统软件和应用软件两类。系统软件控制和维护计算机的正常运行，管理计算机各种资源。而应用软件则帮助用户处理实际任务，我们可以使用应用软件播放视频、处理照片或编写论文。系统软件与应用软件又分成很多子类，如图 1-4 所示。

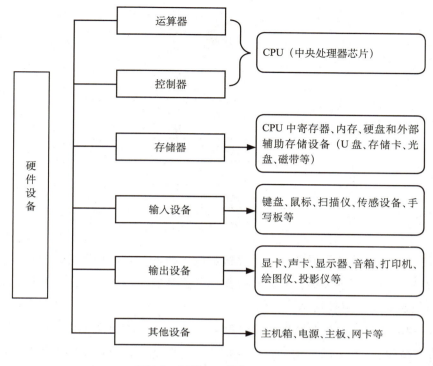

图1-3　计算机硬件与逻辑结构

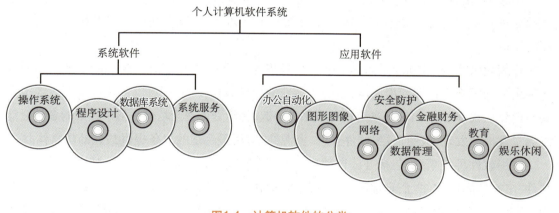

图1-4　计算机软件的分类

系统软件的核心是操作系统。操作系统控制和管理计算机硬件资源和软件资源,它在用户和程序之间分配资源,为用户访问计算机提供了工作环境,并使之协调一致地、高效地完成各种复杂任务,每个用户都通过操作系统来使用计算机资源。比如,程序执行前必须获得内存资源才能将程序装入内存;程序执行时要依靠处理器完成算术运算和逻辑运算;执行过程中要使用外部设备输入原始数据和输出计算结果。操作系统会根据用户需要合理而有效地进行资源分配。操作系统既是用户和计算机的接口,也是计算机硬件和其他应用软件的接口,计算机系统层次结构如图1-5所示。

图1-5 计算机系统层次结构

我们使用的桌面计算机或便携式计算机类设备都安装有操作系统，一种常见的操作系统是微软的 Windows 操作系统。Windows 架构从最开始的 16 位、32 位升级到 64 位，系统版本也从 Windows 1.0 更新到 Windows 11。

另外一种常见且开源免费的操作系统是 Linux。Linux 有许多不同的版本，并且系统性能稳定、灵活高效。Linux 的模块化设计结构使得它既能在价格昂贵的工作站上运行，也能够在普通个人计算机上运行。

Android 由谷歌公司推出，它是一种以 Linux 为基础的开放源代码操作系统，主要用于便携式计算机设备和智能手机。因为是开放式平台架构，所以它获得了很多移动设备生产商的支持。

华为鸿蒙系统（Huawei HarmonyOS）是华为基于开源项目 OpenHarmony 开发的面向多种全场景智能设备的商用版本，是一款全新的分布式操作系统，可以创造一个超级虚拟终端与世界互联，将人、设备、场景有机地联系在一起，将消费者在全场景生活中接触的多种智能终端实现极速发现、极速连接、硬件互助、资源共享，用最合适的设备提供最佳的场景体验。

应用软件种类繁多，包括办公自动化软件、图形图像处理软件、辅助设计软件、网络应用软件、多媒体制作软件、企业管理软件、安全防护软件、系统维护工具软件等。教学管理系统、CRM 系统则分别属于办公自动化软件和企业管理软件，能够为学校管理提供便利，为企业带来更多利润。

3．互联网技术

互联网技术是在计算机技术基础上开发建立的一种信息技术。互联网技术普遍应用，是进入信息社会的标志。互联网技术主要包括三层。

第一层是硬件，主要是指数据存储、处理和传输的主机和网络通信设备。

第二层是软件，包括可用来搜集、存储、检索、分析、应用、评估信息的各种软件，既包括我们通常所指的 ERP（企业资源计划）、CRM（客户关系管理）、SCM（供应链管理）等商用管理软件,也包括用来加强流程管理的WF(工作流)管理软件、辅助分析的DW/DM(数据仓库和数据集市)软件等。

第三层是应用,通过软件搜集、存储、检索、分析、应用、评估使用各种信息,既包括应用ERP、CRM、SCM等软件进行管理,也包括使用决策分析模型或借助DW/DM等其他技术手段。

互联网实现了数据的互联互通,当数据得到有效应用时,互联网的价值才能得到充分发挥,也才能真正实现信息化的目标,从而提高社会生产管理效率。

例1-4:教学管理系统的硬件体系架构。

如图1-6所示,建设初期贝塔学院教学管理系统基于校园网和因特网,提供丰富的教学管理服务,系统运行在校园服务器上,教师和学生通过终端使用。

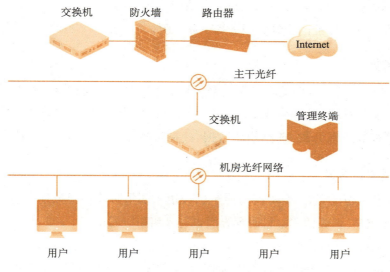

图1-6　教学管理系统的硬件体系架构

1.3.2　新一代信息技术

从1946年第一台计算机问世到现在,经历了七十多年的发展,信息技术在数据采集、传输、处理和加工方法上都有了巨大的变化,尤其是进入21世纪以来,开始用新一代信息技术来统称新出现的相关技术和数据处理方法。新一代信息技术主要代表技术包括物联网、5G、云计算、大数据、人工智能、虚拟现实、区块链等。新一代信息技术和"传统"信息技术之间的区别主要表现在以下几个方面。

1. 数据采集

"传统"信息技术数据采集基本由人工完成,并且将数据录入到相应软件系统中;新一代信息技术则通过物联网传感器自动采集数据，或者通过软件机器人流程自动化，实现数据的录入、流程自动流转等，由此实现从以"人"为主的互联网转为"人物互通"的物联网。

2．数据传输

以 5G 为代表的新一代通信技术实现了高带宽、低延迟的快速通信技术；以 ZigBee、NFC、蓝牙等为代表的短距离无线通信技术通过在短距离通信场景中的应用，解决了需求多样化的问题。随着通信和安全技术的日趋成熟，5G 应用场景逐步扩大。

3．数据存储和计算能力

通过应用云计算技术，实现了计算能力和存储能力按需分配，解决了存储和算力瓶颈问题，并且为中小企业、小型用户提供了峰值计算的机会；同时将信息化建设从组织中分离出来，如同将基础设施建设转交专门建筑公司负责一样，普通企业或组织专门致力于自身业务，数据存储和计算由专业的云计算服务提供商负责。

4．数据处理方法

"传统"信息系统一方面处理数据数量有限；另一方面只能处理结构化数据，需要依靠人工整理后录入系统，对自动数据采集产生的大量粗糙、非结构化数据无能为力。而大数据技术能够有效处理海量、非结构化数据，挖掘数据中包含的信息，使数据更有价值。

5．数据显示和展示

多媒体技术日趋成熟，4K 等高清显示已经走入实用阶段；虚拟现实作为当前阶段终极显示方式，在教学、训练、游戏、科研等方面也进入实用阶段。

如图 1-7 所示，新一代信息技术中的许多技术之间互相关联，并且和"传统"信息技术一样，都是以数据为中心、管理和处理信息的技术，不过所用技术、方法、手段都全面地提升了。随着"传统"信息技术升级换代为新一代信息技术，信息社会逐渐转变为智慧社会。新一代信息技术的推广应用，不仅会给社会带来技术革新，同时也会给社会意识形态带来变化，包括人们的生活方式也会受到影响。因此，新一代信息技术相关知识已经是每一个人必须了解的基本知识之一。

> **例 1-5**：新一代信息技术在教学管理系统中的应用。

如图 1-8 所示，随着新一代信息技术推广应用，贝塔学院对教学管理系统不断升级，大量地应用了新一代信息技术。在学生考勤端，通过在教室安装人脸识别系统，能够实现学生自动考勤，并与课程、教师信息结合在一起，极大方便了日常考勤。网络方面，通过校园 5G 网络建设，实现了内外网合一，建立安全、便捷、快速的校园 5G 网络，支持视频会议、在线开放课、课堂研讨等先进教学科研模式。建设了性能强大的私有云系统,满足系统服务器、安全服务器、数据服务器等需求,管理方便、功能强大、安全高效。

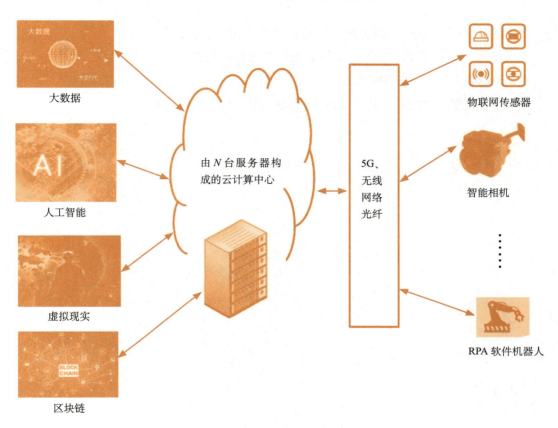

图1-7 新一代信息技术

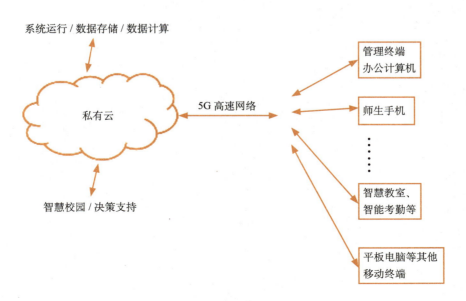

图1-8 新一代信息技术在教学管理系统中的应用

1.4 实践训练

1．结合你所在的学校，给出教学管理系统所具备的功能分析。
2．在网上搜索在线客户管理系统，选择一个进行注册体验。
3．讨论数据在元宇宙中的作用。
4．仔细观察身边的新一代信息技术，列举出其在校园中的应用。

第 2 章 高 效 工 作

效率是产出和投入之间的比例,高效率工作是职业生涯成功关键因素之一。"工欲善其事,必先利其器",第一件事是做好工作准备,正如上学之前需要准备好文具一样,工作前准备好工具,效率自然会得到提升。本章主要讨论 IT 从业人员如何熟悉工作环境,准备好软硬件工具和技能,以满足工作岗位能力需求,为获取项目、实施项目奠定基础。

知识目标:
- 了解工作中常用硬件和软件;
- 理解效率的概念和意义;
- 掌握提升个人工作效率的途径。

实践目标:
- 归纳总结并能够熟练使用岗位所需硬件设备;
- 熟练使用办公设备;
- 掌握软件安装,了解企业管理信息系统概念。

素质目标:
- 培养有准备开展工作的习惯;
- 培养高效率完成工作的习惯;
- 培养积极主动、不断探索的精神。

2.1 价值与效率

2.1.1 效率

例 2-1:贝塔学院教学管理系统效率提升实践。

教务管理人员一直面临着繁杂的教务工作,如成绩录入、课程安排、学生信息管理等。这些工作既重复又耗时,严重影响了教务人员的工作效率,也限制了学校教育技术的发展。为了解决这一问题,阿尔法公司开发团队在与教务人员深入沟通后,采用模块化设计的思想,将整个系统分解为多个独立而又相互关联的模块。例如,成绩管理模块可以独立于课程安排模块运行,这样既保证了开发效率,又使得后期维护更加便捷。

教务人员也因此从繁重的教务事务中解脱出来,把更多的时间和精力投入教学研究和学生辅导中,显著提高教学质量。此外,系统提供的数据分析功能使学校管理层能够更准确地了解教学现状,做出更有针对性的决策,整体效率得到显著提升。

效率是指在单位时间里完成的工作量,或者说是某一工作所获的成果与完成这一工作所花时间和人力的比值。其本质是投入和产出之间的关系,是个人工作中的一个重要组成部分。一般来讲,我们用"效率=完成的任务÷工作时间"来表示一个人的效率。当我们说一个人学习或者工作效率高时,意味着他能够投入较少学习或工作时间来完成较多任务。

个人效率和组织效率是企业管理中非常重要的两个概念,它们在提高企业整体运营效果和竞争力方面具有重要作用。

1．个人效率

个人效率是指个体在完成任务过程中,产出与投入之间的比例关系。在企业中,个人效率体现在员工的工作速度、质量、创新能力和协作精神等方面。提升个人效率可以帮助员工提升工作成果,降低企业运营成本,从而有助于实现企业的营利目标。以下是一些有效提升个人效率的方法。

(1)加强职业发展培训:通过系统性的培训和发展计划,增强职业技能和知识储备,使自己能够更加从容地应对各种工作挑战。

(2)设定清晰职业目标:制订明确、可量化的短期和长期工作目标,以此激发自身的职业热情和工作动力。

(3)优化日常工作流程:审视并简化现有的工作流程,消除不必要的环节,确保工作高效运转。

(4)建立科学激励机制:即使是自己,完成目标后也要给予一定激励。

(5)打造积极向上的工作环境:努力营造一个和谐、健康、充满活力、充满正能量的工作生活环境,有助于持续不断地高效完成任务。

2．组织效率

组织效率是指组织及其管理人员从事管理活动的产出,同所消耗人力、物力、财力等要素间的比例关系,是管理职能的具体体现。导致组织效率较差主要有两个原因:一是源自外部的环境因素,如政治与法律、区域经济、信息技术、社会与文化等;二是源自内部的管理因素,如组织结构、业务流程、企业员工、工具平台以及企业文化等。外部环境因素与内部管理因素相互影响、相互制约,最终决定了组织效率差异。

为了提升组织的整体效率,可以采取以下策略。

(1) 优化组织架构:依据组织发展战略,适时调整组织架构,促进内部沟通和提升团队协作效率。

(2) 塑造文化:积极培育和践行企业文化,增强成员的认同感和团队的凝聚力。

(3) 推进信息化建设:加快信息化进程,提升信息流通的速度和数据处理能力,从而减少管理上的成本。

(4) 激发创新能力:倡导创新思维,不断为组织注入新的活力和动力,推动组织的持续发展。

(5) 重视人才培养:为成员提供充分的成长机会,通过合理激励机制激发成员积极性。

总之,个人效率和组织效率是成功的关键因素。任何组织应注重提高个人效率,发挥成员的潜能,同时关注组织效率,实现整体优化。

2.1.2 价值、剩余价值与效率

1. 价值与效率的关系

价值是由生产商品所耗费的社会必要劳动时间决定。在生产过程中,劳动效率越高,生产商品所需的时间越短,单个产品价值越低,但商品数量的增加使得总价值越高。因此,价值与劳动效率呈正相关。国内企业通过提高生产效率,降低成本,创造出更多价值。例如,我国的高铁和 5G 通信领域在高新技术推动下实现了高效发展。

2. 剩余价值与效率的关系

剩余价值是劳动者创造的超过自身劳动力价值的价值。剩余价值的产生与劳动效率密切相关,一般情况下,劳动效率越高,创造的价值越多,剩余价值也就越大。

一些企业致力于通过提高劳动生产率和降低成本来实现剩余价值的最大化。例如,信息行业企业通过技术创新和人才培养,提高劳动生产率,实现高效生产和价值创造。又如,一些大型电商平台通过运营效率和物流体系的优化,实现剩余价值最大化,在追求效率的同时关注员工权益,提供丰富的培训机会和福利,推动企业与员工的共同成长。

这些成功经验表明,价值与剩余价值、效率之间存在密切关系。企业通过提高劳动生产率、降低成本可以创造更多的价值和剩余价值。在追求剩余价值过程中,企业需要关注劳动者权益,实现社会公平与和谐发展。

2.1.3 信息技术与效率

无论是个人效率还是组织效率,受信息技术影响很大。下面通过两个案例帮助大家理解信息技术与效率。

例 2-2：教学管理系统提升学校效率。

教学管理是学校管理的中心工作，教学管理系统是校园信息化的关键内容。以贝塔学院为例，系统主要模块如图 2-1 所示。

图2-1　教学管理系统主要模块

如果没有教学管理系统，这些功能模块就需要教务管理人员通过手工编制，这需要大量的人力和物力。以课程安排为例，假设贝塔学院有 200 间教室、10000 名学生和 400 名教师，每个老师上一门课。现在要将 10000 名学生的课程安排在 200 间教室中，既不能互相冲突，又不能造成人力、物力的浪费，还要保证正常的教学实施。通过教学管理系统，只要录入学生、教室、教师这些基础信息，系统就会利用算法自动进行编排，高效准确。而且能够通过整合学校各类信息资源，实现信息共享、数据交换、业务协同等功能，同时实现服务自动化，提高学校的管理效率和水平。

例 2-3：CRM 与企业效率提升。

如图 2-2 所示，通过使用 CRM 系统，企业可以全面提升运营效率，优化客户体验，提高客户满意度，最终实现业务增长。在当今竞争激烈的市场环境下，CRM 系统已成为企业可持续发展的重要工具。

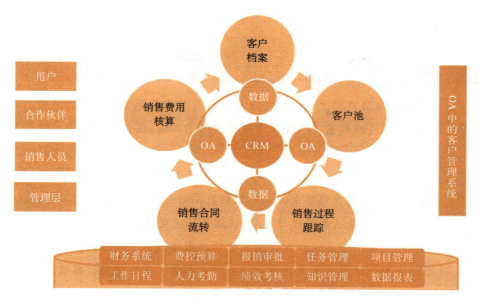

图2-2　CRM系统

从上面的例子中,我们可以看出信息技术在提高企业效率方面具有重要作用。首先,通过引入信息技术,企业能够将生产、财务、销售等环节自动化,这不仅提高了工作效率,减少了人力投入,还降低了错误率和工作负荷。其次,信息技术加强了部门之间的协作,通过内部网络、电子邮件和视频会议等方式进行沟通,提高了工作效率,减少了沟通成本和决策时间。再次,信息技术使得企业能够对生产过程和业务流程实时监控,通过数据分析系统、决策支持系统等,企业能够及时发现问题和优化流程,从而提高企业效率和管理水平。最后,信息技术帮助企业更好地了解客户需求,甚至根据客户的个性化需求提供定制化服务,提高客户满意度和忠诚度。随着信息技术的不断进步,企业通过不断拓展信息化应用范围,优化流程和服务,有效提高企业竞争力。

2.2　提升工作效率

本节主要讨论如何通过提高信息技术应用能力来提升工作效率。下面从硬件、软件和AI三个角度,对工作中常见的信息技术工具及应用技巧进行简单介绍,为读者高效管理和处理信息提供思路和方法参考。

提高信息技术应用能力的作用和意义在于提升个人在职场中的竞争力,提高工作效率,促进团队协作,培养创新能力,获得个人发展和学习机会。通过掌握并灵活运用各种信息技术工具和技能,个人能够更高效地处理工作任务,提供创新解决方案,与团队成员合作,同时不断学习和更新自身技能,为个人职业发展打下坚实基础。

2.2.1 硬件

> **例2-4：C经理在建设项目中使用电子白板提高项目沟通效率。**

在教学管理系统项目启动之初，C经理意识到高效沟通是项目成功的关键。为了更好地促进团队协作，开展头脑风暴，C经理尝试使用电子白板，在会议中提供实时信息共享和交互。

在一次需求讨论会上，团队成员通过电子白板展示了不同设计方案，并即时征求客户意见。这种直观展示方式让客户能够更清晰地理解产品的功能和外观，能够及时给出反馈，促使原本可能需要数周时间来迭代的设计过程，仅用了几天就完成了。

此外，电子白板还被用于技术评审和项目管理。团队成员可以在白板上记录问题，列出待办事项，并跟踪进度。这种透明工作方式让每个人都对项目的状态有着清晰认识，从而更好地协调各自的工作。在团队会议中，团队成员可以实时地在白板上写下想法、绘制图表，甚至一起编辑文档。这种互动不仅加快了决策过程，还激发了团队成员的创造力和热情。

在企业项目开发中，除了基本的办公硬件，还有一些先进的高科技设备，它们如同企业的尖端武器，为项目成功提供强有力支持。例如，高效能服务器拥有巨大的存储空间和处理能力，能够保证数据高速传输和稳定存储，为企业数据处理和信息共享提供坚实基础。先进的网络设备，如高精度路由器和交换机，构建起企业高速网络，确保信息快速流通和高效共享。此外，高端图形工作站拥有强大图形处理能力和高性能显示设备，是设计师和工程师进行复杂图形设计和模拟的理想选择。这些先进的高科技硬件设备，不仅极大提高了企业项目开发速度和质量，也彰显了企业对技术创新的追求和投入。

> **例2-5：教学管理系统开发中使用双显示器提升代码撰写效率。**

企业软件工程师开发应用程序时，通过连接双显示器，可以在一个显示器上打开代码编辑器，而在另一个显示器上打开调试工具和文档。在代码编辑器中，工程师可以编写、修改和测试代码，而在另一个显示器上可以实时查看应用程序运行状态，并进行调试。这样工程师不需要频繁地切换窗口，可以更高效地进行编码和调试工作。同时，工程师还可以在另一个显示器上打开相关技术文档和参考资料，以便在需要时快速查阅。在项目展示中，将其中一个显示器用于展示给团队成员或客户，团队或客户可以更清晰地了解和评估项目进展。

除了双显示器，企业还广泛使用智能音箱和智能助理设备，如百度、小米，通过语音控制实现日程管理、提醒设置和信息获取等功能；使用虚拟现实（VR）头显和增强现实（AR）设备为企业带来如远程会议和虚拟培训等创新的沟通和协作方式；使用高速无线路由器和网络存储设备提供稳定快速的网络连接和数据存储功能。这些先进的办公硬件共同构建了企业工作环境中的先进技术支持,为员工提供了更高效、便捷和智能化的工作体验。

2.2.2 软件

例 2-6：教师常用办公软件——金山 WPS Office。

金山 WPS Office 作为国内广泛使用的办公软件套件,集成了 WPS 文字、WPS 表格和 WPS 演示等多个功能强大的工具,为教师们提供了全方位教学辅助。在撰写教案和备课笔记等文档时,教师可以利用 WPS 文字模板功能,预先设置好格式和样式,从而节省重复操作时间。同时,WPS 文字智能推荐功能还能根据教师输入的内容自动补全单词和短语,大大减少打字时间。对于管理学生成绩和制订考试安排等工作,教师可以使用 WPS 表格,利用其数据透视表功能快速汇总和分析大量数据。此外,WPS 表格还可以设置公式和函数,自动计算成绩和统计数据,有效减少手工计算的错误和工作量。而在制作教学课件时,教师可以选择使用 WPS 演示的模板和主题,快速搭建演示文稿的框架。更值得一提的是,WPS 演示还提供多媒体和动画效果,可以增加课程互动性和吸引力,使教学更加生动有趣。总之,金山 WPS Office 凭借其丰富的功能和高效操作,成为教师们在教学工作中不可或缺的得力助手。

除了 WPS Office,教师还可以利用其他办公软件来提高工作效率和教学效果。例如,坚果云是一款功能强大的同步盘和网盘服务,它可以帮助教师在多设备间同步教学资料,便于管理和分享。另外,有道云笔记则是一款简洁高效的笔记应用,教师可以用它来记录教学心得、整理课件素材,并且支持图片、音频和视频等多种格式,提升备课效率。此外,教师还可以使用腾讯文档、阿里云文档等在线协作工具,实现与同事和学生之间的文档共享和协作编辑,促进教学互动和团队协作。这些国产办公软件更加符合国内教育环境,有助于教师更好地适应信息化教学需求。

例 2-7：企业人员常用办公软件——腾讯会议。

在开发教学管理系统新功能时,阿尔法公司项目团队面临着紧迫的截止日期和跨部门合作的挑战。为了确保项目按时完成,团队充分利用腾讯会议来提高沟通和协作效率。腾讯会议可在移动端和计算机端开启应用。

如图 2-3 所示,腾讯会议可快速加入,可提前预订,计算机端应用更加侧重于提供深入讨论和协作的功能。屏幕共享功能使得团队成员能够清晰地展示和讨论代码、设计稿等复杂内容,可有效开展远程代码审查工作,不仅提高了代码质量和项目效率,也促进了团队更深入的交流和理解。而移动端则充分展现了其便捷的实时沟通能力,项目经理能够迅速召集关键人员,保证团队成员随时随地进行紧急问题讨论和决策,显著减少了等待时间,确保信息流畅无阻,加快问题解决速度。

图2-3 计算机端腾讯会议

为了提高工作效率和团队协作能力,除了使用腾讯会议外,还可以选择钉钉、企业微信、华为云 WeLink、飞书、泛微 OA、用友软件和金蝶软件等。这些软件提供了即时通信、视频会议、日程管理、文档协作、流程审批等一系列功能,以满足企业在不同方面的管理需求,企业可以根据自身情况选择合适的办公软件来提升工作效率和团队协作能力。

2.2.3 AI技术

例 2-8:C 经理撰写教学管理系统功能模块分析。

第一步:通过 AI 了解相关功能

在接到教学管理系统项目任务后,C 经理首先使用 AI 助手了解教学管理系统的相关功能,以拓展思路。AI 助手提供了以下关键信息。

(1)教学管理系统的主要功能模块:学生信息管理、教师信息管理、课程管理、教学管理、统计分析、系统管理等。

(2)教学管理系统的发展趋势:随着信息技术的发展,教学管理系统将更加注重用户体验,实现智能化、个性化和移动化。

第二步:查阅相关信息

C 经理为了深入理解教学管理系统,采取了多元化的信息搜集策略。首先他投入时间阅读教育技术和计算机科学领域的书籍及论文,以此来掌握教学管理系统的发展历程、当前的研究现状以及相关关键技术。接着,他查阅了教育信息化和在线教育领域的市场调查报告，这让他对行业发展趋势、市场需求以及所面临的挑战有了清晰认识。此外，C经理还详细研究了多个教学管理软件产品说明书和使用手册，以便了解这些软件的功能特点、操作方法以及在实践中的应用效果，进而通过搜索在线评价、论坛讨论和社交媒体帖子，收集了用户对教学管理系统的需求、满意度和改进建议。C经理研究了开源教学管理系统的开发者文档，包括其技术架构、模块设计和实现细节。为了更好更全面地深入了解，C经理积极与教育工作者和IT专业人士进行交流，听取他们在教学管理系统领域的实践经验和技术观点。

第三步：形成文章

C经理在整理了他所搜集到的教学管理系统相关信息后，结合AI助手提供的分析思路，撰写了一份详尽的教学管理系统功能模块分析报告。首先，报告概述了教学管理系统背景、目标和其在教育领域的重要性。其次，C经理深入分析了各个功能模块的具体作用、特点以及它们之间的相互关系。在报告的发展趋势部分，C经理探讨了教学管理系统未来可能的发展方向，包括系统智能化、个性化和移动化等前沿趋势。再次，报告中还列举了一些教学管理系统的成功应用案例，并对这些案例的优势和潜在不足进行了分析。在技术选型部分，C经理根据项目的具体需求，推荐了合适的技术方案和产品。最后，报告总结了主要观点，并对教学管理系统的发展前景提出了展望。通过这份报告，C经理为项目实施提供了坚实的理论基础和指导方向。

如图2-4所示，这里借助AI实现了资料收集。AI是一种广泛的技术领域，旨在创建能够模仿或超越人类智能的计算机系统。大语言模型是AI领域中的一种技术，是基于深度学习技术的人工智能模型，它使用大规模文本数据进行训练，以理解和生成自然语言。在大语言模型中，通常采用循环神经网络（RNN）等结构来处理文本数据，并通过多层神经网络进行训练。

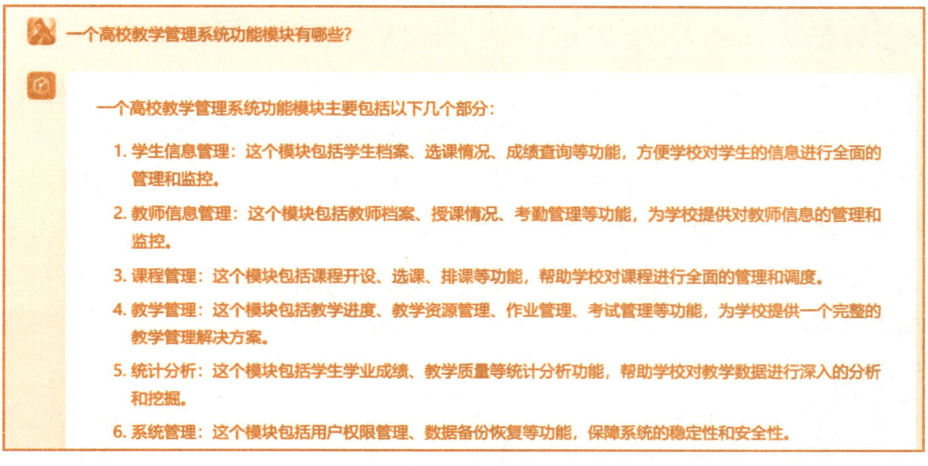

> 一个高校教学管理系统功能模块有哪些？
>
> 一个高校教学管理系统功能模块主要包括以下几个部分：
>
> 1. **学生信息管理**：这个模块包括学生档案、选课情况、成绩查询等功能，方便学校对学生的信息进行全面的管理和监控。
> 2. **教师信息管理**：这个模块包括教师档案、授课情况、考勤管理等功能，为学校提供对教师信息的管理和监控。
> 3. **课程管理**：这个模块包括课程开设、选课、排课等功能，帮助学校对课程进行全面的管理和调度。
> 4. **教学管理**：这个模块包括教学进度、教学资源管理、作业管理、考试管理等功能，为学校提供一个完整的教学管理解决方案。
> 5. **统计分析**：这个模块包括学生学业成绩、教学质量等统计分析功能，帮助学校对教学数据进行深入的分析和挖掘。
> 6. **系统管理**：这个模块包括用户权限管理、数据备份恢复等功能，保障系统的稳定性和安全性。

图2-4 AI提问和回答

在训练过程中，大语言模型会学习单词、短语甚至是整个句子的语法、语义和逻辑关系，从而能够生成符合语言规律的文本。这种模型在训练完毕后，可以用于各种自然语言处理任务，比如文本生成、问答系统、机器翻译等。

大型预训练语言模型采用了更大的模型规模和更多的训练数据，使得其在自然语言处理任务上取得了显著成果。这些模型通过对海量文本数据的学习，可以生成更加流畅、准确的文本，并且在理解和应用语言方面具有更高的智能水平。

总的来说，大语言模型是建立在深度学习技术基础上的人工智能模型，它通过对大规模文本数据的学习，实现了对自然语言的理解和生成，为各种语言相关任务提供了强大的支持。

2.3　目标与效率

个人需要有明确而清晰的目标，能够对目标进行分解，得到具体的实现方法，这对职业生涯成功非常有帮助。

第一步，写下认为值得自己去花费一生完成的事情，这样你就能够得到一个目标清单。得到清晰的人生目标以后，为人生目标设置一个可以实现的时间。比如，五年或者十年内要达到什么程度，将目标与时间相结合。

第二步，把确定好的目标实现时间按阶段划分。远大的目标通常需要较长时间实现，将大目标所需要的时间进行划分，得到具体的时间段，然后给每一个时间段指定一个具体的目标。这样过一段时间再检查自己的工作，防止偏移目标。须知"失之毫厘，谬以千里"，在开始阶段如果没有及时纠正很小的错误，最后可能会与目标差之甚远。可以按照时间划分设计一个表格，在表格上填写每段时间内应该完成的工作。

第三步，在目标下方填写实现目标所需要的资源。任何目标都不会自动实现，把实现目标所需要的资金、人力、物力等资源条件写在上面，然后写下如何获得这些条件，把已经实现的条件也写下来，以便自己从中获取灵感，更好地完成目标。通过对实现目标的资源进行分析，发现实现目标过程中的关键问题。集中精力解决关键问题，按时完成目标任务。

第四步，也是最后一步，保存好制订的目标，在日后随时拿出来，对照当前情况。对已完成的目标加以总结，查看是否有更好的完成途径，对未完成的目标进行校正。在实现目标的道路上，难免会因各种原因耽误了目标实现日期，导致目标被暂时搁置。在这种情况下，需要计算搁置时间长短，顺延完成目标的日期，一旦机会重新来临，马上重新开始自己的计划，向着目标前进。

通过目标设置与分解，有效地规划人生的大部分时间，提高工作、生活效率，帮助获取人生成功。

CRM系统建设的目标是帮助企业维护与客户之间的关系,以提高销售、市场营销和客户服务的效率。

(1) 可以设定销售目标,包括销售额或销售数量的目标。通过CRM系统追踪销售业绩,分析销售数据,确定销售策略,优化销售流程,从而提高销售效率并增加利润。

(2) 设定客户满意度指标。利用CRM系统收集和分析客户反馈和评价,及时处理客户投诉和问题,提升客户满意度,增加客户忠诚度,进而促进重复购买和口碑传播,为企业带来更多利润。

(3) 拓展市场也是重要的目标。设定市场份额增长或新客户开发的目标,通过CRM系统跟踪潜在客户和市场机会,实施精准营销活动,提高市场覆盖率和销售转化率,进而增加销售额和利润。

(4) 还可以设定客户管理指标,如客户跟进次数、客户回访频率等,通过CRM系统管理客户信息、沟通记录和交互历史,建立良好的客户关系。提供个性化服务和推荐,培养长期合作伙伴关系,增加客户忠诚度和利润。

(5) 设定售后服务目标。设定售后服务满意度指标,通过CRM系统跟踪客户售后服务请求和处理情况,及时响应客户需求,提供高质量的售后支持,增加客户黏性,保持良好的口碑,为企业带来更多业务和利润。

通过这些目标的设定,结合CRM系统进行数据分析和业绩追踪,企业可以更加精确地了解销售和客户管理的情况,及时调整策略和流程,优化资源配置,提高利润和效率。同时,CRM系统还能提供实时的报表和分析结果,帮助管理层做出科学决策,推动企业持续发展。

2.4 竞争与效率

信息技术的发展在很大程度上提高了信息效率,增加了透明度,使得各个领域的竞争更加激烈。这种现象不仅体现在职场、学术和社交等方面,也进一步导致了我们所说的"内卷"现象。内卷是指在竞争激烈的环境中,人们为了在各方面保持优势,不断增加自己的付出,而这种付出又进一步加剧了竞争,形成一个恶性循环。

(1) 信息技术的普及使得信息获取和传播速度大大加快,这意味着任何有价值的信息都能迅速传播到各个角落,从而提高了竞争激烈程度。在过去,一些领域的专业知识可能仅限于少数人掌握,而如今,网络上大量的资源和信息使得更多人能够接触到这些知识,进而投身于相关领域的竞争。

(2) 信息技术的透明度增加了人们对竞争状况的了解,使得人们更加清楚地认识到自己所处位置,从而激发了不断提高自己的动力。在这个过程中,人们希望通过更多的努力和投入来获得优势。然而,这种过度追求竞争优势心理导致了内卷现象加剧。

(3) 信息技术的发展也使得竞争领域不断扩大。在互联网推动下,竞争已经不再局限于某个具体领域,而是呈现出跨领域、全方位的特点。这意味着我们需要在各个方面都要有所建树,以确保自己在竞争中不落下风。

(4) 内卷化现象引发了广泛的社会压力。为了有效地应对这种现象,我们必须培养正确的价值观和健康的竞争理念。这意味着,我们应当放弃那种单一维度上的竞争优势追求,不应将竞争看作生活的全部,而应转向对个人内在需求和成长的重视。只有明确自己的目标和追求,并为之不懈努力,才能避免随波逐流或进行无谓的比较。

(5) 应该重视个人全面发展和多元化能力的培养。在内卷化环境中,人们常常只关注某一个领域的竞争,而忽略了其他方面的发展。然而,只有拥有多元化能力,才能在竞争中开辟更宽广的道路,抓住更多的机会。因此,应该致力于培养自己的兴趣、爱好和专长,不断扩展知识面和技能集合,以增强自身竞争力。内卷化往往让人们陷入恶性竞争的泥潭,忽视了合作带来的可能性。然而,通过与他人合作,可以共享资源、交流经验、相互支持,达到互利共赢的目的。因此,建立合作关系,维护良好的人际网络,以合作方式来对抗内卷化现象是至关重要的。

(6) 保持积极的心态和良好的心理素质是应对内卷化带来压力和挑战的关键。内卷化常常给人带来巨大的压力和焦虑,学会调整自己的心态,避免过度焦虑和担忧,保持乐观和自信,相信自己的潜力和能力,是我们更好地面对竞争、迎接挑战的重要保障。

2.5 实践训练

1. 结合你所学的专业,列出你所需要准备的硬件和设备以及你是否能够熟练操作、简单维护。

2. 对照表 2-1 所示的信息化能力表,给出你自己信息化能力评分,并提出能力提升解决方案。

表 2-1 信息化能力表

项目	自评得分(满分 10 分)	评分标准
计算机硬件、智能设备		6 分以下:简单使用。 6~8 分:组装、维护。 9~10 分:故障排除
系统软件		6 分以下:简单使用。 6~8 分:大部分功能充分应用。 9~10 分:故障排除
文档处理软件		6 分以下:简单使用。 6~8 分:部分简单功能使用。 9~10 分:高效使用,完全满足工作需要

续表

项　目	自评得分（满分10分）	评 分 标 准
图像、视频处理		6分以下：不太了解。 6～8分：部分简单功能使用。 9～10分：专业级别，进行创造性工作
OA、MIS等系统		6分以下：简单使用。 6～8分：能够充分使用。 9～10分：能够利用其进行决策，提高工作效率

3．对自身效率进行分析，并指出自己的无效工作方式，分析如何提升。

4．列出你近期的学习目标，并给出实现目标的途径。

5．讨论竞争在提高工作效率中的作用。

第 3 章　沟通与需求分析

沟通不仅是日常学习和生活的基础,也是 IT 项目建设管理的基础,IT 项目形成、执行、验收等过程都离不开沟通,沟通能力是 IT 从业者必备的基础能力之一。本章从沟通基础方法和理论出发,结合项目启动阶段需求分析工作,对与不同对象沟通、不同阶段沟通所需要的能力和技巧进行分析、总结,并分析了提高沟通效率、处理冲突的方法,以提高读者的沟通效率和沟通能力。

知识目标:

- 了解沟通原理、基本理论、角色定位和方法技巧等内容;
- 了解倾听在沟通中的作用;
- 重点学习项目中与客户、团队成员和领导之间的沟通技巧;
- 掌握冲突处理方式和技巧,学会化解冲突。

实践目标:

- 模拟校园教学管理系统需求分析形成过程,与教师、同学沟通,确认系统需求;
- 与同学模拟企业环境,初步掌握 CRM 系统需求分析。

素质目标:

- 提高沟通能力和沟通效率;
- 培养良好的心理素质;
- 培养化解冲突的能力。

3.1　沟通基础

3.1.1　沟通

例 3-1:软件开发"瀑布模型"与沟通。

1970 年温斯顿·罗伊斯(Winston Royce)提出了著名的"瀑布模型",参见图 3-1,即把软件开发过程分为制订计划、需求分析、软件设计、程序编写、软件测试和运行维护六个基本活动过程,并且规定了它们自上而下、相互衔接的固定次序,如同瀑布流水,逐级下落。如图 3-2 所示,在每一个过程中,需要和不同对象和角色进行沟通,根据沟通结果,形成一系列书面文档,这些文档与最终程序一起,构成了交付给客户的最终软件产品。

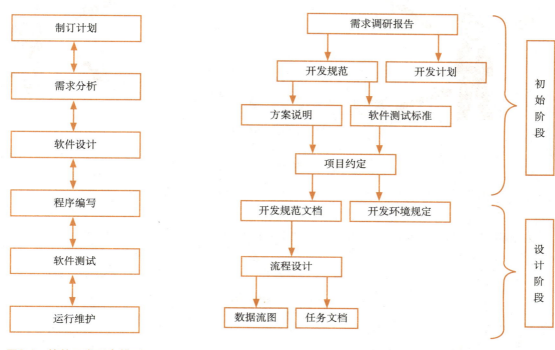

图3-1 软件开发瀑布模型　　　　图3-2 软件设计过程中的部分文档及规范文件

IT 项目立项、建设、开发、使用、维护等过程离不开沟通。沟通是指信息交流和意见交换的过程,其目的是建立联系、增进理解、解决问题或达成共识。沟通过程中,语言、文字、表情、姿态等都是传递信息的工具,而听、说、读、写则是沟通的基本技能。日常生活中我们所做的很多事情都是在沟通,沟通在生活工作中无处不在,如教师给学生上课是一个沟通过程;舍友之间交流是一个沟通过程;回到家中与父母交流也是一个沟通过程;与客户、同事、领导之间交流更是一个不断沟通的过程。

首先,沟通过程是信息的传递过程。如图 3-3 所示,在沟通过程中,信息发送者将信息通过语言、表情、肢体等表达方式,通过一定渠道发送给沟通对象,接收信息一方理解感受到的信息。比如,教学管理系统建设第一步是对贝塔学院基本情况进行了解,这种了解除了获取相关资料外,还需要和具体负责人(教务、学生管理、网络信息负责人)等进行交谈,以获取学校具体需求。

其次,表达方式、沟通渠道、噪声等重要因素影响着沟通效果。

最后,沟通有一个由小及大的过程,如图 3-4 所示,沟通范围、对象从小到大扩张。

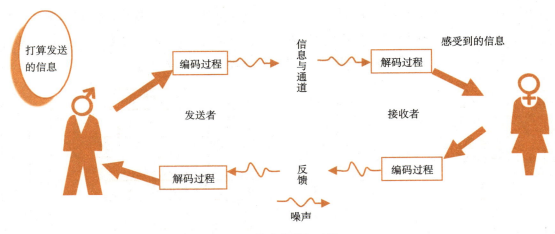

图3-3 信息传递与反馈

图3-4 沟通的扩张

3.1.2 角色

例3-2：贝塔学院教学管理系统调研人员名单和方式。

为了做好教学管理系统的调研，我们首先需要把调研对象按照类型进行划分，表3-1是一个示例表格，列出开发教学管理系统时需要调研的人员名单和方式。

表3-1 调研人员分类表

序号	姓名	类　型	调研方式
1	陈大	学校负责人	拜访约谈
2	孙二	系统建设负责人	多次访谈
3	张三	教学管理人员	访谈
4	李四	学生管理人员	访谈
5	王五	信息化负责人	多次访谈
6	赵六	教师代表	访谈加问卷调研
7	刘七	学生代表	问卷调研

请注意，这只是一个示例表格，实际调研人员名单和方式应根据具体情况进行调整。很显然，在教学管理系统调研过程中，不能覆盖贝塔学院所有成员。为了确保调研的科学性、准

确性,重点人员需逐一访谈,而具有相同身份或职务的人或者承担相同责任和义务的人,可以归纳到同一种类型,然后选取有代表性的执行访谈,既能提高沟通效率,又能确保信息准确性。

沟通中的角色可以理解为个体在社会或者组织中的具体身份或者职务,以及在沟通活动中所承担的责任和义务。沟通中最基本的两个角色分别是信息发出者和信息接收者。

1. 信息发出者

信息发出者是指在沟通中主动传递信息的人,例如发言人、演讲者、报告人等。他们的角色是向听众传递观点、事实、思想、感受和价值观等信息,以影响听众的看法和行为。教学管理系统调研过程中,调研员是信息发出者。

2. 信息接收者

信息接收者是指在沟通中被动接收信息的人,例如听众、受话者、读者等。他们的角色是接收和理解信息,并对信息进行感知、加工和反应,以形成自己的看法和决策。教学管理系统调研过程中,接受调研的对象即信息接收者。

需要注意,信息发出者和接收者在沟通过程中不断互换。例如,在调研过程中,刚开始调研员提出问题,这个时候调研员是信息发出者,被调研人是信息接收者;当被调研人回答问题时,被调研人成为信息发出者,而调研员成为信息接收者。

为了更好地沟通,我们会将信息发出者和接收者进一步划分为更详细的分类,在这里我们称为角色,以项目建设过程中经常沟通的角色为例,获取项目需求分析需要与以下角色沟通。

(1) 项目干系人。包括客户、用户、项目组成员、项目经理等,他们了解项目目标和要求,可以提供关于项目的关键信息。

(2) 技术专家。技术专家可以提供项目技术要求和细节,帮助了解项目的整体架构和技术解决方案。

(3) 行业专家。行业专家可以提供项目行业标准和最佳实践,帮助了解项目业务需求和流程。

(4) 数据分析师。数据分析师可以提供项目数据来源和分析结果,帮助了解项目的数据需求和数据流程。

(5) 架构师。架构师可以提供关于项目的架构设计和技术选型,帮助了解项目整体架构和技术需求。

(6) 开发人员。开发人员可以提供项目开发需求和开发计划,帮助了解项目开发流程和技术细节。

（7）测试人员。测试人员可以提供项目测试需求和测试计划,帮助了解项目测试流程和技术细节。

沟通中,每个个体都有其特定身份和地位,如领导、下属、同事、朋友等。不同身份和地位决定了不同角色,每个角色都有其特定责任和义务。因此,在沟通中,首先要明确自己的角色,并按照角色要求进行沟通。

人们对每个角色都有不同的期望和要求。例如,领导应该具备决策能力、领导力和责任心;下属应该具备执行能力、合作能力和忠诚度;同事应该具备协作能力、专业能力和沟通能力;朋友应该具备关心、支持和帮助他人的能力。在沟通中,要了解他人对自己角色的期望,并尽力满足这些期望。

3.1.3 倾听

例 3-3:贝塔学院教学管理系统调研任课教师问题。

教师是教学管理系统主要用户之一,因此对教师的调研,能够获取第一手资料,精准获取教师需求,保障后期系统顺利开发、运行。经过深入思考,C经理和团队成员列举了需要向贝塔学院教师了解的问题。

- 您在教学管理系统中担任的职务是什么?
- 您使用教学管理系统的频率是多少?
- 您对目前的教学管理系统整体满意度如何?
- 您认为目前的教学管理系统最需要改进的方面是什么?
- 您在使用教学管理系统过程中遇到过哪些困难或问题?
- 您是否认为教学管理系统能够满足您的需求?
- 您是否认为教学管理系统能够提高工作效率?
- 您是否认为教学管理系统能够简化工作流程?
- 您是否认为教学管理系统能够提供足够的支持帮助您解决遇到的问题?
- 您对教学管理系统的建议和意见是什么?

要达到需求准确的目的,就需要认真倾听教师对问题的回答。倾听是沟通的基础,有效言谈沟通很大程度上取决于倾听。

有一个古老的哲学问题:"森林中一棵树倒了下来,那儿不会有人听到,那么能说它发出声响了吗?"树木倒下是一个事实,然而它在倒下的过程中是否发出声音却无法得以证明。按道理来讲,树倒下一定会发出声音,可是这个声音无法被听到,因此人们对声音的存在产生了疑惑。这里并非讨论唯物主义或者唯心主义世界观的问题,而是想借助这个例子来说明:如果你想和某人沟通,但是你说的话没人听,那么能说你和他进行沟通了吗?

我们常常将听和倾听混为一谈,事实上听是对声波振动的获得,而倾听则是理解所听到的内容,它要求做到对声音刺激给予注意、解释和记忆。要真正做到"倾听"而不仅仅是"听",就要求人们做出一定的努力。有人认为,只要耳朵没有什么问题,就能够做到倾听,实际上这是一种错误的意识,倾听是一门学问。积极倾听的人会把全部精力——包括具体的知觉、态度、信仰、感情以及直觉——都或多或少地加入倾听活动中;消极地听,则仅仅把自己当作一个接收声音的机器,既不加入任何个人的感觉或印象,也不产生什么好奇心。

沟通过程中,造成信息失真、影响倾听效率的障碍很多,归结起来主要有以下几个方面。

1. 噪声干扰

噪声是指双方沟通过程中有用信息以外的信息,在语言沟通中,噪声声波对有用声波产生干扰。除此之外,一些对倾听效果产生影响的因素,我们也可以称为噪声。噪声对听觉与心理活动有重要影响,环境中声音、气味、光线以及色彩、布局,都会影响注意力与感知,都可以称为噪声。布局杂乱、声音嘈杂的环境会导致沟通效率低下。

2. 沟通信息质量不高

信息质量不高的一个原因是双方在试图说服、影响对方时,并不一定总能发出有效信息,有时会有一些过激言辞、过度抱怨,甚至出现对抗性态度。语言本身存在一些缺陷,无法完整地将要传递的意图表现出来,我们经常遇到一些"只可意会,不可言传"的事情,甚至更有可能由于言语表达失误而造成误解。现实中我们经常遇到满怀抱怨的顾客、心怀不满的员工、剑拔弩张的争论者,这些信息的发出者受自身情绪影响,很难发出有效信息,从而影响了倾听效率。

信息质量不高的另一个原因是,信息发出者不善于表达或缺乏表达的愿望。例如,当人们面对比自己优越或地位高的人,害怕说话过多导致说错话,以致留下坏印象,从而不愿意发表自己的意见,使沟通失效。

3. 倾听者个人偏见

在倾听过程中,造成效率低下的最大原因就在于倾听者本身。研究表明,信息失真主要是在理解和传播阶段,很多是倾听者主观障碍造成的。个人偏见是造成倾听失效的最常见障碍。由于后天教育、生活习惯和社会环境的影响,不同的人形成了各自不同的思想观念和价值尺度。人们习惯按照自己的尺度去看待别人,这样就不可避免出现偏见。

团队成员的差异性较大时,由于偏见而导致沟通无法继续的情况很常见。例如,在一次国际会议上,A国家代表团成员在阐述观点时,用了非常激烈的方式,他们抱怨B国家的代表对会议不表示任何兴趣或热情,因为他们"只是坐在那里";而B国家的代表则认为A国代表非常愤怒,因为他们"用了那么大的嗓门",其实A国人只是习惯大声说话而已。所以,在团队中成员背景多样化时,倾听者最大的障碍在于自己对信息传播者的偏见,从而无法获得准确信息。

4．先入为主

行为学中的"首因效应"是指在进行社会知觉过程中,认知对象最先给人留下的印象会对以后的社会知觉产生重大影响。"首因效应"也就是我们常说的第一印象,它往往决定了你对某个人的看法。人们在倾听过程中,对对方最先提出的观点印象最深刻。如果对方最先提出的观点与倾听者的观点大相径庭,倾听者可能会产生抵触情绪,而不愿意继续认真倾听下去。

5．近因现象

如果一个人长时间发表言论,那么倾听的人往往只会留意他最后听到的信息。在接收信息过程中,由于本身记忆特点,后面发生的事情很容易将前面发生的事情覆盖,因此我们在听人讲话过程中,很容易将对方前半部分忘记,而只记得对方最后讲话的内容。

6．自我中心

人们习惯于关注自我,总认为自己才是对的。在倾听过程中,过于注意自己的观点,喜欢听与自己观点一致的意见,对不同意见往往是置若罔闻,这样往往错过了聆听他人观点的机会。

通过以下几个方面,可以提高倾听效果。

第一是专注。人脑处理信息的速度,是普通人说话速度的 6 倍,这使得大脑容易在处理谈话内容的空闲时间内,被一些无关的、容易吸引你的念头,如 NBA 的消息、异性朋友、金钱、网络游戏等所占有。如果任由这些念头发展下去,你就容易失去对所听到的信息的理解,也就是我们常说的走神。那么一个积极倾听者应该在这个空闲时间内想什么呢?概括和综合所听到的信息,与以前获得的信息进行归纳、分类、存储、记忆。

第二是换位思考。即要求你从说话者的角度调整自己的观念和感受,这样可以更好地理解说话者的本意。

第三是接收。仅仅客观地倾听对方讲话的内容,不加以判断。

第四是对完整性负责。千方百计地从对方所讲述的内容中获取对方所要表达的完整信息,这不是一件容易做到的事情,要求你在倾听的同时必须注意对方其他表达方式(肢体语言、情感等)所表达的信息,以及需要通过提问来保证理解的正确性。

3.2 沟通技巧

在前文中,我们对 IT 工作人员在工作中需要经常沟通的角色进行了划分。与不同角色沟通时,需要掌握不同沟通技巧,这里从客户、团队成员、不同部门同事、领导等几个方面,逐一讨论沟通技巧。

3.2.1 与客户的沟通

例 3-4：CRM 系统中,销售人员客户沟通记录表。

当欧米伽公司建设客户关系管理系统时,其管理人员希望能有一个表格,记录销售人员每一次与重要客户的沟通,以便于企业管理与发展。根据这个要求,E 经理设计了表 3-2 所示的客户沟通记录表。

表 3-2 客户沟通记录表

序号	客户	类型	沟通内容	客户意见	备注
1	张三	批发	当面沟通,确定以下两条内容：① A 商品价格；② A 商品进货数量	对于 A 商品包装,客户提出多样化意见	
2	李四	零售	电话沟通进货数量		

这里谈的与客户沟通,不是营销学中的与客户沟通,也不是产品销售人员如何通过自己的技巧说服顾客、销售产品,而是指 IT 从业人员在 IT 项目中通过与客户进行沟通和交流,更好地完成项目。与客户沟通的过程中,为了达到良好的沟通效果,实现沟通的目的,需要注意以下几个方面。

第一,提前准备好沟通内容。在与客户沟通之前,需要明确沟通的目的和内容,准备好需要讨论的问题和需要传达的信息。将问题列出,这样能够保障沟通内容简洁明了,直接切入主题,避免浪费时间和精力。

第二,提前了解客户。尤其当需要通过沟通来解决问题时,了解客户的需求和期望,以便更好地满足他们的要求并确保项目顺利进行。提前查阅客户背景资料,询问与客户相关人员或阅读相关文档,了解客户兴趣爱好,在沟通中提及客户关注话题,引发客户主动沟通兴趣。

第三,与客户建立良好的关系是确保沟通效果的关键之一。因为人们之间建立了信任和尊重,能够更好地理解对方的意思和需求,减少误解和冲突。当人们之间相互欣赏和支持时,更愿意分享自己的想法和意见,积极参与交流和沟通。在良好的人际关系下,当出现问题或纠纷时,人们更容易以合作的方式解决问题。他们能够更好地理解对方立场和需求,寻求共同解决方案。

第四,保持专业和诚信。诚信是沟通的基础,当一方表现出诚实时,另一方会更容易相信他们。这种信任可以促进更深入的沟通,因为双方都知道他们可以依赖彼此。在与客户沟通时,需要保持专业和诚信,遵守职业道德和法律法规。这包括提供准确的信息、不夸大事实、不隐瞒问题等,对沟通效率和效果都会有很大提升。

第五，保持积极态度。客户是公司生存的根本，与客户沟通过程中，需要保持积极的态度，鼓励客户提出意见和建议，并表达对项目的关注和支持。这有助于建立良好的沟通氛围，促进项目成功。在沟通过程中，需要及时反馈客户的问题和建议，并积极解决问题。这有助于建立信任和合作关系，并确保项目顺利进行。

第六，要注意记录沟通内容并及时反馈。在沟通过程中，记录沟通内容，包括日期、时间、地点、参与人员、讨论的问题和达成的共识等，这有助于后续沟通和项目管理。

第七，与客户沟通要考虑自己所代表组织的利益，要具有组织荣誉感，这是所有沟通谈判的基础。无论客户代表是谁，都应该以组织利益为主，也只有这样，才能在组织中获取成功。商场如战场，在与客户交流过程中，虽然要坚持客户第一的原则，但是也要坚持组织利益、社会利益不容侵犯的原则。服务客户是重要的，前提条件是不能损害大众的利益，不能损害组织集体的利益。

3.2.2　与团队成员的沟通

在一个单位内部，同事之间需要互相交流，在交流过程中，知识得到传递分享。然而同事之间的交流与朋友之间的交流不同，很多企业特别为员工进行了如何提高交流效率的培训，下面我们将提出一些与同事交流的技巧。

1．交流简单明了

同事不是同学，也不是朋友，尽量使用简单的语言将问题说明白。这样做有很多好处：第一，表现出你为简化交流付出了努力，使同事喜欢与你交流；第二，避免老板认为你喜欢在上班时间聊天，浪费他的资源；第三，避免祸从口出，让同事认为你是一个传播是非的人；第四，简化问题，增加得到有用答案的机会，让人容易直接明了问题；第五，在提炼问题过程中，自己主动找出问题所在或做出更正，从而提高自己的业务能力。

交流通常从问题提出开始，最能给你有用答案的人可能正是最忙的人，这样的人对漫无边际的提问不太感冒，如果你经常这么做，日后他们不太可能喜欢与你交流。

我们都希望能够与那些有经验的前辈和专家多进行交流，但是要理解专家们生活的世界，要把专业技能想象为充裕的资源，而回复的时间则是贫乏的资源。尽量快速地使他们明了你交流的目的，这样很容易得到回复。直接向他们提问："我想更好地理解×，能给点提示吗？"通常比问"你能帮我解释一下×吗？"更好。如果你设计的程序或者艺术效果不能令人满意，问问他们有什么地方不对，比要求别人替你修改要明智得多。

2．谦逊有礼

彬彬有礼，多用"请"和"谢谢"，让大家知道你对他们花费时间提供帮助心存感激。任何人都没有义务帮你解决问题，要对为你介绍经验的人心存感激。

从事IT工作的人员,一般更喜欢直截了当的技术报告,而不是彬彬有礼的客气话,这就需要你掌握礼貌的技巧和量度。在交流结束之后,如果交流过程有一些技术上的问题,向所有帮助过你的人发个说明,让他们知道问题是怎样解决的,并再一次向他们表示感谢,这非常重要。同事们都喜欢看到问题被解决,而不是越拖越久,事后主动向他们说明情况,会让他们感觉到交流的好处,从而产生主动与你交流的想法。

3. 尽量避免私下的交流

如果你要求同事与你进行私下交流,很容易引起别人的误解,产生误会。公开、透明的交流,一方面能够让同你沟通的人产生荣誉感,使他感到得到了尊敬;另一方面通过公开交流,使其他同事了解你所面对的问题,你也可以从旁听者那里得到解答。

4. 注意时间和对象

也许你是一个精力充沛的工作者,但是你的同事可能和你的作息时间不一样,没有十分紧急的事情,一般人都不喜欢在工作以外的时间处理工作以内的事情,即使经常需要加班的IT工作人员也是如此。很多中年人都有午休习惯,想象一下,你刚刚睡着却又被电话铃声惊醒,而对方只不过是拨错了电话号码,或者是重复一件并不重要的事情。交流过程中要学会区分上班和下班时间,即使作为领导也不可以在下班时间打扰下属,因为每个人都有属于自己的私密时间,而这个时间是不可侵犯的。

另外,根据交流对象慎重选择你的语言是很重要的。沟通对象不仅有男女老幼之分,也有文化背景、知识层次、民族特征以及性格特点方面的差异。如果你在一个大型的跨国公司进行工作,与你身边的国外同事进行交流,一方面要注意语言选择,选择一种双方都能听懂的语言;另一方面在交流过程中,要注意不要与对方的宗教文化信仰产生冲突。

5. 理解对方题外话

由于交流的双方是同事关系,因此大家都会尽量避免一些直接冲突,在言语上尽量显得客气一些,所使用的语言也比较隐晦。

比如,你邀请同事一起吃晚饭,他回答:"我晚上可能有事情,需要看看再说。"这句话有几种可能:他可能不想与你一起去吃晚饭;他可能想与你一起去,这句话只是客气一下;他可能想试探一下你是否真心邀请他去吃饭。你需要根据具体情况去判断,了解对方真正的意思。很多人会觉得与同事交往比较累,主要原因是大家说话比较隐晦。

6. 学会与粗鲁的同事沟通

如果你觉得受到粗鲁的对待,请保持冷静,不要期待所有人都善于沟通,一些人可能性格和善,但是缺乏表达技巧,言语可能会比较粗鲁,对这类人要宽容一些。

人不仅是一个生物人,同时也是一个社会人,每一个人都有与其他人沟通交流的欲望。

不仅如此，一个人或一个组织在社会上能否取得成功，与交流技巧息息相关，很多组织机构都对内部员工进行一些有关交流技巧的培训，这些都说明了交流的重要性。每个人从小就被教育如何说话、如何讲礼貌，这些都是与人交流的教育。

3.2.3 跨部门沟通

在工作中，跨部门沟通是不可避免的。由于不同部门之间存在差异和利益冲突，因此跨部门沟通往往是一项挑战。下面探讨进行跨部门沟通的建议和需要注意的事项。

例3-5：教学管理系统中的教师调课申请表。

教师是教学管理系统主要用户之一，负责授课。一般来讲，课程表是按学期安排，一旦课程表确定以后，每周上课时间是固定的。但是教师也是普通人，有时会出现生病、出差、照顾家人等情况，需要临时改变授课时间或者授课地点，这时候如果授课班级不属于教师所在单位，需要多位负责人同意更改课程表。通过教学管理系统，实现如表3-3的调课申请表，可以帮助老师快速完成调课。

表3-3 教师调课申请表

序 号		课 程	
教师姓名		所属部门	
所属部门		课程性质	
调整前时间		调整后时间	
调整前地点		调整后地点	
部门审批		部门审批	
调课原因		备注	

如例3-5中，教师调课这种常规业务操作，虽然属于跨部门沟通，但是可以按照规定程序执行。任何一个单位都应该是一个权责明确的组织机构，在任何一个组织机构中，每个人都负责自己的业务，如果同事之间沟通依靠彼此关系的好坏，而不是规章制度，那么这个机构绝对不可能是一个发展良好的机构。在工作中，也有不少事项并非严格符合流程，需要通过沟通解决，以下是部门之间沟通需要注意的问题。

- 区分自己是需要沟通，还是要了解公司的组织机构。
- 考虑一下组织内部管理是否有问题。
- 了解组织部门职责及权限。
- 学习跨部门工作，提高自己工作效率，减少没有效果的工作。
- 了解部门间职责不清或职责交叉的地方，并采取措施避免职责交叉。

- 学习企业文化,掌握部门沟通原则。
- 学习团队精神,培养自己大局观。
- 通过会议来解决跨部门沟通的问题。
- 多听取组织内老员工的意见,以及他们对组织情况的介绍。
- 多向领导汇报自己的工作,需要沟通时一定要向领导请示。
- 重视跨部门沟通。
- 尽量当着对方领导的面来解决协作问题。

跨部门沟通技巧较多,也是公司或组织管理重点,限于篇幅,这里难以完全表述。学会跨部门沟通,能够使你在单位中如鱼得水,工作起来自然非常顺利。通常跨部门沟通代表了一个人处理单位事务的能力,也就是工作能力,跨部门沟通做得好,工作效果自然更好,发展前途也更加光明。

3.2.4 与领导的沟通

例 3-6:C 经理向董事长汇报了调研和项目进展情况,以确定公司是否参与投标。汇报之前,C 经理做了如下准备。

调研人员汇总:已完成贝塔学院教务处处长、学生处处长、网络中心负责人拜访面谈,并与 5 位教师代表座谈,回收有效教师问卷 100 份、学生问卷 500 份。

调研结果:初步掌握了贝塔学院校园信息化基础设施特征,了解了师生需求,对特殊问题进行归纳总结。

汇报前与项目团队成员开会,对贝塔学院情况进行集中研讨,团队售前、架构师、开发人员充分提出意见。

项目团队成员意见:一是贝塔学院教学管理系统功能需求方面与公司现有产品差异性不大,但仍然需要半年左右时间修改具体功能模块,以适应贝塔学院需求;二是贝塔学院目前校园内外网划分不够清晰,网络配套设施需要增加,系统部署需要网络中心进一步配合;三是因贝塔学院距离市中心较远,一旦项目中标,需要贝塔学院为系统维护人员提供食宿条件。

C 经理根据调研情况,确定公司可以参与贝塔学院投标。

汇报工作是指向上级领导或相关方报告工作进展、成果、问题等情况。例 3-6 中,C 经理作为项目负责人,需要定期汇报项目跟进情况,因为还需要进一步招投标,现阶段属于项目准备阶段,C 经理和领导的沟通以汇报为主,需要提前做好准备。以下是一些汇报工作的建议。

首先,确定汇报目标和内容。在汇报工作之前,要明确汇报的目标和内容。例如,是为了向上级领导汇报工作进展,还是为了向客户介绍项目成果,C 经理主要汇报的目标就是确定阿尔法公司是否可以参与贝塔学院教学管理系统项目建设工作。不同的目标和内容需要不同的汇报方式和侧重点。

其次,整理数据和信息。在汇报工作时,为了向领导证明你的观点,最好能够提供相关数据和信息作为支撑,数据是最直接、最有说服力的证明方式。因此,需要提前整理和收集相关数据和信息,包括项目进展情况、销售数据、用户反馈等。C 经理提前汇总了调研数据,并预估了系统开发、部署时间,对项目中用到的技术、成本进行初步估算。

再次,最好是制作书面材料作为补充。比如,C 经理可携带调研报告、团队讨论意见、系统建设初步方案等材料,便于随时展示给董事长。有些情况需要制作 PPT,关于 PPT 制作技巧,我们在后面章节进一步讨论。

一般来说,汇报材料应该包括以下内容。

(1)清晰的标题和目录。明确汇报的主题和结构,让听众对汇报内容有个大致了解。

(2)具体的工作进展。介绍工作进展情况,包括已完成任务和未完成任务,以及遇到的问题和解决方案。

(3)有力的数据和信息。通过图表、表格等形式展示相关数据和信息,以便听众更直观地了解工作进展和成果。

(4)有效的分析和总结。对工作进展进行分析和总结,指出存在问题和不足,并提出改进建议和下一步工作计划。

(5)恰当的演示和讲解。在汇报工作时,需要进行演示。因此,需要提前做好演示准备,包括熟悉演示文稿、练习演示技巧、准备相关道具等。

最后,注意语言表达。与上级沟通或汇报,不同于日常生活。在汇报工作时,需要注意语言表达,包括清晰、简明扼要、有逻辑性等,注意身体语言和面部表情,保持自信、大方得体的形象。将沟通内容提前在脑海中过一遍,以防止表达不恰当,既不要表现得太过于自信、张狂,也不能唯唯诺诺、不敢说话,要把握好尺度和力度。

在汇报工作后,领导会根据汇报内容做出指示,需要听取领导和相关方的反馈和建议,以便更好地改进工作。同时,也需要对自己的汇报进行反思和总结,找出不足之处并加以改进。向领导汇报工作要注意的问题如下。

1.仔细聆听

一项工作在确定了大致方向和目标之后,领导通常会指定专人来负责该项工作。如果领导明确指示你去完成某项工作,那一定要用最简洁有效的方式明白工作的重点。弄清楚该命令的时间(when)、地点(where)、执行者(who)、为了什么目的(why)、需要做什么工作(what)、怎么样去做(how)、需要多少工作量(how much)。在领导下达完命令之后,立即将自己的记录进行整理,再次简明扼要地向领导复述一遍,看是否还有遗漏或者自己没有领会清楚的地方,并请领导加以确认。

2. 与领导探讨目标的可行性

领导在下达了命令之后,往往会关注下属对该问题的解决方案,他希望下属能够对该问题有一个大致的思路,以便在宏观上把握工作进展。在接受命令之后,应该积极开动脑筋,对即将负责的工作有一个初步认识,告诉领导你的初步解决方案,尤其是对于可能在工作中出现的困难要有充分认识,对于在自己能力范围之外的困难,应提请领导协调别的部门解决。

3. 拟订详细工作计划

在明确工作目标并和领导就该工作的可行性进行讨论之后,尽快拟订一份工作计划,再次交给领导审批。在该工作计划中,详细阐述行动方案与步骤,尤其是对工作进度给出明确的时间表,以便于领导进行监控。

4. 向领导汇报

现在,你已经按照计划开展工作了,那么,你应该留意自己工作的进度是否和计划书一致,无论工期是提前还是延迟了,都应该及时向领导汇报,让领导知道你现在在干什么,取得了什么成效,并及时听取领导的意见和建议。

5. 及时总结汇报

千万不要忽视请示与汇报的作用,因为它是你和领导进行沟通的主要渠道。你最好把每一次的请示汇报工作都做得完美无缺。

在请示汇报的过程中,作为下属,一定要充分尊重领导,在各方面维护领导权威,支持领导的工作,这也是下属的本分。

3.3 沟通效率

3.3.1 学会表达

例3-7:C经理向董事长求助与贝塔学院高层沟通预算、基础设施等问题。

恰当的表达如下:

董事长,我在此想向您汇报一下我们目前在与甲方沟通教学管理系统开发项目中所遇到的一些困难。

我们发现与甲方的沟通存在一些障碍,导致我们对项目的理解和期望与甲方存在一些差异。我们正在努力解决这些问题,但我们需要您的支持和协调,以便更好地推动项目进展。如果可以，麻烦您和学校领导沟通一下，最好能得到学校预算情况，这样方便系统功能的设计和规划。

不恰当的表达如下：

老板，我们在与甲方沟通教学管理系统开发项目时遇到了困难，我无法理解他们的需求，他们也无法理解我们的想法。要不您问问×××校长，具体学校想出多少钱来建设系统？听说您和他挺熟悉的。

没有人喜欢听抱怨，更不喜欢别人打听自己的私生活。在例3-7中，C经理先是向董事长抱怨，然后又自以为是地提及董事长的敏感话题，这在人际交往和沟通中是非常忌讳的，在一定程度上触碰到了董事长底线。

少部分IT工作者缺乏表达技巧训练，长期专注于技术，使得语言表达过于直白，很容易造成沟通方面的问题。但是IT行业毕竟是服务于不同产业、行业，工作中不可避免地需要和其他岗位工作者进行沟通。掌握一些特定的语言表达技巧，以有效地与团队成员、利益相关者和其他合作伙伴进行沟通，非常有助于个人职业生涯发展。以下是一些重要的语言表达技巧。

第一，言语清晰简洁。在传达重要信息时，要使用简单明了的语言，避免使用过于复杂的词汇或长句，以确保信息能够被准确理解。需要注意，如果沟通对象非IT行业人员，要将一些技术名词适当转换为对方容易理解的语言。

第二，内容具体明确。在表达意见或指示时，要尽可能具体明确，避免使用模糊不清的语言；内容最好逻辑清晰、条理明确。这有助于确保项目干系人、团队成员和合作伙伴能够理解，尽量避免含糊不清的表达方式，便于沟通对象清晰明确地完成工作。

第三，表达主动积极。在沟通中要采取主动的态度，及时提出问题并积极寻求解决方案。使用积极的语言鼓励团队成员和其他合作伙伴参与到项目中。沟通前考虑一下：主动与别人讲话，还是别人主动与你讲话？在与别人讲话的过程中，你处于主导地位吗？你觉得别人适应你的讲话方式吗？

第四，有效倾听和提问。在沟通中要注意倾听他人的意见和建议，并适时提出问题以获取更多信息。这有助于建立良好的双向沟通渠道，确保信息准确传递。如果谈话缺乏目的性，没有实质内容，只是空洞语言表达，即使你用再多华丽的辞藻和优美的语言，也很难引起对方的注意，影响沟通效果。

第五，语言委婉得体。在表达批评或负面意见时，要注意措辞得体，避免伤害到他人的感情。使用委婉的语言来表达自己的看法，并寻求共同点来解决问题。

第六，经常客观评价自己表达能力，并加以改进。考虑以下问题：

- 在日常生活中，你在寻求讲话的机会吗？
- 当你站在演讲台时，能很清晰地表达自己的观点吗？
- 在会议中，你善于发表自己的观点吗？

- 你是否经常与朋友保持联系？
- 你能自行构思，写出一份报告吗？
- 对于一篇文章，你能很快区分其优劣吗？
- 在与别人谈话的过程中，你都能清楚地传达想要表达的意思吗？

如果对上述问题的回答都是否定的，那么你应该从头考虑，一点点改善自己的表达能力。

与人沟通，完全不讲策略性是不够的，但是颠倒黑白、混淆视听也是不足取的。平时在与客户交流之前进行简单分析，常常可以洞察问题本质，并且针对这些分析，可以做出较明确的判断。高手们说话，虽然表面上看起来似乎轻松随意，但是仔细分析，你会发现他们所讲的每句话并不是随随便便说的，而是设下了很多前提，埋下了很多伏笔，这些就是讲话的技巧所在。

把你想要说明的问题清晰、明了、简洁地向身边的人表达清楚，是一个职业工作者必备基本素质之一。在工作中，时刻注意训练表达能力，提高表达水平，做好同事之间的交流、汇报、与客户的沟通，这样职业道路自然会更加顺畅和成功。

3.3.2 经常汇报

很多刚参加工作的同学往往都会经过这样一个时期，刚刚投入工作岗位时，脸皮薄，总是想方设法躲着领导，有时会挨批评，时间长了就形成心理障碍。也可能是因为工作效率低，总是不能如期完成工作，所以不敢见领导。这种情况下一方面要提高自己的工作效率，及时完成工作；另一方面最好把工作完成的情况及时向领导汇报，让领导知道自己一直在竭尽所能地工作，表明自己的工作态度，自然会给领导留下一个好印象。

一般来说，最好不要事事请示，遇事没有主见，这样领导也许会觉得你办事不力、能力有限。但该请示汇报的必须请示汇报，绝对不要依赖、等待。经常汇报对项目推进有以下好处。

（1）经常汇报可以增强项目团队与利益相关者之间的沟通，确保所有人对项目的进展和目标有清晰的认识。这有助于避免误解和沟通障碍，并增加团队成员与利益相关者之间的信任。

（2）通过经常汇报，项目团队可以及时发现并解决项目中遇到的问题和挑战。这种及时反馈可以避免问题积累到无法解决的程度，从而确保项目顺利进行。

（3）经常汇报可以使利益相关者了解项目进展情况，并根据需要及时调整策略或做出决策。这有助于优化决策过程，提高项目效率和效果。

（4）经常汇报可以增强项目透明度，使利益相关者了解项目的实际进展与计划之间的偏差。这有助于提高团队的责任感和执行力，同时增强利益相关者对项目的信任。

（5）经常汇报可以建立项目团队与利益相关者之间的信任关系。当团队成员展现出对项目的责任心时,利益相关者会对团队成员的工作态度和能力更加信赖。

(6)通过经常汇报,项目团队可以获得关于项目进展的反馈,并根据反馈结果调整工作策略和方法。这有助于提高团队绩效和执行力,促进项目成功完成。

3.3.3 肯定——管理者最有效的沟通方式

例3-8:董事长听完汇报之后做出了如下指示。

一是肯定了C经理及其团队在项目前期所做的工作,尤其是与学校人员沟通、项目功能模块分析对项目发展非常有用。与学校沟通非常不易,调研工作深入细致,实现了既定目标,达到了应有效果;功能模块预估合理,工作量和预算清晰明了;工作目标明确,团队成员和谐团结,C经理能力得以充分体现。

二是同时也指出,下一步要与学校继续保持良好关系,明确项目中要点和难点,尤其是贝塔学院地理位置特点、管理方面特色。时刻关注学校招标时间和招标方式,认真仔细核算成本,确保项目中标。

一位成功管理者曾经说过:"我的经营理论是要让每个人都能感觉到自己的贡献,这种贡献看得见,摸得着,还能数得清。"当员工完成了某项工作时,最需要得到的是上司对其工作的肯定。主管人员认可的时效性非常关键。如果用得太多,价值将会减少;如果只在某些特殊场合和特有的成就时使用,价值就会增加。采用的方法可以是发一封邮件,或是打一个私人电话祝贺员工取得的成绩,或在公众面前跟他握手并表达对他的赏识。

实现自我是每个人最高需求。员工参加工作的目的,除了获取基本物质条件外,更重要的是将自己所掌握的知识应用到工作中,将自己的能力发挥出来。对于员工来说,没有什么比得到老板、客户、同事的肯定更高兴,获取更多成就感。无论是项目管理者,还是普通员工,肯定沟通对象,都能够更好激励沟通对象,从而实现沟通目标。例3-8中,如果阿尔法公司董事长对C经理劈头盖脸一通批评,而不是对其工作进行表扬,C经理在接下来的工作中很难调动积极性,甚至会对董事长怀恨在心。在沟通中,我们需要注意运用肯定的表达方式,无论是在和上级还是和同事、客户的沟通中,一句简单的肯定,会达到事半功倍的效果,能够帮助你提高沟通效率。

学会认可对方观点,寻找和发现对方亮点,给予肯定和认可,可以激发对方的自信心和积极性,促进其配合你的工作,实现良好的沟通。肯定具体内容,对方发表观点的时候,如果你能认真倾听,并在对方关心话题或者得意之处加以肯定,会让对方感受到你真正认可其观点。在表扬对方时,要具体地指出其工作表现中的优点和亮点。这可以让受肯定一方感受到自己的工作得到了真正认可,同时也能够鼓励其继续发扬自己的优点。对沟通方提出的新想法和建议,给予其创新的空间和机会,激发其创造力和创新意识,同时促进项目创新和发展。

尤其是一个项目管理者,应该通过及时认可、具体表扬、给予机会、鼓励创新、关注下属等方法来肯定下属并激励其继续工作。这不仅可以提高下属的工作积极性和效率,同时也可以促进项目顺利完成。

3.4 处理冲突

3.4.1 多米诺骨牌效应——冲突的危害

例 3-9:企业经营中的"多米诺骨牌效应"。

物理学家 A. 怀特海德曾经制造了一组骨牌,共 13 张。第 1 张最小,长 9.53mm、宽 4.76mm、厚 1.19mm,不如人的小手指甲大。以后每张体积是前 1 张的 1.5 倍,因为前 1 张骨牌倒下时,能推倒一张是自己体积 1.5 倍的骨牌。依此类推,最大的第 13 张长 61mm、宽 30.5mm、厚 7.6mm,牌面大小接近扑克牌,厚度相当于扑克牌的 20 倍。把这套骨牌按适当间距排好,轻轻推倒第 1 张,会波及第 13 张。第 13 张骨牌倒下时释放的能量,比第 1 张牌倒下时要扩大 20 多亿倍。

多米诺骨牌效应的能量是按指数形式增长的,若推倒第 1 张骨牌要用 0.024 微焦,倒下的第 13 张骨牌释放的能量能够达到 51 焦,多米诺骨牌效应产生的能量令人瞠目。当初 A. 怀特海德设想要制作类似的 32 张骨牌,不过他最后放弃了,因为第 32 张骨牌将高达 415m,两倍于纽约帝国大厦。如果真有人制作了这样的一套骨牌,那么帝国大厦就会在一指之力下轰然倒塌。

这就是"多米诺骨牌效应",该效应产生的能量巨大。这种效应的物理原理是:骨牌竖着时,重心较高,倒下时重心下降,在此过程中,其重力势能将转换为动能,它倒在第 2 张牌上,这个动能就转移到第 2 张牌上,第 2 张牌再将第 1 张牌的动能和它倒下过程中由本身的重力势能转换来的动能之和,传到第 3 张牌上……所以每张牌倒下的时候,具有的动能都比前 1 张牌大,因此它们的速度一个比一个快,也就是说,它们依次推倒的能量一个比一个大。

"多米诺骨牌效应"经常被应用在生活中,来说明一些小事情对你产生的影响,它教育我们客户无小事,尽量减少与客户发生冲突,否则所引发的连锁反应会远远超出你的预期之外。在商场上,每一步都如同大海行舟,随时要面对惊涛骇浪,一些看上去微不足道的事情,如果不加以处理,很容易引起轩然大波,对组织产生巨大的影响。在工作中,对于一些苗头性问题应该加以重视,以免引起"多米诺骨牌效应",从而对工作、生活造成重大影响。

3.4.2 澄清事实

误解是沟通中经常发生的现象,也是造成日常沟通冲突的主要原因之一。在日常生活和工作中,我们常常会遇到不同的人,也会处理复杂的问题,而由于每个人的背景、经验和观点不同,误解在所难免。误解可能源于沟通中的信息模糊或歧义,也可能是因为双方对事实的理解不一致。有时,我们可能没有足够的时间或信息来全面理解对方的意图和想法,导致误解的产生。此外,情绪波动、语言障碍、文化差异等因素也可能加剧误解的发生。

在日常工作中,误解可能会对合作产生负面影响。在IT项目中,由于团队成员之间技术、教育、工作经验和背景不同,团队成员之间可能因为误解而无法达成共识,导致项目失败或目标无法实现,影响工作效率和团队合作。甚至可能导致决策失误和资源浪费,给企业和个人带来不必要的损失。

消除误解最主要的方法之一就是澄清事实,澄清事实对于沟通至关重要。在沟通过程中,准确的事实传达和清晰表达能够避免误解、建立信任、解决争议、提高沟通效率并增强沟通效果。通过认真倾听、确认理解、提问明确、表达清晰等方法,我们可以实现澄清事实,从而减少误解发生,提高沟通效果,建立良好的信任关系,并避免因误解导致的各种负面影响。当存在争议或不同意见时,澄清事实可以帮助双方明确问题核心,找到共同点和解决办法,有助于化解矛盾、达成共识。准确的事实传达和清晰的表达有助于增强沟通效果,使得信息更加明确、具体和易于理解。

以下是一些澄清事实的方法。

1．认真倾听

前文介绍了倾听有助于沟通,认真倾听有助于理解对方的观点和意图,能够极大帮助沟通。在沟通中我们有时会不自觉地打断对方讲话,这不仅没礼貌,还容易引发争吵,而认真倾听对于了解事情真相、化解冲突有一定帮助。

2．确认理解

在沟通过程中,要确认对方是否正确理解了自己的意思。可以通过重复或用自己的话表达来确认,也可以通过对方表情进行确认。如果存在误解,可以及时提出并进行澄清。

3．提问明确

在沟通中,如果对某个事实或观点有疑问或不确定,可以适当地提问,以获取更明确的信息。通过提出明确的问题,可以促使对方更详细地解释和说明,从而更好地理解事实,避免误解产生。

4. 表达清晰

在表达自己的观点或想法时,要确保用清晰、准确的语言来传达信息。避免使用模糊或含糊的措辞,以免引起误解。同时,可以提供必要的背景信息和细节,以帮助对方更好地理解事实。

3.4.3 说服领导

例3-10:欧米伽公司CRM系统是自主研发还是外包研发。

为了说服公司董事长采用外包模式开发CRM系统,负责人专门制订了一个详细的计划,并准备了一份商业案例。在这个商业案例中,他们详细阐述了与专业服务公司合作的好处,包括以下几个方面。

第一,能够大幅度提高开发效率。专业服务公司有丰富的经验和专业的技术团队,可以快速解决研发部门遇到的技术难题,从而加快产品开发进度。

第二,确保产品质量不断提升。专业服务公司采用先进的开发方法,有助于提高产品质量,减少后期维护成本。

第三,可以降低开发风险。与专业服务公司合作可以借助其专业知识,降低产品开发过程中可能遇到的风险。

第四,有助于扩大市场优势。通过与专业服务公司合作,公司可以借助其资源,扩大产品的市场影响力,提高竞争力。

说服领导是实现团队和组织目标的关键环节。通过有效的沟通和论证,可以获得领导的支持和认可,推动项目的实施和发展,促进组织的创新和进步。下面是说服领导接受自身观点的几个技巧。

1. 选择恰当的时机

选择恰当的时机非常重要,建议选择领导时间充分的时候提出改进方案。

2. 提前做好整理

领导时间非常宝贵,信息及数据都要具有说服力。建议事先收集、整理好有关数据和资料,做成书面材料,借助视觉力量,会增强说服力。

3. 准备回答领导的问题

建议你准备周全,考虑领导可能会提出的问题,事先准备答案。领导对于你的方案提出疑问时,如果事先毫无准备、吞吞吐吐、自相矛盾,当然不能说服领导。因此,应事先设想领导会提出什么问题以及自己该如何回答。

4．交流应简洁突出重点

在与领导交谈时，一定要简单明了。对于领导最关心的问题要重点突出、言简意赅，而不要东拉西扯，分散领导注意力。

5．面带微笑，充满自信

我们已经知道，在与人交谈的时候，肢体语言可以传达 55% 的信息。一个人若是对自己的计划和建议充满信心，那么他无论面对谁，都会表情自然；反之，如果他对提议缺乏必要信心，就会在言谈举止上有所流露。

6．尊敬领导，勿伤领导自尊

无论你的可行性分析和项目计划有多么完美无缺，你也不能强迫领导接受。你最好在阐述完意见之后礼貌告辞，给领导一段思考和决策时间。即使领导最终没有采纳你的意见，也应该感谢领导倾听你的意见和建议，同时让领导感觉到你工作的积极性和主动性。

3.5 实 践 训 练

1．就某公司业务进行调研，给出公司业务对象和角色。
2．与身边同学进行沟通训练，着重训练倾听技巧和能力。
3．到其他班级借一次教学用品，注意跨部门沟通在此过程中的应用。
4．沟通与谈判有什么区别？组织内的人与社会人之间有什么区别？
5．合作游戏：选取两个同学 A 和 B，A 在黑板上写一个词，B 背对黑板，向大家提问 20 个问题，大家回答，B 通过问题找出答案。
6．你有没有和老师发生过冲突？和老师发生冲突以后应该怎么办？

第 4 章 计划与资源

理解和学会计划对职业生涯发展具有至关重要的影响。首先,每个人都需要制订计划来明确职业目标和发展方向,避免在工作中迷失。其次,通过制订计划,可以更好地管理时间和资源,提高工作效率,从而在有限时间内完成更多工作,这不仅有助于提升个人的职业能力,还可以增强团队和企业竞争力。此外,计划可以帮助预测和解决潜在的问题和风险,避免因突发事件而影响职业发展。最后,合理的计划还可以为职业发展提供有力的决策支持,帮助他们做出更明智的决策,从而在职业生涯中取得更好的成果。本章介绍了计划相关概念以及企业、个人制订计划的方法,进一步介绍了 IT 项目中计划管理内容。

知识目标:

- 掌握计划概念,了解企业常用计划方法;
- 初步学会规划自身职业生涯,理解职业生涯规划重要性;
- 了解项目进度计划;
- 初步了解项目资源规划,学会阅读和理解项目 WBS 表格。

实践目标:

- 使用 SWOT 方法对学校进行分析;
- 使用头脑风暴法实现 CRM 系统功能设计;
- 制作教学管理系统进度计划;
- 阅读理解 CRM 系统 WBS。

素质目标:

- 逐步培养科学管理思维;
- 建立起正确的职业生涯发展目标;
- 培养节约、守信的意识。

4.1 计 划

计划包括两重含义:一重是作为动词,表示计划工作的过程;另一重是作为名词,即计划的内容和表现形式。

4.1.1 计划的意义

例 4-1：战国时期秦国崛起。

战国时期，秦国一开始处于相对落后的地位，由于地理环境和文化背景等因素，秦国在政治、经济和文化等方面都相对滞后。秦孝公时期，秦国开始进行一系列的政治改革，国力逐渐增强。在战国末期，秦国成为最强大的国家之一。最终在秦始皇的领导下，秦国完成了对六国的统一，建立了中国历史上第一个封建中央集权制国家。纵观秦国崛起过程，计划（国家战略）正确起到了重要作用。

在古今中外历史上，不乏例 4-1 这样，通过制订良好、正确的计划，国家、民族、企业、个人获取成功。学会理解、制订计划，保障计划严格正确执行，是获取成功的关键。无论是对企业经营管理还是对个人职业生涯发展，计划都具有至关重要的意义，一个有效的计划可以帮助企业明确目标、制定战略、安排资源、降低风险并提高效率，同时也可以帮助计划制订者获得职业生涯成功。

4.1.2 计划分类

计划可以根据不同方式进行分类，根据广度可以划分为战略计划和作业计划；根据时间可以划分为长期计划、中期计划和短期计划；根据明确性可以划分为指导性计划和具体计划。计划的不同类型参考表 4-1。

表 4-1 计划的不同类型

分类标准	类 型
广度	战略计划 作业计划
时间	长期计划 中期计划 短期计划
明确性	指导性计划 具体计划

战略计划是一个组织在追求长期成功和维持其在环境中的地位时所采取的一系列有意识的决策和行动。这些决策和行动通常以明确的目标和计划作为支持，以确保组织能够有效地应对外部环境和内部资源的限制。例 4-1 中秦国在秦始皇的统治下，为了统一其他国家，制订了一项被称为"远交近攻"的战略计划。这个计划的核心是与其他国家保持友好关系以避免同时遭受多个国家的攻击，同时积极攻击邻近国家，逐步扩大自己的领土和影响力。

这种策略最终成就了秦朝的统一六国并建立了中国历史上的第一个统一的多民族中央集权国家。这就是战略计划成功的一个经典例子,展示了如何通过有组织的策略和行动来达成组织的总体目标。

规定总体目标如何实现的细节计划称为作业计划。战略计划与作业计划在时间跨度、应用范围以及对待组织目标的态度上存在显著差异。战略计划通常具有较长的时效性,可能覆盖5年甚至更长的时间跨度,并且涉及广泛的领域,不涉及具体执行细节。战略计划的一个核心功能是确立组织的目标和方向。相反,作业计划假设目标已经设定,其主要目的是提供实现这些已知目标的具体方法和步骤。

长期计划通常是指5年以上的计划,短期计划一般是指1年以内的计划,中期则介于两者之间。管理人员也采用长期、中期和短期来描述计划。长期计划描述了组织在较长时期(通常在5年以上)内的发展方向和方针,规定了组织各个部门在较长时期内从事某种活动应达到的目标和要求,绘制了组织长期发展蓝图。短期计划具体规定了组织各个部门在目前到未来各个较短的时期阶段,特别是在最近的时段中,应该从事何种活动,以及从事该活动应达到何种要求,为各组织成员在近期内的行动提供了依据。

具体计划有明确规定的目标,不存在模棱两可的情况,没有容易引起误解的问题。而指导性计划则是一个模糊的指向目标的要求,并不是所有具体计划都优于指导性计划,在不确定性较高的时候,往往采取指导性计划。

需要指出的是,这些计划之间的分类并不是不相交的。例如,战略计划一般是指导性、长期计划,而作业计划则一般是具体的短期计划。对于个人来讲,个人职业生涯规划属于战略性、指导性的计划,而针对某个具体事情的计划则是短期、具体作业计划。对于企业来讲,战略计划和作业计划一样重要,战略计划决定了企业发展方向,保障投资正确;而作业计划则保障战略执行。

4.1.3　目标与计划

目标是指个人或组织设定一个具体的、可衡量的、可实现的、有时限的结果或成果,用来指导和衡量该组织或个人的活动和成果。对于计划来讲,目标是基础,任何计划必须要有一个目标,这个目标可以是具体的,也可以是不确定的。计划的执行过程,就是实现目标的过程,计划的执行离不开目标检测,通过与目标对比,能够发现计划执行是否顺利,并根据目标对计划进行修正。

例4-2:一个关于目标与计划的案例。

有个同学举手问老师:"老师,我的目标是想在一年内赚100万元!请问我应该如何计划我的目标呢?"

老师便问他:"你相不相信你能达成?"他说:"我相信!"老师又问:"那你知不知道要通过哪个行业来达成?"他说:"我现在从事保险行业。"老师接着又问他:"你认为保险业能不能帮你达成这个目标?"他说:"只要我努力,就一定能达成。"

"我们来看看,你要为自己的目标做出多大努力,根据我们的提成比例,要拿到100万元佣金大概要完成300万元业绩。一年要完成300万元业绩,一个月要完成25万元业绩,每天要完成8300元业绩。"老师说。

"每天要完成8300元业绩,大概要拜访多少客户?"老师接着问。

"大概要拜访50个客户。"

"那么一天要拜访50个客户,一个月要拜访1500个客户,一年呢?就需要拜访18000个客户。"

这时老师又问他:"请问你现在有没有18000个优质客户?"

他说:"没有。"

"如果没有,就要靠陌生拜访。你平均每个客户要交谈多长时间呢?"

他说:"至少20分钟。"

老师说:"每个客户要谈20分钟,一天要谈50个客户,也就是说你每天要花16个多小时在与客户交谈上,还不算路途时间。请问你能不能做到?"

他说:"不能。老师,我懂了。目标不是凭空想象的,是需要凭着一个能达成的计划而定的。"

通过这个案例,可以看出目标是计划制订的基础。要想计划准确,首先要制订正确的目标。在制订目标过程中,我们需要注意以下几个问题。

1. 目标必须清晰

最好有一个可以量化的指标。比如,"我期望能够在10年内赚取200万"就比"我期望在10年内成为一个富翁"要清晰得多。

制订一个清晰的目标,能够帮助你在任何事业上获取成功。如果不花时间去弄清你设法完成的究竟是什么,那就注定是将时间浪费在那些别人也在做的事情上。生活如果没有清楚的方向,你要么是在漫无目的地兜圈子,要么就是在经营一份连自己都不喜欢的事业。

2. 定义一个"二元"目标

在衡量是否实现目标时,拒绝使用"可能""差不多"这样的词。在任何时刻,如果问你是否达成了目标,你必须能够给出一个确定的"是"或"否"的回答,"可能"不能成为选项。

3. 目标应该具有一定难度和超前性

没有人把已经实现的事情作为目标,设定具有一定难度的目标能够激发斗志,从而促使你成功。如果目标过于简单,容易养成惰性,使自己丧失奋斗的欲望。

动物学家曾经做过一个这样的实验,跳蚤很容易跳20cm高,甚至超过20cm的高度。他们捉了一些跳蚤,在这些跳蚤头顶10cm的地方放置了一块玻璃板,然后让这些跳蚤起跳。起初这些跳蚤都想跳得高一些,结果狠狠地弹到了玻璃上,经过了很多次尝试以后,跳蚤们知道了玻璃板的高度,每次起跳的时候都会避免碰到玻璃上。经过一段时间以后,把玻璃板撤去,但是这些跳蚤再也没有跳过10cm。

显然,经过多次目标设定,10cm的高度已经成为跳蚤们一生的奋斗目标,尽管它们能够很轻易地突破这个目标。我们在设置目标的过程中,如果总是设置那些容易达成的目标,长期之后就会养成总是做容易事情的习惯,害怕面对困难。其实无论发生什么事情,如果你做对当然是最好的,即使你做错了,也好过什么都不做,难一点的目标总比没有目标要好得多。

4. 目标不可设置得过难

避免让不切实际的目标磨灭雄心壮志,应该符合自己的条件。目标应该能够可以分解成具体的步骤,根据可执行的步骤来逐步实现目标。设置过难的目标,很容易成为一种空口号,最终成为偷懒的借口。

5. 将目标细化,方便实现

当设定好目标后,要注意目标的细化工作,像做计划一样,先做一个整体计划,然后制订详细计划,通过详细计划分步实现,最终达到目标。比如,制订了一个要在10年内赚200万元的计划,那么接下来需要制订每年的赚钱计划,然后根据这些子计划完成情况,不断修正下一目标。通过目标细化,也能够发现目标执行中的问题。

目标是计划的基础,计划则是实现目标的具体行动方案。计划将目标分解为可操作的具体任务,明确时间节点和资源分配,为目标实现提供具体步骤和措施。通过制订和执行计划,能够确保目标实现过程有序、高效,减少资源浪费和时间延误。目标与计划相互影响、相互促进,目标设定和实现需要不断地调整和完善计划,以适应内外部环境的变化和需求;而计划的制订和执行也需要不断地与目标进行对比和评估,以确保计划实施效果符合预期目标。

4.1.4 资源与计划

例4-3:贝塔学院教学计划与资源。

贝塔学院每年都会制订教学计划,在制订计划过程中,需要对教学目标、教学内容、教学方法、教学时间、教学场地、教学工具、学生情况等方面进行全面考虑和评估,以确保教学计划的合理性和可行性。同时，还需要根据教学计划的具体要求，合理安排各种教学资源，如教室、实验室、图书馆、教学软件、实验器材等，以确保教学的顺利进行和教学目标的实现。

显然教学资源的可用性和分配情况，也会对教学计划的制订和实施产生影响。如果资源有限，就需要根据实际情况，优先保障重要和急需的教学，并合理安排资源的利用时间，以确保教学顺利进行。如果教学资源充足，就可以为教学计划的制订和实施提供更多的支持和保障。例如，可以增加实验课程、拓展教学内容、提供更多的学生实践机会等。

显而易见，在贝塔学院教学过程中，计划和资源之间也存在着相互影响、相互制约的关系。在制订教学计划时，需要充分考虑教学资源的可用性和分配情况，以确保教学合理性和可行性；教学资源的分配和使用，也需要根据教学计划的具体要求进行合理安排，以支持教学目标的实现和学生的全面发展。

制订科学的计划，是对资源的有效分配和利用。制订计划前需要对所需资源和可用资源进行全面的评估和规划，包括人力、物力、财力、时间等各个方面。资源的可用性和分配情况也会对计划的制订和实施产生影响，并且对计划执行产生影响。因此在制订和执行计划过程中，要充分考虑资源利用。

4.2 战略计划方法

战略计划工具从项目管理的角度帮助人们组织与实施项目，而且把有关进度、资源、质量、验收情况等信息有条不紊地管理起来，并考虑项目的反复循环和版本更新，实现了"跨生命周期"的信息管理与共享，为信息乃至软件的重用创造了条件。常见战略计划方法包括 BCG 矩阵分析、SWOT 分析、PEST 分析、波特五力分析、头脑风暴等方法，这里介绍制订计划时常用的 BCG 矩阵分析法、SWOT 分析法和头脑风暴法。这三种方法在制订工作计划、个人职业生涯规划和企业战略计划中都可以应用。

4.2.1 BCG矩阵分析法

BCG 矩阵分析最常应用的场合是营销产品或新增业务的定位分析，即将一个产品或业务投放市场时所采取的投资策略。

BCG 矩阵实际上是一个 2×2 矩阵，如图 4-1 所示，横轴是相对市场占有率（以公司业务的市场占有率除以同业最高的市场占有率而获得），纵轴是市场预期增长。负责人员分析企业内所有业务或产品表现，通过分析将各业务或产品表现标在图表内适当位置，并得出一个表现分布图。

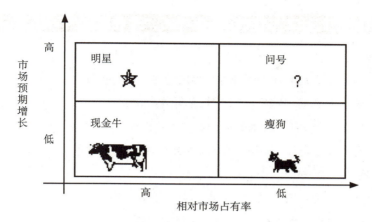

图4-1 BCG矩阵

图 4-1 内有四个区域,分别有以下含义。

(1) 现金牛是指拥有高市场占有率及低预期增长的产品或业务。即能够给企业带来收入,但是市场基本饱和,没有什么发展前途的业务。在个人分析的时候,也可以用来代表没有发展潜力的人和事物。

(2) 瘦狗是指拥有低市场占有率及低预期增长的业务。这类业务通常只能维持收支平衡,虽然这些业务可能实际上协助其他业务,但因为这类业务未能为公司带来可观的收入,所以对公司来说没有用处。

(3) 问号也有人称为野猫,是指面向高增长的市场但市场占有率低的业务。由于业务面向高增长的市场,有一定的发展潜力,但是需要公司的大量投资,通常这样的产品或业务的投资有一定风险。这类业务往往是公司研究的重点,一旦投资成功,有可能成长为明星类产品,而且逐渐向现金牛转变;但是一旦投资失败,或者错估了市场趋势,就会给企业背上财务包袱。对于个人来讲,发现身边的问号人物和事件,是个人能力的重要体现。在职场中,发掘未来的明日之星,能够很好地帮助自己。

(4) 明星是指面向高增长的市场而市场占有率高的业务。这些业务均被期望成为公司未来的龙头业务。虽然这些业务需要投放更多的金钱以维持市场领导者地位,当市场转趋成熟时,明星区域的业务就会变为现金牛区域的业务;否则,明星区域的业务就会逐渐移向瘦狗区域。

4.2.2 SWOT分析法

SWOT(strengths, weakness, opportunities, threats)分析是计划中经常用到的分析法则,代表优势、劣势、机会、威胁。有时候,即使我们不用它来做计划,仅仅是对个人或者组织本身进行分析,也能够产生巨大的效果。

例 4-4：阿尔法公司、贝塔学院和 C 经理的 SWOT 分析。

1. 阿尔法公司
(1) 优势：具有强大的技术研发能力、稳定的客户群、领先的市场地位。
(2) 劣势：研发成本高，市场竞争激烈，依赖单一产品。
(3) 机会：新兴市场拓展，技术创新，政府政策支持。
(4) 威胁：竞争对手增多，市场饱和，技术更新迅速。

2. 贝塔学院
(1) 优势：具有优秀的师资力量、丰富的课程设置、良好的声誉。
(2) 劣势：设施老化，资金紧张，学生就业率不稳定。
(3) 机会：市场需求增长，合作企业增多，在线教育发展。
(4) 威胁：竞争对手崛起，教育政策变化，学生流失。

3. C 经理
(1) 优势：具有丰富的行业经验、广泛的人脉资源、优秀的管理能力。
(2) 劣势：年龄较大，有健康问题，缺乏新兴技术知识。
(3) 机会：市场环境改善，政策倾斜，合作伙伴支持。
(4) 威胁：行业新秀竞争，经济形势波动，管理团队不稳定。

显而易见，相对于 BCG 矩阵作用于具体事宜计划分析，SWOT 分析更侧重于长期的战略计划分析。在工作中，往往要结合这两种工具对自己或者组织进行分析，通过分析来制订有效的计划。

值得注意的是：环境的变化对分析会产生影响。例如，在 BCG 矩阵分析中，随着时间、环境的变化，明星产品有可能会转变为瘦狗产品，问号产品可能会转变为明星产品。

在 SWOT 分析中，机会和威胁很难完全区分，对于国内大多数公司来讲，没有任何明确的证据能够说明国际化和信息化到底是机会还是威胁。即使是非常明确的机会，也容易因为现实的不确定性，转变为威胁。这些变化因素除了可以采用经验的方式来消除外，在制订计划的时候要做好两手准备。

4.2.3 头脑风暴法

所谓头脑风暴法，简单理解就是尽量听从不同人员的意见，过程如图 4-2 所示。最常见的形式是有人在论坛上提问：对于 ×× 事情我该怎么办？于是不同方面、互不相识的"专家"开始提出五花八门的解决方案。

为了使头脑风暴法发挥效率，便于正式利用该方法进行计划或者创新，使大家互相启发和激励，达到较高效率，必须严格遵守下列原则。

图4-2 头脑风暴法过程

（1）禁止批评和评论，也不要自谦。对别人提出的任何想法都不能批判、不得阻拦。即使自己认为是幼稚的、错误的，甚至是荒诞离奇的设想，亦不得予以驳斥；同时也不允许自我批判，在心理上调动每一个与会者的积极性，彻底防止出现一些"扼杀性"语句和"自我扼杀"语句。

（2）目标集中，设想数量越多越好。只强制大家提设想，越多越好，以谋取设想的数量为目标。

（3）鼓励巧妙地利用和改善他人的设想。这是激励的关键所在，每人都要从他人的设想中激励自己，从中得到启示，或补充他人的设想，或将他人的若干设想综合起来提出新的设想等。

（4）全体人员一律平等，将各种设想全部记录下来。无论是该方面的专家、员工，还是其他领域的学者，以及该领域的外行，一律平等；各种设想，无论大小，甚至是最荒诞的设想，记录人员也要认真地将其完整记录下来。

（5）主张独立思考，不允许私下交谈，以免干扰别人思维。

（6）提倡自由发言，畅所欲言，任意思考。提倡自由奔放、随便思考、任意想象、尽量发挥，主意越新、越怪越好，因为它能启发别人推导出好的观念。

（7）不强调个人的成绩，应以整体利益为重，注意和理解别人的贡献，人人创造民主环境，不以多数人的意见阻碍个人新观点的产生，激发个人想出更多更好的主意。

4.3 项目计划管理

IT行业项目是将知识转换为生产力的重要途径，合理的项目进度计划能够避免项目延期或超期，确保项目按时交付，满足客户需求；优化项目资源应用，避免资源浪费和成本超支；确保项目质量符合要求。

项目计划管理是指对项目计划进行制订、执行、监控、调整和终止的过程。它包括项目整体规划、进度计划、资源计划、质量计划和成本计划的制订和执行。在项目计划管理过程中,需要通过对项目的分析、评估和研究,制订出一套详细的、合理的、可行的项目计划,对项目前期的各项任务进行规划,并确保任务在预定时间内完成。此外,项目计划管理还需要对项目计划进行监控和调整,以确保项目计划顺利执行,并在必要时做出调整以应对项目中出现的各种问题。

下面从项目范围管理、项目干系人、项目进度计划、项目成本计划、项目质量计划等角度说明如何进行项目计划管理。

4.3.1 项目范围管理

在前面我们介绍过目标与计划之间的关系,在项目管理中为了达成目标,我们需要确保项目始终处于可以控制的范围内。既能够实现既定目标,又没有浪费资源去实现一些不必要的功能,这就需要进行项目范围管理。

项目范围管理确保项目做且只做完成项目所需的全部工作过程,确定和控制项目所包含和不包含的范围。在这个过程中,要求项目管理者(项目经理,也就是C经理)所确定的项目范围是充分的;确定范围中不包括那些不必要的工作,剔除掉干扰的因素;规定要做的工作能实现预期商业目标;同时以科学的技术和方法确定项目的范围,并进一步进行控制。项目范围管理主要包括以下几个步骤:收集需求(规划过程组)→定义范围(规划过程组)→工作分解(规划过程组)→核实范围(监控过程组)→控制范围(监控过程组)。

举个例子:某天晚上你要请朋友到家里吃饭,这时候你需要先确定来吃饭的人,包括性别、喜好、忌讳等信息(收集需求);根据收集的信息,你开始确定要做几个菜、主食吃什么、饮料有哪些(定义范围);确定好之后,开始和家人一起分头买菜、准备餐具、购买饮料等(工作分解);等到下午五点时,再次电话沟通确认一下,有没有临时不来的,或者朋友又带了个朋友(核实范围);等朋友来了之后,随时根据聚餐情况添加酒水、食物,确保就餐一切顺利(控制范围)。

工作分解结构(work breakdown structure,WBS)是一个由子项目组成的"家族树",子项目由项目产品或服务内容组成,它规定了项目的全部范围。为了方便管理和控制,将项目按等级分解成易于识别和管理的子项目,再将子项目分解成更小的工作单元,直至最后分解成具体的工作(或工作包)的系统方法,是项目范围规划的重要工具和技术之一。

工作分解结构的具体表示方法很多,最常见的有层次结构图和锯齿列表两种方式。

例 4-5:贝塔公司 CRM 系统 WBS 层次结构图和锯齿列表。

贝塔公司 CRM 系统 WBS 层次结构图如图 4-3 所示。

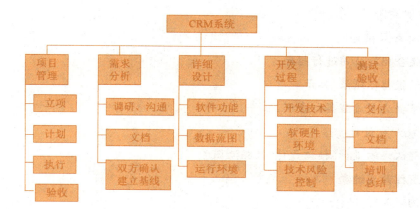

图4-3 贝塔公司CRM系统WBS层次结构图

锯齿列表如下。

1. 规划阶段

1.1 立项阶段

1.1.1 完成项目可行性研究报告

1.1.2 制作项目管理计划

1.1.3 制作项目风险管理计划

1.1.4 通过公司的立项评审

1.1.5 完成项目评估

1.2 准备招标和合同

1.2.1 根据项目目标制作招标书

1.2.2 准备招标

1.2.3 准备合同

2. 计划阶段

2.1 项目计划

2.1.1 确定项目范围,提交需求分析

2.1.2 完成工作分解结构(WBS)

2.1.3 确定项目组成员、确定项目干系人

2.1.4 提交项目进度计划

2.1.5 提交项目成本预算

2.1.6 提交项目质量计划

2.2 其他事项

2.2.1 根据情况确定其他计划,如验收计划、培训计划、安全管理计划等形成验收测试计划

2.2.2 以上项目计划提交公司评审

3. 系统实施阶段

3.1 招标和签订合同

3.1.1 联合招标公司进行招标

3.1.2 汇报招标结果、公示

3.1.3 根据公司流程签订合同

3.2 系统开发设计

3.2.1 确认详细设计、接口设计、数据流图等

3.2.2 监控开发进度

3.2.3 沟通管理

3.2.4 范围控制、需求变更管理

3.2.5 风险处理过程

4. 系统交付与验收阶段

4.1 测试

4.1.1 提交系统测试文档

4.1.2 现场测试

4.1.3 提交验收测试报告

4.2 运行验收

4.2.1 系统试运行

4.2.2 试运行期间管理与系统修改、沟通管理

4.2.3 项目文档管理

4.2.4 组织验收、费用清理

4.3 项目总结

4.3.1 提交项目总结报告

4.3.2 召开项目验收总结会

4.3.2 项目干系人

每个项目会涉及许多组织、群体或个人的利益，它们构成了项目的相关利益主体，这些统称为项目干系人。一个项目的主要项目干系人包括：客户、用户、项目投资人、项目经理、项目组成员、高层管理人员、反对项目的人、施加影响者。项目管理工作组必须识别哪些个体和组织是项目干系人，确定其需求和期望，然后设法满足和影响这些需求、期望以确保项目成功。通常情况下，我们会采用项目干系人责任分配表，列出项目中重要事项与项目干系人之间的关系，从而做好项目管理。

例 4-6：欧米伽公司 CRM 系统项目干系人责任分配表。

欧米伽公司 CRM 系统项目干系人责任分配表如表 4-2 所示。

表 4-2　欧米伽公司 CRM 系统项目干系人责任分配表

职　责	小 C	销售经理	销售代表	财务	采购＆资产管理	信息部	项目负责人	公司负责人
立项审批	▲	□	□		□	□		○
招标		●		●	▲	●	□	□
需求确认	▲					●	●	
签订合同	□			○	▲	□	□	○
系统开发	●	●	●			□	▲	
系统测试与试运行	●		▲			●		
验收、尾款	●	○	●		▲		□	○
项目总结	▲	●		□	□		●	

注：▲代表负责；○代表审批；●代表参加；□代表通知。

4.3.3　项目进度计划

为了确保项目能够按时交付，每一个项目都会制订项目进度计划，项目进度计划是项目计划管理的一个重要部分，是指在确保合同工期和主要里程碑时间的前提下，对设计、采办和施工的各项作业进行时间和逻辑上的合理安排，以达到合理利用资源、降低费用支出和减少施工干扰的目的。项目进度计划中至少要包括每个活动的计划开始日期与计划结束日期。

被批准的项目进度计划就是项目的进度基准，用来与实际的进度情况进行对比，以便于考核项目的进度绩效。

例 4-7：教学管理系统项目进度计划表。

教学管理系统项目进度计划表如表 4-3 所示。

表 4-3　教学管理系统项目进度计划表

活动名称	计划开始日期	计划结束日期	负责人
需求分析	2023/4/1	2023/4/10	张三
系统设计	2023/4/11	2023/4/20	李四
数据库设计	2023/4/21	2023/4/30	王五
系统开发	2023/5/1	2023/5/20	张三、李四、王五
系统测试	2023/5/21	2023/5/31	张三、李四、王五
上线发布	2023/6/1	2023/6/10	张三、李四、王五

4.3.4 项目成本计划

项目成本管理一般是指项目实际开发单位为使项目成本控制在计划目标之内所做的预测、计划、控制、调整、核算、分析和考核等管理工作。项目成本计划是项目成本管理中的重要环节之一,通过对项目成本的详细规划和有效控制,可以实现项目目标的顺利实现和经济效益的提升。

例 4-8:教学管理系统项目成本季度计划表。

教学管理系统项目成本季度计划表如表 4-4 所示。

表 4-4　教学管理系统项目成本季度计划表

项目名称:　　　　　　　　　　□工程成本　　　　　　□非工程成本

成本科目	成本细项	成本标准	累计调整数	调整后目标成本	截至上年年末已发生数	未发生数	计划发生额				合计	工程事项进度或工作事项进度说明
							一季度(1~3月)				
							1月	2月	3月		

管理公司总经理:　　　　　　　所在公司总经理:　　　　　日期:　　年　　月　　日
经营管理部经理:　　　　　　　成本控制部经理:

4.3.5 项目质量计划

GB/T 19000—2016 中对"质量计划"的定义是:"对特定的项目、产品或合同规定由谁及何时应使用哪些程序和相关资源的文件。"质量属性包括了正确、可用等功能性属性,也包括了性能、安全、易用、可维护等非功能性属性。各质量属性间本身也存在正负相互作用力,提高某个质量属性会导致其他质量属性受影响,也会使项目进度、成本等其他要素受到影响。本次项目主要是软件系统设计实现,因此了解软件质量是制订本次项目质量计划的关键因素。

软件质量是软件与明确叙述的功能和性能需求、文档中明确描述的开发标准以及任何专业开发的软件产品都应该具有的隐含特征相一致的程度。从管理角度对软件质量进行度量,可根据 GB/T 25000.10 将影响软件质量的主要因素划分为六个部分特性:功能性、可靠性、易用性、效率、维护性与可移植性。其中,功能性包括适合性、准确性、互用性、依从性、安全性；可靠性包括容错性、易恢复性、成熟性；易用性包括易学性、易理解性、易操作性；效率包括资源特性和时间特性；维护性包括可测试性、可修改性、稳定性和易分析性；可移植性包括适应性、易安装性、一致性和可替换性等六个特征及若干子特征。熟悉了软件质量指标体系，就可以制订项目质量计划了。

例4-9：教学管理系统质量控制计划大纲。

1．质量标准

（1）系统能够持续正常运行，不出现重大故障；
（2）数据输入正确，无错误或遗漏；
（3）界面友好，易于操作和使用；
（4）实现所有预定的功能和特性。

2．质量保证措施

（1）建立项目质量管理小组，明确职责和分工；
（2）制订详细的项目质量计划，包括质量标准、验收流程、监控措施等；
（3）对项目团队成员进行质量意识和技能培训；
（4）对项目过程进行全面监控，确保质量符合要求。

3．质量控制措施

（1）对每个阶段的工作成果进行审查和测试，确保符合质量标准；
（2）对问题和缺陷进行及时反馈和处理，避免影响后续工作；
（3）对项目过程和工作成果进行记录和分析，以便总结经验教训和改进工作流程。

4.4 实践训练

1．举一些古今中外通过制订计划而获取成功的案例。

2．个人学习计划：假设你想要在接下来的三个月内学习一项新技能（如编程、外语等），请制订一个详细的学习计划，包括学习目标、学习内容、学习时间安排以及如何评估学习成果。

3．家庭旅行计划：请制订一次家庭旅行的详细计划。包括旅行目的地、出行方式、住宿安排、行程安排、预算等。同时，考虑可能出现的突发情况，并为此预留一定的缓冲时间。

4．项目筹备计划：假设你所在的公司即将启动一个新项目，项目周期为6个月。请制订一个项目筹备计划，包括项目目标、项目任务分解、人员分工、时间安排、预算等。思考在项目进行过程中如何进行进度跟踪和调整，以确保项目按计划顺利进行。

第 5 章 时 间 管 理

IT 行业中，经常会遇到项目延期、软件开发进度滞后等情况。合理的时间管理可以帮助 IT 工作者更好地规划工作进度，确保项目按时交付。通过合理制订项目进度计划，科学分配项目资源，划分任务优先级，能够有效提高工作效率，确保工作按时完成。对于 IT 工作者而言，通常面临着高强度的工作压力和不确定的工作时间，合理的时间管理可以帮助 IT 工作者减轻压力，更好地平衡工作与生活。

知识目标：
- 认识时间管理的重要性；
- 初步掌握提高时间利用率的方法；
- 了解项目进度计划和项目里程碑概念；
- 学会用甘特图表示项目进度计划；
- 了解关键路径方法。

实践目标：
- 应用时间管理方法合理规划时间；
- 应用目标分解方法完成某一个学习任务；
- 使用甘特图对某项学习任务进行时间进度规划。

素质目标：
- 培养高效完成工作的意识；
- 培养按时完成工作的习惯；
- 形成良好的时间管理职业素养。

5.1 时间管理概述

5.1.1 认识时间

古往今来很多人，都对时间发表了自己的感慨，高尔基慨叹世界上最快而又最慢，最长而又最短,最平凡而又最珍贵,最易被忽视而又最令人后悔的就是时间。

时间是公平的,每人每天都是 24 小时,每小时都是 60 分钟,每分钟都是 60 秒,并不因为个人的愿望而加快流逝的速度,也不会为谁停留。时间又是不公平的,因为大多数人的生命是不一样的。

时间是不可逆的,一旦失去,就再也无法回来。时间的价值不在于其长短,而在于我们如何利用它。时间具有单向性,它总是默默地朝一个方向流逝。

> **拓展阅读:《明日歌》和《今日诗》。**
>
> 钱福为了提醒世人时间的重要性,写下《明日歌》:
>
> 明日复明日,明日何其多。我生待明日,万事成蹉跎。世人皆被明日累,明日无穷老将至。晨昏滚滚水东流,今古悠悠日西坠。百年明日能几何?请君听我明日歌。
>
> 文嘉为了劝勉人们要珍惜时间,写下了《今日诗》:
>
> 今日复今日,今日何其少!今日又不为,此事何时了?人生百年几今日,今日不为真可惜!若言姑待明朝至,明朝又有明朝事。为君聊赋今日诗,努力请从今日始。

我们不能控制时间,但我们可以掌握时间。在 IT 工作中时间非常让人揪心,无论你是从事程序设计、图形处理还是计算机维修维护,所需要的时间都不是确定的。IT 工作时间不可衡量的特性,使得传统的管理理论难以奏效。

在工业时代,科学家们通过规范工人的动作、使用流水作业和设置更高的物质奖励的方法,提高工人的劳动效率,从而节省工作时间,这些方法在 IT 行业基本上是不可行的。例如,阿尔法公司的技术人员到达贝塔学院,现场调试新购买的服务器,你不可能指望通过标准的动作或者流水作业来提高工作效率,只能依靠维修人员的现场发挥,希望他能够迅速地找到解决方案。

如果一个人全身心投入设计工作中,那么时间会很快地从身边流逝,工作效率受日常生活习惯影响很大。从事 IT 工作的员工,其时间管理关键依赖两个方面:一是工作积极性,二是能否迅速找到问题的解决方法。对于那些希望提高工作效率的人来说,有一些时间管理的技巧能够帮助你。

5.1.2 时间管理的意义

你总是把作业压到最后才完成吗?你有没有临近期末才突击学习的习惯?你总是在项目限定的最后期限才全身心投入吗?要避免这些问题,需要做好时间管理。

时间管理是指通过事先规划和运用一定的技巧、方法与工具,实现对时间的灵活以及有效运用,从而实现个人或组织的既定目标的过程。它包括规划时间、设定目标、确定优先顺序、消除时间浪费、提高时间利用率等。对于时间管理你必须进一步了解的是:时间并不一定都是你可支配的,上班的时候,你的时间是老板的;下班回家后,你的时间是家庭成员的;交际的时候,你的时间是朋友的;除去吃饭、睡觉,你所能支配的时间寥寥无几。一个在社会上工作的人,可支配的时间占所有时间的25%左右,并且很不幸的是,这些时间并不是连在一起的,只是一些零碎的时间,如等公交车的5分钟、下班前没有客户的30分钟、午饭后的20分钟。经常是这里5分钟,那里5分钟,要有效利用是非常困难的。

缺乏时间管理的人往往无法按时完成任务,或者总是将任务推迟到最后一刻才完成。他们可能将大量时间花费在琐事上,或者没有计划地使用时间,导致时间浪费。在工作中经常由于任务被推迟或无法按时完成,工作效率往往较低。同时由于长时间无法有效地管理时间,会感到压力和焦虑,因为总是感觉时间不够用,无法平衡工作和生活,导致生活品质下降,无法参与社交活动,无法与他人保持良好的关系。

例5-1:C经理"匆忙"的一天。

C经理作为公司小组项目经理,负责校园管理系统项目。在项目启动初期,C经理工作任务很多,经常要忙到凌晨2点才休息,早上7点又必须起床准备上班。他从宿舍到单位走路需要15分钟,在单位对面的一家快餐店边吃早餐,边思考今天的工作计划。

阿尔法公司是一家中等以上规模的软件公司,公司在校园信息化、企业信息化等领域研发了一些产品。公司业务包括自主研发教学管理软件、定制化开发;系统集成,为服务对象提供一体化解决方案等。C经理今天的工作包括模块整合、系统整合测试、贝塔学院项目调度、确定贝塔学院项目团队人选、另一个项目调度等。

8:30 C经理正式开始上班。C经理一上班就快速处理了邮箱中的邮件,简单浏览了一下新闻。同事们基本来齐,C经理打开昨天晚上下属交上来的工作日记,进一步了解对贝塔学院的调研情况,并与前期调研人员交流到9:10,这个时候办公室的人过来通知,所有项目经理9:30在小会议室开会。C经理挨个通知技术人员会议结束后,在会议室进行系统模块整合测试,他9:25来到小会议室。

单位的高管出席了会议,会议讨论的问题主要有两个:一是每个项目经理汇报开发情况,并提出开发过程中的问题;二是考虑代理软件的问题,并要求为公司的发展献策。等到每个人都将自己的问题汇报完毕,时间已经到了11:20。快到吃饭时间了,但桌上电话又响起来,是负责客服的副总打过来的,客户使用公司代理的数据库时遇到了问题,单位里有经验的只有C经理,车已经准备好了,C经理准备到客户那里吃饭,下午抓紧时间调试。12:30在客户那里,随便吃了点饭就开始调试数据库,14:30调试完毕,一心想着回去与技术副总讨论接口问题的C经理马不停蹄地赶回单位,抓紧时间写了今天的工作日志,又召集下属讨论开发过程中的问题,下班时间马上就要到了。此时公司派人来找他,希望他晚上加班完成与某某公司的某软件代理的合同。

C经理迅速到附近快餐店吃了晚饭,18:30又回到公司准备第二天要用的合同,直到

22:00才整理完毕,给李副总发送了电子邮件。23:00回到宿舍,C经理觉得筋疲力尽,看了几眼新闻,准备睡觉的时候已经快凌晨1点了,他躺在床上,想着自己还有尚未完成的工作。

C经理结束了繁忙的一天,从中我们也许可以了解为什么时间对于IT职业来说,似乎永远都不够。

我们经常遇到和C经理一样的问题,忙碌了一天,到最后却发现很多重要的事情还没有完成,在工作过程中不断地被琐碎事情打断,每天疲于奔命,效率却非常低。我们可以将时间划分为工作时间和休闲时间,只有充分利用好工作时间,才能有更多的休闲时间来处理自己的事情。C经理在一次偶然的机会中遇到了一位时间管理专家,专家建议他注意以下几点,从而提高时间的利用效率。

(1) 对工作事件进行分析。根据工作事件的重要性和紧急性进行划分,将划分结果填入如图5-1所示的矩阵中。

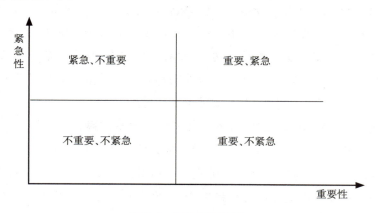

图5-1 任务规划矩阵

显而易见,C经理应该最先完成那些重要而紧急的事件,然后完成重要但不是很紧急或者紧急但不是很重要的事件,最后完成那些既不重要也不紧急的事件。

(2) 采用目标管理的方法,为每件事情设定好目标。比如,在ERP项目开发的过程中设定好每次检查的目标,通过目标对时间进行约束,以减少在项目上浪费时间。

(3) 避免将整块的时间拆散。充分利用完整的时间来完成工作,将一些不紧急的事件延续完成。

(4) 当心糟糕的会议。作为一个项目经理,C经理经常会被邀请参加一些新产品和新技术的发布会,应该避免某些没有意义的,仅仅是广告性质的会议。如果是自己部门开会,则一定要设计好会议日程和时间要求,尽量缩短会议日程,从而避免时间浪费。

(5) 时间管理技巧很多,关键在于是否主动有效地控制时间,而非被动地受制于时间。时间管理通常包含三个层次的问题:意愿和决心,由人生观、价值观等决定,靠个人自行解决；原则和方法，需要在日常生活中多观察、多学习、多积累；形成良好习惯，即在日常生活中养成良好的生活习惯。

5.2 时间管理技巧

5.2.1 目标与时间管理

例 5-2：马拉松世界冠军的目标方法。

1984 年，在一次国际马拉松邀请赛中，一位名不见经传的选手出人意料地夺得了世界冠军。人们对他的成绩感到十分惊奇，后来他在自己传记中揭露了获取胜利的秘密。

每次比赛之前，这名选手都要乘车把比赛线路仔细地看一遍，并把沿途比较醒目的标志画下来。比如，第一个标志是银行；第二个标志是一棵大树；第三个标志是一座红房子……这样一直画到赛程终点。比赛开始后，他就以较快的速度奋力地向第一个目标冲去，等到达第一个目标后，他又以同样的速度向第二个目标冲去。40 多千米的赛程，就这样被分解成几个小目标。起初这名选手并不懂这个道理，他把目标定在 40 多千米外终点线上的那面旗帜上，结果跑到十几千米时就疲惫不堪了，被前面那段遥远的路程给吓倒了。但是通过目标分解，该选手不仅顺利完成了比赛，而且获得了世界冠军。

马拉松选手通过恰当地设置目标，成功地提高了效率，缩短了时间，这是因为目标的心理作用是巨大的，当一个人为了完成一个目标，将自己的潜能充分发挥出来，他能够取得的成绩也是巨大的。该选手成功的故事告诉我们：如果大目标难以实现，那么可以在大目标下分出层次，分步实现。设定正确的目标不难，但要实现目标却不容易。如果目标太远大，我们会因为苦苦追求却无法得到而气馁。因此，将一个大目标科学地分解为若干个小目标，落实到每天、每周的具体任务上，能够帮助你跟随时间的脚步，成功实现目标。

目标又分成许多不同种类，如终极目标、长期目标、中期目标、短期目标、小目标，这么多的目标并非处于同一个位置上，它们的关系就像一座金字塔。如果你一步一步地实现各层目标，取得成功是必然的；反之，你若想一步登天，那就相当困难了。在工作中，当你面临的任务、工程或项目是一个大目标时，你可以将目标进行分解，逐步完成，能够帮助你最终实现总目标。

工作上如此，整个人生也是如此，人生要有明确而清晰的目标，不仅如此，还要对目标进行分解，并确定具体的实现方法。

目标管理源于美国管理专家杜鲁克，他在 1954 年出版的 *The Practice of Management* 一书中，首先提出了"目标管理和自我控制"的主张，目标管理在组织管理中得到广泛应用。在组织中，如果缺乏总目标和分目标的指导，随着组织规模变大、人员增多，在生产管理活动中很容易产生内耗和资源浪费。

因此很多组织采用了目标管理方式来提高组织效率,对产品成本的目标设定使组织能够控制原材料,对任务完成时间的限定使组织实现时间管理。对于组织的目标管理,通常组织本身制订一个总体目标,各个部门制订适合自己部门的目标。例如,财务部门制订节约目标,生产部门制订原材料节省目标,销售部门制订销售目标等。通过各个目标的实施情况,对单位内部的员工进行考核,从而达到控制的目的。

在 IT 组织中,由于工作缺乏量化,目标管理成为有效激励员工的手段,通过将组织的总体目标层层分解,每个部门都有确定目标,而每个部门领导根据自己部门的目标,为部门中的个人设定好具体目标,部门领导不用随时在意员工在做什么,只需要在一定的时间阶段考核员工的目标完成情况,通过目标完成情况对员工进行掌控。

我们一旦参加工作,就必须面对组织制订的目标,组织制订的目标不同于学习中自己制订的目标,组织设计的目标是必须完成的,一旦不能顺利完成组织布置的任务,那么将面对失去奖金甚至失去工作的惩罚。通过对目标管理理论的学习和理解,在平日中养成一旦树立目标就必须完成的习惯,从而尽早适应社会的管理体制。

5.2.2 二八法则

例 5-3:二八法则在 IT 时间管理中的启示。

在 IT 行业中,二八法则与时间管理相结合的例子可以表现为:在软件开发项目中,20% 的关键功能或特性往往决定了 80% 的用户体验和产品价值。因此,在时间管理上,应该将主要时间和精力集中在这些关键的 20% 上,以达到最高效益。

具体来说,假设一个软件开发团队正在开发一款面向用户的手机应用。根据市场调研和用户反馈,团队发现用户最关心的功能是应用的搜索和个性化推荐功能。这两个功能虽然只占到了所有功能的一小部分,但它们对于用户来说至关重要,可以决定用户是否继续使用这款应用。

因此,在时间管理上,团队应优先开发和优化这两个功能。例如,团队成员可以花费 80% 的时间和精力来完善搜索算法,提高搜索速度和准确性;同时,也可以花费大量的时间去优化个性化推荐算法,提高推荐的准确性和用户满意度。而对于其他不太重要的功能,如分享、评论等,团队可以将其视为次要任务,用 20% 的时间和精力去完成。

通过这样的时间管理策略,团队可以将有限的时间和精力集中在最关键的任务上,从而提高工作效率,加快项目进度,最终实现软件成功研发。这个例子充分展示了二八法则在 IT 行业中的实际应用。因此,我们要区分生活中哪些是没有效率的事情,尽量避免浪费时间,把时间集中到那些高效率、高回报的项目上。当然二八法则指的是原因和结果之间的不平衡关系,而不是绝对的 80% 和 20% 界限。这条法则提醒我们把精力集中在那些为你带来 80% 收益的事情上,从而提高时间的利用率。

5.2.3 合并同类事项

例 5-4:合并同类事项。

贝塔公司有一个项目组,负责开发一款新的软件产品。项目组由多个成员组成,包括项目经理、开发人员、测试人员等。在项目开发过程中,琐碎的事情非常多,导致项目进度缓慢,时间管理效率低下。为了提高时间管理效率,项目组决定采用合并同类事项的方法来进行优化。

(1) 项目经理组织项目组成员开会,明确了合并同类事项的目的和意义,并要求大家积极参与。

(2) 项目组成员对自己的工作进行梳理,将同类事项进行归类和整理。例如,开发人员将需求分析、代码编写、代码审查等事项合并;测试人员将测试计划、测试用例编写、测试执行等事项合并。

(3) 项目组成员将梳理后的同类事项提交给项目经理进行审核。

(4) 项目经理对提交的同类事项进行汇总和整合,形成了一份项目组合并事项清单。

(5) 项目组成员根据合并事项清单,重新安排自己的工作计划,确保同类事项在同一时间段内完成。

(6) 项目经理对项目进度进行监控,及时调整合并事项,确保项目按计划进行。

通过合并同类事项,项目组的时间管理效率得到了显著提高。开发人员和测试人员能够在同一时间段内完成同类事项,节省了大量的时间。同时,项目组成员的工作效率也得到了提升,项目进度明显加快。最终,该项目提前完成,得到了客户高度认可。

生活中琐碎的事情非常多,通过将同类的事情合并,科学调度工作,能够节省时间,或者将琐碎的时间联系起来,给自己创造整片的时间,从而达到充分利用的目的。

5.2.4 养成良好习惯

例 5-5:C 经理的好习惯。

C 经理负责公司的整体战略规划和项目管理工作。然而,他发现自己的工作效率并不高,经常因为各种琐事而浪费时间,导致项目进度紧张。为了改变这种状况,C 经理决定养成良好的习惯,加强时间管理。

首先,C 经理开始每天早上制订当天的工作计划,将任务按照优先级进行排序,并为每项任务分配时间。他还会在每天下班前进行总结,查看计划执行情况,分析原因并调整计划。

其次,C经理学会了拒绝不必要的干扰。他告诉团队成员,除非紧急情况,否则不要打扰他。这样,他可以专注于手头的工作,提高工作效率。

再次,C经理还养成了定期进行时间管理的习惯。他会定期回顾自己的时间管理方法,看看是否有需要改进的地方。通过不断优化方法,他发现自己越来越能够有效地利用时间。

最后,经过一段时间的努力,C经理的工作效率得到了显著提高。项目进度不再紧张,他也变得越来越有时间去处理其他重要的事情。团队成员对他的变化表示赞赏,认为他的领导能力得到了提升。

从这个案例中,我们可以看到C经理通过养成良好的习惯和时间管理方法,成功地提高了工作效率。

对于IT从业者,不良习惯可能会对职业发展和个人成就产生严重影响。以下是一些不良习惯以及它们导致的后果。

1. 反复检查邮箱、博客或某个网站

有的人一天看五六次邮箱或博客,这样做的目的并不一定是出于对新邮件或评论的关心,而是习惯驱使。养成这样的习惯,很容易造成思维在工作中不断地被打断甚至停滞,造成大脑不受控制地随意漫游。久而久之,养成了工作时间走神的习惯,浪费了大量的时间。也有一些人,上班时间总是不自觉到新闻网站浏览新闻,精力不断地分散,工作效率自然低下,时间的利用率也就很难提高。

2. 依赖身边的人

在学习过程中,大多数学生都容易养成一个坏习惯,一旦有问题出现,马上去问教师或者身边的同学,久而久之养成对身边人依赖的习惯。可能从短时间来看,问题马上得到解决,好像是节省了时间,但实际上一方面没有掌握应该掌握的知识,日后每次遇到同样问题都需要求救,大大浪费了时间;另一方面没有培养自己解决问题的能力。

3. 轻易动摇计划

我们经常遇到这样的情况,明明是到网上查某个资料,或者查看一下邮箱中的邮件,但是却不自觉地浏览了几页花边新闻,或者被某条奇异的信息吸引了过去,时间不知不觉地溜走,临下班才忽然发现,自己什么也没有做。在实现计划的过程中,不可避免会遇到各种各样的干扰,只有避免干扰出现,忠于自己的计划,才能在计划时间内完成工作。

4. 盲目竞争

有些人将时间花费在生活攀比上,而不是学习或工作上。他们将目光盯在别人开什么车、穿什么样的衣服上,浪费时间去研究如何在衣着、化妆上压倒其他人,除非你是专业的模特，否则还是多关注自己的学习和工作。

5．不能充分利用身边的资源

同样的目的地，乘车和走路到达的时间肯定不一样，在接到任务的时候，先坐下来想一想，有哪些资源可以用。拜访曾经顺利完成同类工作的前辈，会使你受益匪浅，从他们那里了解工作难度，同时避免犯他们曾经犯过的错误，少走弯路。有些问题表面看起来很难解决，但是一旦找到合适的人和资源，也可能轻而易举地解决。学会利用身边的资源要求我们日常生活中重视资源的积累，对不同的人力、物力进行分门别类的管理。

6．第二天才查看邮件而不是睡觉前

这意味着"当天事当天不能完"，你不得不在第二天还前几天的时间债，无论你是管理人员还是被管理人员，及时处理完你的邮件意味着及时地完成工作。

习惯不是一朝一夕就能够养成的，需要我们在日常生活中注意。好的习惯一旦养成，你将终身受益，不仅能够帮助你顺利完成学习生涯，成功实现向社会过渡，也能帮助你顺利实现自己的理想。

5.2.5 利用空闲时间

在日常生活中，我们经常会说："我没有空，等有空的时候再一起坐坐""等有空的时候我再联系你""等有空的时候我再去参加学习""等有空的时候我再处理这件事情"……

事实上每次我们这样说的时候，都意味着我们的时间管理规划上出现了一定偏差。这些话让对方感觉到我们似乎非常忙碌，事情很多，似乎多到一分一秒都没有办法抽出来去做"等我有空再做"的事情。事实是，我们从来都没有觉得自己有空闲时间。要充分利用空闲时间，首先是将工作时间、休闲时间和空闲时间区分开来。通常我们认为空闲时间就是休闲时间，这是错误的。每个人都需要休闲时间来放松自己，在休闲时间里，我们尽情玩乐，以减轻工作带来的压力，但是在空闲时间内，你却要计划是利用这些时间来休闲，还是工作学习。

休闲时间和空闲时间往往夹杂在一起。例如，周末准备去郊游，整个周末时间为休闲时间，然而在郊游路上遇到了堵车，这段时间为空闲时间。一个人的空闲时间往往只是一小段时间，如果能够充分利用空闲时间，会给你带来巨大帮助。每个人利用空闲时间的方式不同，这里总结了一些可以在空闲时间做的事情。

1．阅读

有些人习惯无论去哪里都带着书、报纸或杂志，以便在空闲时阅读，充分利用零碎时间来学习，有些知识需要通过反复阅读和思考才能深刻理解。

2．整理信息

我们有时会抱怨邮箱中充满垃圾邮件，没有时间清理，在等待上课或者开会之前的几分钟里清理一下邮箱，既能够帮助你愉快地度过等待时间，又帮助你节省了额外的时间开支。

3．打电话

在开会之前或者等车过程中，给一直想联系却没有联系的朋友打个电话或发个短信，会有很多意想不到的收获。

4．做项目

在空闲时间设计一下某个自己一直想做的项目，不断地积累起来，整个项目就可能变得很不错，并且为你带来一定收益。

5．制订计划

在空闲的时候，检查一下自己刚刚完成的工作是否符合计划，并为马上要进行的工作制订一个计划，确定后面的工作步骤。

6．整理内务

把水杯刷一下，把办公桌整理一下，让自己整个身心都舒畅起来。每天都利用空闲时间打扫一下卫生，避免在大扫除的时候出现难以清理的污渍。

7．锻炼身体

在空闲的时候做套操，活动一下手脚，不仅能够打发无聊的时间，而且在接下来的工作中将会精力充沛。

8．小睡一会儿

每天可能有很多时间花费在坐车上，利用这个时间小睡一会儿，不仅能够帮助你打发无聊的时间，也能够增加休息时间。

9．总结

查看工作的完成情况。也许你每天都有很多工作，很容易遗忘一些工作，利用琐碎的时间做个工作小结，回顾工作方法，查找工作的遗漏，有助于你更好地完成工作。

总而言之，利用好空闲时间，能够让你的生活更充实，同时也为你节省了大量时间。

5.2.6 拒绝额外事项

生活中处处都有被打扰的经历：本来打算利用晚自习时间完成作业，但是舍友却想打牌，于是只好陪同。或者是本来计划好，每天在某个时间段背诵一定数量的单词，但却很容易被额外事项打断，没有完成任务。

以下方法能够帮助集中精力，拒绝额外事项。

（1）将当天需要完成的事项详细分解，把它写下来并放在你的旁边可以不断提醒自己要集中注意力。

（2）合理分配时间，在某一特定时间内完成一件事情，这样可以避免被打扰。如果工作角色要求与其他成员进行交流，试着分配一个固定时间与大家交流。让他们知道一天中的某个时间，比如下午两点到四点你可以被打扰，而不是随时都能被打扰。这样，在其他的时间，你就可以做一些别的工作了。

（3）对时间进行控制。养成在有限时间段内完成一件事的习惯，比如30分钟，而不是做一件事直到完成。如果时间到了，而工作没有完成，再分配其他时间段，可能过几天再继续做，这样就可以保持工作的新鲜感，而不会因为长时间做一件事而疲倦。

（4）设置邮件过滤，同时不要在工作一开始的时候就检查邮箱或者打开一些即时通信软件。设置电子邮件客户端可以区分什么是重要的，什么是可以等待的。这样你就只需要处理根据项目、优先级和内容分类的邮件而不是成百上千的未读邮件。

（5）听合适的音乐，音乐是一种让你快速进入工作状态的办法。另外，听音乐可以让你不受打印机和聊天声音等杂音的干扰。但是要注意，有的音乐不适合在工作时候听。

（6）使用耳机但是关掉音乐，有些人喜欢在完全安静的环境中工作。这也是根据工作类型决定的，如果你做一些严密的计划或计算工作，放音乐也许不能让你集中注意力，这时你可以戴上没有放音乐的耳机以屏蔽外界噪声。

（7）把水瓶装满水，无论出于什么理由，足够的水对你的健康都很重要。在一天开始的时候就往水瓶装满足够的水而不是每一小时就去装一次水。这样你就不需要每次排队等打水，也不会和打水的人聊起来。

（8）充分利用午餐时间。

（9）养成打电话长话短说的习惯，在尽可能短的时间内完成通话。

（10）清理你的桌面，包括计算机桌面，找一个合适的文档管理工具，帮助你能够随时找到计算机中的文件。

（11）找一把好的椅子。

（12）在计算机桌面上使用快捷方式。

（13）关闭不需要的程序。

5.3　项目时间管理

项目进度计划是项目管理中至关重要的一环，它关系到项目能否按时完成、资源是否合理分配以及项目质量的好坏。在进行项目进度计划时，我们需要考虑项目的时间管理，而甘特图正是帮助我们进行有效时间管理的工具之一。

5.3.1 甘特图

甘特图是一种基于时间线的项目管理工具,通过水平条形图来表示项目任务的持续时间和时间安排。每个任务在图表中用一个条形表示,其长度对应任务的持续时间,位置表示任务的开始和结束时间。甘特图由亨利·甘特在20世纪初提出,用于帮助项目经理和团队可视化项目进度、规划和调度任务,以及优化资源分配。

1．甘特图的使用方法

使用甘特图时,首先需要明确项目的任务和活动,并估计每个任务的持续时间。其次,在时间轴上绘制每个任务的条形图,表示其开始和结束时间。在实际操作中,可以根据资源分配、任务依赖关系等因素调整任务的时间安排,以确保项目按计划进行。随着项目的进展,可以不断更新甘特图以反映实际完成情况,从而实现项目进度的动态跟踪。

2．甘特图的优点

甘特图以其可视化的特点提供了一个清晰的项目进度视图,使团队成员和利益相关者能够快速理解项目情况。它有助于项目经理进行项目规划和任务调度,确保项目按计划进行。同时,甘特图便于跟踪项目进度,通过比较计划与实际完成情况,容易发现偏差和延误。此外,甘特图作为一种沟通工具,有助于团队协调工作和同步进度,还能帮助识别潜在的资源冲突。

3．甘特图的局限

甘特图事实上仅部分地反映了项目管理的三重约束(时间、成本和范围),因为它主要关注进程管理(时间)。尽管通过项目管理软件能够描绘出项目活动的内在关系,但是如果关系过多,纷繁芜杂的线图必将增加甘特图的阅读难度。

另外,个人甘特图与平常我们使用的时间表是两种不同的任务表达方式。个人甘特图使用户可以直观地知道应该在什么时间段做什么任务,而时间表则提供更精确的时间段数据。此外,用户还可以在时间表中直接更新任务进程。

4．项目里程碑的概念

项目里程碑是项目计划中的关键事件或时点标志着阶段性工作的完成或重要决策点的到来。它们是项目进展的检查点,帮助项目团队评估是否按计划达到了重要的项目目标。里程碑通常与项目的交付物或可交付成果相关联,如完成设计草案、产品测试、合同签署等。对于项目管理人员和利益相关者来说,里程碑是一个重要的沟通和评估工具,因为它们代表了项目的可见进展。通过设定里程碑,项目团队可以更好地把握项目进度,确保项目按时交付。同时，里程碑还可以激发团队士气，因为每达成一个里程碑，都意味着项目取得了重要成果。

例 5-6：欧米伽商贸有限公司 CRM 项目甘特图。

欧米伽商贸有限公司负责人要求 CRM 项目在一年之内完成，C 经理分别用里程碑、甘特图制订进度计划，如表 5-1 和表 5-2 所示。

表 5-1　欧米伽商贸有限公司 CRM 项目里程碑事件表

里程碑事件	进度时间（月份）											
	一	二	三	四	五	六	七	八	九	十	十一	十二
立项	▲											
招标	▲											
确认需求		▲										
签订合同		▲										
详细设计			▲									
开发							▲					
测试											▲	
试运行											▲	
验收												▲
总结												▲

注：▲代表完成时间。

表 5-2　欧米伽商贸有限公司 CRM 项目甘特图

步骤	日　期（月份）											
	一	二	三	四	五	六	七	八	九	十	十一	十二
立项	→											
招标		→										
确认需求		→	→									
签订合同			→									
详细设计			→	→								
开发					→	→	→	→				
测试								→	→	→	→	
试运行									→	→	→	
验收											→	
总结												→

5.3.2 关键路径原理

对于一个项目而言,从项目开始到结束的时间是由关键路径决定的。项目中最长的活动路线就叫关键路径,组成关键路径的活动称为关键活动。对于一些时间紧迫,必须按时完成的工程项目而言,关键路径方法是一个有效的时间规划方法。运用该方法,可以合理地规划项目中所有人力和物力资源,从而有效地对项目进行组织和实施。这里简单介绍一下寻找关键路径的方法,可以查阅相关资料学习详细的算法。

（1）将项目中各项活动视为有一个时间属性的节点,从项目起点到终点进行排列。
（2）用有方向的线段表示各节点的紧前活动和紧后活动,使之成为一个有方向的网络图。
（3）用正推法和逆推法计算出各个活动的最早开始时间、最晚开始时间、最早完工时间和最迟完工时间,并计算出各个活动的时差。
（4）找出所有由时差为零的活动所组成的路线,即为关键路径。
（5）识别出准关键路径,为网络优化提供约束条件。

关键路径具有以下特点：一是关键路径上的活动持续时间决定了项目工期,关键路径上所有活动的持续时间总和就是项目工期。二是关键路径上的任何一个活动都是关键活动,其中任何一个活动的延迟都会导致整个项目完工时间的延迟。三是关键路径上的耗时是可以完工的最短时间量,若缩短关键路径的总耗时,会缩短项目工期；反之,则会延长整个项目的总工期。但是即使缩短非关键路径上的各个活动所需要的时间,也不至于影响工程的完工时间。四是关键路径上的活动是总时差最小的活动,改变其中某个活动的耗时,可能使关键路径发生变化。五是可以存在多条关键路径,它们各自的时间总量肯定相等,即可完工的总工期。六是关键路径是相对的。在采取一定的技术组织措施之后,关键路径有可能变为非关键路径,而非关键路径也有可能变为关键路径。

下面我们给出一个使用关键路径进行管理的例子。

例 5-7：欧米伽商贸有限公司 CRM 项目网络图。

欧米伽商贸有限公司 CRM 项目网络图如图 5-2 所示。其中,1 表示立项,2 表示招标,3 表示确认需求,4 表示签订合同,5 表示详细设计,6 表示开发,7 表示测试,8 表示试运行,9 表示验收,10 表示总结。

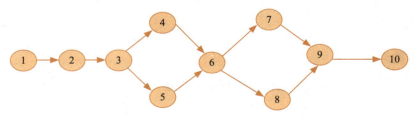

图5-2　欧米伽商贸有限公司CRM项目网络图

欧米伽商贸有限公司 CRM 项目的关键路径是从立项开始的，经过招标和确认需求的阶段，进入签订合同和详细设计阶段，这是项目准备和规划阶段，为后续的开发工作打下基础。接下来，项目进入开发阶段，这是实现项目目标的核心环节。开发完成后，项目将进入测试或试运行阶段，以确保系统的质量和性能符合预期。最后，项目将进行验收和总结，这是对整个项目成果的正式确认和回顾，验收的完成标志着项目的成功交付。整个关键路径上的每个阶段都是紧密相连的，任何一个阶段的延误都可能导致整个项目的延期，因此需要特别关注和精心管理。

5.3.3　项目时间管理技巧

项目时间管理是帮助项目经理和项目团队在规定的时间内完成项目任务的一系列方法和策略。以下是一些项目时间管理的技巧。

1．制订明确的项目目标

在项目开始之前，与团队成员明确项目目标、范围和预期成果。确保每个人都清楚项目预期结果，以便在实施过程中更好地进行时间管理。

2．制订详细的项目计划

根据项目目标制订详细的项目计划，包括时间表、任务分配、资源分配等。在计划中考虑到可能的风险和问题，并留出一定的缓冲时间以应对突发事件。

3．优先安排重要任务

根据任务的优先级合理安排任务顺序。确保先完成重要且紧急的任务，再处理次要的任务。

4．有效的时间管理

合理规划时间，采用适当的时间管理技巧，如番茄工作法、时间块等，以提高工作效率。同时，注意避免时间浪费，如过度加班、会议时间过长等。

5．合理的资源分配

根据任务的难度和紧急程度，合理分配人力、物力和财力资源。确保在关键时期有足够的资源支持项目实施。

6．有效的沟通

在项目实施过程中，与团队成员保持有效的沟通，及时了解项目进展情况、解决问题和调整计划。

7．利用项目管理工具

采用项目管理工具如甘特图、看板等，帮助团队成员直观了解项目进度和时间管理情况，及时调整计划。

8．及时调整计划

在项目实施过程中，根据实际情况及时调整计划。当发现原计划不切实际或存在风险时，及时调整计划以适应变化。

9．总结经验教训

在项目结束后，及时总结经验教训，分析项目中存在的问题和不足之处，以便在今后的项目中加以改进。

通过运用这些项目时间管理技巧，可以帮助项目经理和项目团队更好地控制项目进度，确保项目按时交付。

5.4 实 践 训 练

1．任务优先级排列：假设你有一份包含10项任务的任务清单，这些任务包括短期任务和长期任务、重要任务和次要任务。请将这10项任务按照优先级进行排列，并说明你的排列依据。

2．番茄工作法实践：在接下来的一小时里，使用番茄工作法进行工作。将工作时间分为25分钟的工作和5分钟的休息，每完成4个番茄时间后，可以休息更长的时间。在25分钟的工作时间内，专注于一项特定的任务，避免分心。记录你的工作过程和感受。

3．时间管理日志：记录你一周内每天的工作和学习时间分配情况，包括工作内容、学习任务以及休闲活动。在周末进行总结，分析时间分配是否合理，是否存在浪费时间的情况，并思考如何进行改进。

4．项目进度计划制订：选择一个你当前正在参与的项目或学习任务，制订详细的项目进度计划，包括项目里程碑、关键路径、任务时间表等。使用项目管理软件工具进行辅助，并在项目实施过程中根据实际情况进行进度计划的调整。记录项目进度计划的制订过程以及实际执行情况。

第 6 章 团 队 建 设

团队建设是组织发展中的重要一环,一个团结、高效的团队可以提升工作绩效,增强组织的灵活性,促进员工之间的技能互补,并提高员工的自制力。随着社会不断发展,团队建设也在不断进步,组织中团队越来越多样化,团队成员在不同团队中扮演着不同角色。因此,在新时代背景下,对团队建设进行深入探讨和研究具有重要的理论和实践意义。本章将围绕团队建设相关内容进行详细阐述,为组织发展提供有益参考和指导。

知识目标:

- 了解团队基本特征,区分群体与团队;
- 初步掌握如何打造一个团队;
- 思考如何化解团队冲突;
- 初步认识企业文化的形成和作用。

实践目标:

- 选取某个事项,打造团队;
- 尝试处理生活中某个冲突;
- 分析一个企业文化的形成过程和作用。

素质目标:

- 培养团队工作能力;
- 培养团队领导能力。

6.1 团 队 基 础

6.1.1 群体与团队

例 6-1:阿尔法公司的项目团队建设。

阿尔法公司为了完成一个重要的软件开发项目,从公司内部不同部门抽调了 15 名员工组成一个项目组。项目组成员具有不同的专业技能和工作背景,他们被分配到不同的子项目组,每个子项目组负责项目的一部分功能模块。

在项目开始阶段,项目组成员只是一个因为工作需要被聚集到一起的群体,存在着陌生感和沟通障碍。由于他们来自不同的部门,工作经验和习惯各不相同,这导致成员之间的协作并不顺畅。此外,由于成员对项目整体目标和各自职责认识不清晰,工作推进效率较低,项目进度一度滞后。

为了解决这些问题,项目经理采取了一系列措施。

(1) 明确项目目标。项目经理组织了团队会议,详细阐述了项目的最终目标,并将这些目标细分到每个阶段和每个团队成员的具体任务中。这有助于确保每个成员都清楚自己的职责和目标,从而提高工作效率。

(2) 建立沟通机制。项目经理设立了定期的团队会议和项目进度汇报机制,确保团队成员能够及时交流信息,协调工作,进而消除信息不对称,提高团队协作效率。

(3) 培训与团队建设。公司组织团队建设活动,如工作坊和团队训练,打破成员之间的陌生感和隔阂,增强团队成员之间的信任、协作能力及团队凝聚力。

(4) 赋予自主权。为了激发团队成员的积极性和创造力,提高工作效率和响应速度,项目经理鼓励团队成员在各自的职责范围内自主决策。

通过这些措施,阿尔法公司的项目团队得以迅速磨合,成员之间的协作越来越顺畅,项目进度也逐步恢复正常。

例 6-1 中提到了团队和群体两个名词,两者容易被混为一谈,然而它们之间有根本性的区别。群体是两个以上互相依赖的个体为了某个目标而聚在一起的集合体,但是并不是所有的群体都可以称为团队,团队除了是一个群体外,还必须具有其他的一些特征。

1. 目标一致性

在初始阶段,团队成员独立行动,对项目总体目标缺乏共识。随着项目进展,成员们逐渐形成了共同追求项目成功的一致性目标,体现了团队的核心特征。

2. 协作与沟通

相较于群体内有限的协作和沟通,团队成员之间进行着更为频繁和深入的交流,并且有定期会议和进度报告等机制,从而加强团队成员间的沟通,提升协作效率。

3. 责任感

群体成员通常仅对其个人任务负责,而团队成员则对整个项目的成功承担责任。在例 6-1 中,团队成员在各自的子项目中承担明确的角色和责任,并为实现项目整体目标做出贡献。

4．决策方式

群体成员在决策过程中可能更多地依赖领导或上级，而团队成员通常拥有更大的自主决策权。项目经理在例 6-1 中鼓励团队成员自主决策，这增强了团队的灵活性和决策速度。

从例 6-1 中我们得知，通过坚定的团队建设和有效的沟通策略，即便是由来自多元背景的个体组成的初始群体，也能演变成一个协同效率极高的团队。这样的转变不仅显著提高了工作效能，也为项目圆满完成提供了坚实保障。

6.1.2 团队类型

常见的工作团队类型如下。

（1）职能型团队是在同一职能领域中，根据工作性质和范围设计的团队。职能型团队经常在工作规定的范围内合作，解决相关问题，这种类型的团队管理、领导相对比较容易。在学校中，由每个班级学习委员构成的团队就是一个职能型团队，他们要处理学习上的事务，具体工作是解决同学们的学习问题。

（2）自我管理型团队是一个没有管理者负责全局的团队，给团队员工分配任务、监督任务完成等都由团队成员共同完成。例如，由欧洲国家组成的欧盟并没有具体负责人，而是通过轮值方式，隔一段时间由一个国家推举出一个人来负责，解决整个联盟内所遇到的问题。

（3）虚拟工作团队是伴随信息技术高度发展而产生的。随着网络技术的发展，组织成员之间沟通不再受地域的限制，通过互联网可以在不同地域召开可视电话会议，通过这种网络会议来解决工作中所遇到的问题，包括任务决策、分享信息等。

（4）跨职能型团队通常是由来自不同领域内专家组成的一个混合群体，共同完成一项工作。例如，在高考结束以后，召集不同领域内的教师共同参加试卷批阅工作。在试卷批阅过程中，这些不同领域内专家构成一个跨职能型团队，解决高考录取问题。

6.1.3 高效团队的特点

一个高效团队应该包括以下特点。

1．目标清晰

高效团队应该像个体一样，明确要达到的目标，并坚信这一目标具有重大的价值。团队成员能够积极主动为这一目标奉献自己的力量，成员非常清楚团队在干什么，团队中其他成员在干什么，彼此之间应该如何协作才能够推动团队发展。

2．技能互补

团队成员不仅要有一定的能力，并且彼此之间的能力还应该互补。阿尔法公司的软件开发项目团队成员之间的技能是互补的；我们经常在电视、电影中看到的寻宝团队，也是由各个方面的专家组成的。一个高效团队中，如果有太多某一个方面的专家，彼此之间发生意见分歧则不利于团队团结。

3．彼此信任

在杂技表演中，我们经常震惊于一些团体的空中飞人项目，这些项目成功的诀窍就在于伙伴之间彼此信任。要建立起团队成员之间的信任并不是一件很容易的事情，然而毁坏彼此之间的信任却很容易，因此，团队管理者要在团队中尽力保持这种信任。

4．认同团队

团队要想获得成功，团队成员必须要有一定的奉献精神，成员要对团队具有认同感，把自己看作团队中的一分子，并为整个团队感到骄傲。

5．良好沟通

高效团队成员之间的沟通应该是没有障碍的，彼此之间以他们习惯的方式传递信息，无论是语言信息还是非语言信息。

6．依靠制度

工作过程中难免会遇到各种各样的问题，常规性问题的解决必须要依靠一定的规章制度，成员必须要能够及时应对和处理这些问题。

7．灵活处理

处理问题不仅要依靠规章制度，团队的优点在于解决那些没有办法形成规章制度的问题，需要人们发挥主观能动性去解决非常规性问题。对于一个高效团队而言，工作需要不断调整，而调整过程需要灵活性，每个成员都能够处理一些突发问题。

8．结构合理

实行团队管理必须要有一个合理的基础结构。适当的培训，合理的职业生涯规划，清晰而且合理的绩效评估系统，恰当的报酬分配方案，这些是构成高效团队的基本条件。

6.2 开发管理团队

6.2.1 团队管理

一个新团队的发展历程通常可分为以下四个阶段。

第一个阶段是组成阶段，也称团队初创阶段。这时每个成员都显得很有礼貌，也显得很迟钝。有冲突不直接说出来,以个人为中心,这其实对团队有破坏性。由于团队是新建的,每个成员都以自己的观点为准则,大多很保守固执。确切地说是非常紧张,有的成员可能无法正常工作,整个团队有顺从于团队领导强权的倾向。

第二个阶段是磨合阶段。此时所有的不良情况都会暴露出来。这个阶段充满了挑战和困境,团队内部出现矛盾,严重阻碍了团队协作。

第三个阶段是规范阶段。该阶段团队成员逐渐习惯在一起工作,内耗逐渐减少,新的合作精神出现,每个成员在表达自己的观点时有了安全感,而这些观点亦在团队内公开讨论。最明显的进步是成员之间开始互相听取别人的意见,团队的工作方法形成规定并得到认可。

第四个阶段是履行职能阶段。该阶段是团队建设的高峰,团队中已经形成了一种氛围,容许人们自由和坦诚地交换意见,团队最大限度地支持每个成员和团队的决策。对出现的问题齐心协力共同解决,将个人能力融入团队建设中,全面体现了团队的协作精神,工作效率也大大提高。

就履行职责而言,开始时团队水平会比个人总水平低一些,接着会突然跌入谷底,再从规范阶段攀爬到新的履行职能阶段,此时的水平应比开始高。水平提高的主要原因是采用了团队合作精神而不是简单的人员组合。

在企业界,有很多创业团队,他们依靠团队力量,一步一步获取成功,建立了一个又一个的企业界丰碑。仔细研究这些成功团队,它们都具有一些相同特征,例如奖罚分明、分工明确,每个人都承担了组织的发展压力,每个人都能够尽到自己的责任,团队中人与人之间能够无缝隙地协同工作等。一个群体需要不断地进化管理,才能够最终形成一个优秀的团队。

团队管理的内容主要包括以下几个方面。

1. 提高团队内个体之间的协作能力

团队成员之间的协作,应该超越普通同事,团队成员之间形成互相依赖的关系,他们之间互相信任、互相依靠、互相配合,共同完成工作,团队管理首先要提高成员协作能力。

2. 培养团队成员共同承担责任的精神

团队如同一个球队一样,不可能在任何项目上都获取胜利,需要在不断失败中成长。如果某一次团队目标没有达成,那么团队项目经理和团队成员一起来分担失败带来的痛苦,而不是由某一个人来承担失败的责任,通过共同承担责任来增加团队凝聚力,培养团队成员患难与共的精神。

3. 让团队了解整体利益的重要性

避免团队成员短视行为,培养团队成员的战略观、大局观。在战争中,我们经常看到这样的情形,某个战役整体的胜利,是建立在局部损失的基础上的。在团队中,为了整体目标而牺牲局部利益的情况经常会出现,要维护团队稳定,就必须使团队成员明白整体利益的重要性。

4. 团队管理者要清醒果断

团队需要一个决策者,这个人能够给团队带来清晰的目标和条理的规章制度,我们都知道一头狮子带领一群绵羊,能够战胜一只绵羊带领一群狮子的道理。

5. 团队中要有能够处理重点工作的人

一个项目中,有困难的地方,也有容易的地方。遇到项目中的重点、难点,就必须要由团队中"攻坚人员"解决问题。团队解决问题的意义在于,每个人负责恰当的工作,这些工作难易程度不同。一个团队中,不能所有人都负责最困难的问题,既要有"攻坚人员",又要有人负责为"攻坚人员"提供服务。例如,在外科手术团队中,动刀做手术的可能就是一两个人,他们是团队的"攻坚人员",并且也是衡量团队能力的主要标准,其他人员是为他们提供服务的,"攻坚人员"和团队普通成员之间的默契配合,才能够使团队的能力发挥到最大。

6.2.2 团队冲突

例 6-2:阿尔法公司的团队冲突处理。

阿尔法公司专注于开发创新软件产品。公司强调创新、灵活性和团队协作。然而,随着公司规模扩大和市场竞争加剧,团队内部开始出现冲突和分歧,影响了项目的进展和团队氛围。

在一个关键的项目开发阶段,项目经理发现团队成员之间存在明显的沟通障碍和工作方式上的分歧。团队成员分为两个小组:一组由经验丰富的老员工组成,另一组则由新入职的年轻员工组成。老员工倾向于遵循传统的开发流程和方法,而年轻员工则更倾向于采用新技术和快速迭代方法。这种差异导致了工作进度上的不一致并降低了效率。老员工觉得年轻员工过于冲动,忽视细节和项目稳定性;相反,年轻员工觉得老员工过于保守,不愿采纳新工作方式,这导致团队内部产生了不和谐气氛。

为缓解这一状况,公司可实施以下策略。

(1) 引入团队指导。公司聘请专业团队指导师,协助团队成员建立有效沟通,推动不同工作风格间的理解与尊重。

(2) 举办团队建设活动。公司组织包括工作坊、团队竞赛和户外拓展训练在内的团队建设活动,旨在增强团队成员间的信任和合作精神。

(3) 设定共同目标。公司应明确可实现的共同目标,确保所有团队成员对其有明确的认识与理解。这有助于将团队成员的注意力从个人差异转移到共同目标上。

(4) 促进跨团队协作。公司鼓励不同团队间的交流与合作,通过定期举行跨团队会议和知识分享会,促进团队成员间相互学习和支持。

通过这些措施,阿尔法公司的团队冲突得到显著缓解。团队成员开始更加开放地沟通,并愿意接受和尊重不同的工作方法。随着时间推移,团队凝聚力和工作效率都有了显著提升,项目也按计划顺利完成。公司由此认识到,构建和维护一个团结、高效的团队是推动创新和成功的关键。

并非所有团队管理都能够顺风顺水,随着内外环境的变化,团队可能会出现各种冲突。为建立一个团结、高效的工作团队并解决内部矛盾,管理者可采取一系列应对策略。

首先,建立开放的沟通渠道,包括定期举行团队会议、实施匿名调查等,以确保团队成员之间信息畅通。其次,培养团队精神,组织团队建设活动,设定共同目标以及庆祝团队成就,增强团队成员的归属感和合作意愿。再次,提供冲突解决培训,教授团队成员如何以建设性的方式处理分歧。同时,建立明确的期望和规范,制订清晰的工作流程和职责分配标准,以及明确团队行为准则。另外,促进个人发展,提供职业发展和培训机会,鼓励员工参与决策过程;实施灵活的工作安排,根据员工需求和偏好提供灵活的工作时间和远程工作选项;建立有效反馈机制,定期提供和接受反馈,鼓励团队成员相互鼓励和支持。最后,培养领导力,鼓励团队成员发展领导能力,提供领导力培训。通过这些应对策略,管理者可以营造一个更加和谐、高效的工作环境,减少冲突,提升团队的整体表现。管理者需持续关注团队动态,及时调整策略,以应对不断变化的团队需求和挑战。

6.3 IT 团 队

6.3.1 我们需要什么样的成员

实验研究表明:效率高和效率低的 IT 团队成员之间工作结果的差异,可能会达到十倍的数量级。传统工作中,熟练技术人员和普通技术人员工作成果很难达到数倍差异,但是效率高的 IT 工作人员与效率低的 IT 工作人员相比,却能够产生数十倍工作效率差异,无论是在软件设计还是在其他智能化设计中。因为 IT 工作中,不符合质量的设计不仅不能帮助项目,反而往往成为阻碍项目发展的绊脚石。

那么是否意味着,在一个需要 500 人协同完成的大项目中,只需要留下 50 名最能干和最有开发经验的项目经理,就可以开除剩下的 450 名程序员,由项目经理独立完成所有的任务,然后省大量的人力资源成本呢?事实告诉我们这样做肯定是不行的。一方面,原有的开发队伍不是理想的小型强有力团队,因为强有力团队通常不超过 10 个人,否则意见很难被统一,团队内耗过大,不符合强有力团队的定义。而一个 50 人的大规模团队,至少需要两层管理,或者说大约 5 名管理人员。另外,它需要额外的财务、人员、空间、文秘和机器操作方面支持。另一方面,如果采用一拥而上的开发方法,那么原有500人的队伍仍然不足以开发真正的大型系统。例如,考虑像微软的 Office 项目,在顶峰时,有超过1000人在为它工作——程序员、文档编制人员、操作人员、职员、秘书、管理人员、支持小组等。很明显,自1997年 Office 不断推出新功能,这些庞大的功能需要大量人手来支持,我们假设完成这些功能,需要这些精英共花费10000年的时间。现在,这些精英必须面临一个非常尴尬的问题:对于真正意义上的大型系统,他们的工作速度显得太慢了。设想 Office 的设计工作是由一个小型、精干的团队来完成,譬如20人的队伍,假设他们都非常厉害,是一般的编程人员在编程和文档方面的生产效率的7倍,同时由于团队规模小,沟通和交流的成本也降低了很多。那么,10000÷(20×7×7)≈10,即他们大约需要10年来完成工作。一个产品在最初设计的10年后才出现,还会有人对它感兴趣吗?或者它是否会随着软件开发技术的快速进步而显得过时呢?

显然,所有软件设计公司不得不面临进退两难的境地:对于效率和概念完整性来说,最好由少数干练的人员设计和开发,而对于大型系统,则需要大量的人手,以使产品能在时间上满足要求。所以,即使我们都知道小型而强有力的团队是IT项目中最合适、最需要的,但是我们仍然不得不组织大型开发团队,忍受大型团队所产生的高额管理成本,而只在核心子项目开发上运用小型团队。在现实中我们不能把普通人从群体中剔除,而只剩下由精英构成的团队来完成所有工作,我们需要把大量普通人培养成团队中的成员,给他们合适的工作,让他们逐渐成为团队中有用的一员。

6.3.2 组建团队

那么如何来组建一个合适的大型团队呢?大型项目的每一个部分由一个小型子团队组成,显然组成这些小型团队的人并不是无差别的,在开发设计时并非一拥而上。也就是说,同每个成员解决问题某个部分的做法相反,由一个人来进行问题分解,其他人给予他所需要的支持,以提高效率和生产力。

换句话说,如果上述概念能实施,那么它可以满足大型项目开发的迫切需要。如果很少的人员被包含在设计和开发中,其他许多人进行工作支持,这样做是否可行呢?在软件设计团队中,我们应该包含哪些非设计人员在内呢?组成这样的一个大型团队,需要哪些后勤支持人员呢?以阿尔法公司软件设计团队为例,我们来看一下如何建设一个大型团队。

例6-3:阿尔法公司软件设计团队。

1. **设立首席程序员(总工程师)**

招聘具有十年经验、精通面向对象编程语言的专业人员。要求具备应用数学、业务数据处理等领域系统和应用知识;负责定义功能和编写性能技术说明书,设计程序,编制源代码,测试及书写技术文档。

2．培养高级程序员（高级工程师）

挑选具备一定经验并能独立完成工作任务的程序员担任开发小组组长，参与设计思考、讨论和评估；熟悉所有代码，研究设计策略备选方案，为首席程序员提供建议。

3．组建管理人员团队

协助首席程序员处理财务、人员、工作地点、设备等工作；确保团队高效运作，让技术人员专注于技术任务。

4．设立编辑人员

根据首席程序员的草稿或口述，进行文档分析和重新组织；负责文档参考信息、书目提供，监督文档生成，确保清晰、可靠、完整。

5．配置秘书团队

团队秘书负责接待、会议服务等后勤保障工作；私人秘书协助首席程序员统筹安排议事议程，提高工作效率。

6．招聘普通程序职员

负责根据任务模块进行功能开发；具备相互配合和与客户沟通的能力，体现团队文化和能力。

7．实施专业化分工

确保将程序员从杂事中解放出来，提高工作效率；对杂事进行系统整理，确保非程序化工作质量。

通过以上步骤，阿尔法公司完成了软件设计团队的基本构建。除上述人员外，一个大型的软件开发组织还需要下列人员。

1．工具维护人员

在项目中，电力设备、通信设备、办公设备等都需要由专门的人来维护。这些设备使用起来必须毫无疑问地令人满意，而且需要具备较高的可靠性，必须要保障团队中程序员不受到设备的干扰。因此，团队需要工具维护人员，保证所有基本服务的可靠性，以及承担团队成员所需要的特殊工具（特别是计算机）的稳定、正常、安全运行。因为计算机技术发展到今天，已经分为不同领域，即使是一个高级程序员，他也不一定在网络安全领域非常擅长，不一定能够掌握当前最流行芯片型号。因此，需要专业人员来保障大型团队设备正常运转。

2．软件测试人员

负责软件测试的人员，必须具有专业软件测试知识，专门从事测试工作（包括软硬件），同时还不能是参与开发的人员，因为参与开发的程序员很容易受到惯性思维影响，从而难以检查出软件的错误。

3．翻译和数据采集人员

跨国项目开发需要专门的翻译队伍来支持，虽然程序设计人员可能都具有一定外语基础，但是我们不能指望他们将整个系统翻译成另外一种语言。在系统测试过程中，我们需要大量数据做支持，这些模拟或真实的数据需要采集人员从客户那里收集，而不是浪费程序员的时间来做原始数据采集。

上面就大型项目团队的组成人员做了分析，对团队中不同角色做了分工，对于团队来说，就是要求通过彼此互相协作，能够顺利完成一个大型任务。

在团队中大家是平等的，由于工作和资源的分解，不同意见会造成策略和接口上的不一致，例如谁的空间会被用作缓冲区，然而最终它们必须整合在一起。在团队中，虽然首席程序员是总负责人，但是也要有一定机制，保障普通工作人员的正确建议能够得到实施，每个人都对项目成败负责，因为项目中每个人都是团队的一分子。

6.4 企业文化

6.4.1 企业文化的含义

企业在经营过程中也形成了一些独具特色的文化，即企业文化。为了更好地理解企业文化，首先来看一下关于企业文化建设的案例。

例6-4：阿尔法公司的企业文化建设。

阿尔法公司自成立后始终坚持自主创新，致力于为全球用户提供高质量的产品和服务。随着公司快速发展，阿尔法公司逐渐形成了自己独特的企业文化，这一文化在推动公司持续成长和提高竞争力方面发挥了重要作用。

阿尔法公司的企业文化可以概括为以下几点。

1．自主创新

公司始终坚持自主创新，以技术创新为公司的核心价值观。公司鼓励员工勇于创新、积极探索，不断提高产品和服务的质量。

2．用户至上

公司将用户需求放在首位，以满足和超越用户期望为目标，为全球用户提供高质量的产品和服务。

3．团队合作

公司注重团队建设，鼓励员工之间合作与交流，共同实现公司目标。公司倡导积极向上的团队文化，鼓励员工相互支持、共同进步。

4．持续学习

公司倡导员工持续学习，不断提高自身的专业技能和综合素质。公司为员工提供丰富的培训和学习机会，帮助员工实现个人成长。

5．社会责任

公司积极履行社会责任，关注社会公益事业，致力于成为一家对社会有贡献的企业。

6．追求卓越

公司追求卓越，不断完善管理体系和流程，提高工作效率，以实现公司持续增长和提高竞争力。

阿尔法公司的企业文化在各个方面都得到了体现和实践。例如，在产品开发方面，阿尔法公司不断推出创新产品，以满足市场和客户的需求；在员工管理方面，阿尔法公司提供良好的工作环境和培训机会，以激励员工积极性和创造力；在客户服务方面，阿尔法公司通过全球化服务网络，为客户提供及时、专业的服务。与此同时，阿尔法公司的企业文化不仅被公司内部员工认同，也赢得了外部合作伙伴和客户的尊重。这种文化的力量，帮助阿尔法公司在面对激烈的市场竞争时，始终保持稳健的发展态势。

6.4.2 企业文化的内容

阿尔法公司企业文化建设是一个成功案例，它不仅为公司发展提供了坚实的内部支持，也为公司在全球市场上赢得了竞争优势。阿尔法公司的经验表明，企业文化是企业发展的重要基石，构建一种强大、有韧性的企业文化，对推动企业持续成长和成功至关重要。企业文化的内容比较广泛，主要可以概括为以下几个方面。

1．经营哲学

企业的经营哲学也称企业哲学，通常是指一个企业特有的从事生产经营和管理活动的方法论原则，它是指导企业行为的基础。一个企业在激烈的市场竞争环境中，面临各种矛盾和选择，要求企业有一个科学的方法论指导，有一套逻辑思维程序决定自己的行为，这就是经营哲学。

2．价值观念

所谓价值观念，是指人们基于某种功利性或道义性的追求，对人们（个人、组织）本身的存在、行为和行为结果进行评价的基本观点。可以说，人生就是为了追求价值，价值观念决定着人生追求行为。价值观不是人们在一时一事上的体现，而是在长期实践活动中形成的关于价值的观念体系。

企业的价值观，是指职工对企业存在的意义、经营目的、经营宗旨的价值评价，以及由此形成的整体化群体意识,是企业全体职工的共同价值准则。只有在共同价值准则基础上才能产生正确的价值目标。有了正确的价值目标,才会有奋力追求价值目标的行为,企业才有希望。因此,企业价值观决定着职工行为取向,关系着企业的生死存亡。

3．企业精神

企业精神是指企业基于自身特定性质、任务、宗旨、时代要求和发展方向,并经过精心培养而形成的企业成员群体的精神风貌。

企业精神要通过企业全体职工有意识的实践活动体现出来。因此,它又是企业职工观念意识和进取心理的外化。

企业精神是企业文化的核心,在整个企业文化中起着支配地位。企业精神以价值观念为基础,以价值目标为动力,对企业经营哲学、企业道德、团体意识、企业形象和企业制度起着决定性作用。可以说,企业精神是企业的灵魂。

4．企业道德

企业道德是指调整本企业与其他企业之间、企业与顾客之间、企业内部职工之间关系的行为规范总和。它是从伦理关系角度,以善与恶、公与私、荣与辱、诚实与虚伪等道德范畴为标准来评价和规范企业。

企业道德与法律规范和制度规范不同,不具有强制性和约束力,但具有积极的示范效应和强烈的感染力,在被人们认可和接受后具有自我约束的力量。因此,它具有更广泛的适应性,是约束企业和职工行为的重要手段。中华老字号同仁堂药店之所以300多年长盛不衰,在于它把中华民族优秀传统美德融于企业生产经营过程之中,形成了具有行业特色的职业道德,即"济世养生、精益求精、童叟无欺、一视同仁。"

5．团体意识

团体即组织,团体意识是组织成员的集体观念,是企业内部凝聚力形成的重要心理因素。企业团体意识的形成,使企业每个职工把自己的工作和行为都看作实现企业目标的一个组成部分,使他们为自己是企业成员而感到自豪,对企业成就产生荣誉感,从而把企业看作利益共同体,提高归属感。因此,他们会为实现企业目标而努力奋斗,自觉地克服与实现企业目标不一致的行为。

6．企业形象

企业形象是企业通过外部特征和经营实力表现出来的,被消费者和公众所认同的企业总体印象。

由外部特征表现出来的企业形象称为表层形象,如招牌、门面、徽标、广告、商标、服饰、营业环境等,这些都给人以直观的感觉,容易形成印象;通过经营实力表现出来的形象称为深层形象,它是企业内部要素的集中体现,如人员素质、生产经营能力、管理水平、资本实力、产品质量等。

7．企业制度

企业制度是在生产经营实践活动形成的、强制性的各种规定,能保障一定权利。从企业文化的层次结构看,企业制度属于中间层次,它是精神文化的表现形式,是物质文化实现的保证。企业制度作为职工行为规范的模式,使个人的活动得以合理进行,内外人际关系得以协调,员工的共同利益受到保护,从而使企业有序地组织起来,为实现企业目标而努力。

企业文化是看不见、摸不着的,但是它又是确确实实存在的。要了解一个企业,先要了解它的文化机制,通过对企业文化的了解,来适应企业的生活。

8．团队精神

企业文化中的团队精神是企业成功的基石,涵盖了目标一致性、互相信任、良好沟通、技能互补、责任感、团队荣誉感、互助合作、纪律规范等多个方面。这些要素共同塑造了员工之间的协作精神和凝聚力,推动着企业的发展。

团队精神贯穿于企业的各部门、岗位和业务活动,发挥着凝聚力量、激发活力、提升绩效的重要作用。它不仅需要员工认同并实践团队目标、价值观和行为规范,还需要在共同价值观、创新与合作、客户导向、执行力、持续学习和社会贡献等方面不断深化。团队精神是企业文化的重要组成部分,通过员工共同努力,为企业创造价值,实现可持续发展。

6.5 实 践 训 练

1．实践训练案例1：软件开发流程模拟

1）项目目的

提高团队成员对软件开发流程的理解和协作能力。

2）项目步骤

（1）情景设定：开发一个软件项目。

（2）团队分配：将团队成员分成不同的小组,每个小组代表项目中的一个关键角色或部门,如项目经理、开发人员、测试人员等。

（3）提供信息：提供项目相关的背景信息、需求和文档,让每个小组按照软件开发流程进行工作。

（4）开发模拟：模拟项目的各个阶段,如需求分析、设计、开发、测试、部署等。

（5）项目跟踪：通过项目管理工具来跟踪任务进度和协作。

（6）评审评估：定期召开项目会议和进行评审,评估项目的进度和质量。

（7）总结反思：进行项目总结和团队反思，分享在项目开发过程中的经验和教训。

2．实践训练案例2：企业困境模拟

1）项目目的

（1）提高团队成员对企业经营困境的应对能力。

（2）培养团队成员在困境中的团队协作和解决问题的能力。

（3）加强团队成员之间的沟通与协作。

2）项目步骤

（1）情景设定：模拟企业面临市场萎缩、资金链断裂等困境。

（2）角色分配：团队成员分别扮演企业高管、部门经理等角色，共同应对困境。

（3）团队合作：团队成员需要共同分析困境原因，制订解决方案，并分工合作实施。

（4）经营决策：团队成员在模拟过程中，需要不断做出经营决策，以帮助企业走出困境。

（5）总结反思：项目结束后，团队成员分享在模拟过程中的经验、教训，互相学习提高。

第 2 部分
立足职场

第7章 招投标

招投标作为现代社会采购的重要方式,不仅关乎项目质量和效益,更关乎企业经济利益。然而,在这个过程中,诚信、知识产权保护等诸多问题也不容忽视。本章将围绕这些关键议题,进行全面深入的探讨,以期为从业者提供有益的启示。

知识目标:
- 了解信息行业招投标流程;
- 初步掌握标书撰写要点;
- 思考诚信的重要意义;
- 了解知识产权保护的重要性。

实践目标:
- 归纳总结标书撰写要求,并能够根据要求进行标书的撰写工作;
- 摒弃作弊行为,诚实守信;
- 掌握网络著作权侵权的应对措施。

素质目标:
- 培养认真负责的工作态度;
- 培养诚实守信的优良品格;
- 培养知识产权保护意识。

7.1 招 标

7.1.1 招标书

招标书是指招标方为了完成某一工程项目或采购任务,邀请潜在投标人参加竞标活动,而发布的详细说明项目需求、投标条件和要求、评标标准等内容的书面文件。招标书通常包括项目概述、投标人资格要求、投标文件要求、报价要求、评审标准、合同条款等内容。招标书是整个招投标过程的重要组成部分,对于指导投标人编写投标书,明确投标要求和评

第 7 章　招投标

审标准具有重要作用。同时，招标书也是投标人了解招标项目信息、确定投标策略的重要依据。

例 7-1：贝塔学院教学管理系统招标书简约版。

一、项目名称

贝塔学院教学管理系统采购项目

二、项目需求

用户管理：实现对教职工、学生等用户的信息管理，包括基本信息、权限设置等。

课程管理：实现对课程发布、选课、调课等管理，包括课程基本信息、授课教师、上课时间等信息。

成绩管理：实现对成绩录入、查询、统计等功能，支持成绩导入/导出，提供成绩分析报告。

教学资源管理：实现对教学资源上传、下载、共享等功能，支持多种文件格式，具备权限控制。

系统需具备良好的兼容性和扩展性，支持与其他校园信息系统集成，如教务管理、资源共享等。

系统需具备较强的安全性，确保数据安全和隐私保护。

提供完善的售后服务，包括系统培训、技术支持、更新升级等。

三、招标要求

请贵公司提供详细的产品说明书、功能列表、报价单及售后服务承诺。

请贵公司在投标文件中阐述贵公司产品的优势及与其他竞品的区别，包括但不限于技术特点、功能优势、易用性、稳定性等方面。

请贵公司提供类似项目的成功案例及联系方式，以便我校进行详细了解和参考。

四、招标截止时间

请在收到本招标书后的 15 日内提交投标文件。

五、投标地点

贝塔学院信息化办公室。

六、联系方式

联系人：张老师

电话：138××××5678

邮箱：×××@betacollege.edu.cn

期待贵公司的积极参与，携手共创贝塔学院教学管理新篇章！

贝塔学院

2024 年 5 月

上述是一个简单的招标书,招标作为一种采购方式,有其独特的优势。招标过程为各参与企业提供了一个公平、公正、透明的竞争平台。通过竞标,采购方可以优中选优,选拔出综合实力强、产品质量优的企业承担项目,以确保项目质量和效益。

招标过程中,企业为了脱颖而出,往往加大技术研发投入,推动技术创新。这有助于优化资源配置,提高产业整体竞争力。招标制度鼓励供应商之间竞争,有助于降低产品价格和提高服务质量,从而降低采购成本。招标过程要求公开、透明,有利于消除采购过程中的不正当行为,提高采购透明度,规范市场秩序。招标过程中,中标企业与采购方签订合同,有助于推动产业链上下游企业之间的合作,促进整个产业链的发展。

聚焦到贝塔学院教学管理系统采购项目,招标应选择成熟的软件产品,稳定性和可靠性较高且易于维护和升级的产品可有效降低后期运营成本。

7.1.2 招标方式

招标形式是指根据招标项目的特点和需求,采用相应方式进行采购的过程。招标形式主要分为以下几种。

1．公开招标

公开招标是指采购方通过公开发布的招标公告,邀请符合条件的供应商参加竞标。公开招标具有较高透明度,有利于促进市场竞争,提高采购效益。

2．邀请招标

邀请招标是指采购方根据项目需求,有针对性地邀请若干家具有相应资质和实力的供应商参加竞标。邀请招标的优点是针对性强,能确保参与竞标的供应商具备一定实力,但透明度相对较低。

3．竞争性谈判

竞争性谈判是指采购方与若干潜在供应商进行谈判。谈判过程中,采购方根据项目需求和供应商的报价、技术方案等,最终确定中标供应商。竞争性谈判兼具招标和谈判的特点,有利于实现采购方和供应商之间互利共赢。

4．单一来源采购

单一来源采购是指采购方直接与符合条件的供应商签订合同,适用于项目紧急、具有特殊需求或只有一家供应商能满足需求的情况。单一来源采购效率较高,但透明度较低,容易引发质疑和纠纷。

5．询价采购

询价采购是指采购方向多家供应商发出询价通知，供应商报价后，采购方根据报价、质量、服务等综合因素，选择最优的供应商。询价采购适用于价格竞争激烈的商品和服务采购项目。

6．电子招标

电子招标是指通过电子招标系统进行招标活动，具有高效、便捷、透明度高等特点。电子招标可以降低采购成本，提高采购效率，有利于推动市场竞争。

在实际应用中，根据项目特点、需求和预算等因素，选择合适的招标形式至关重要。同时，采购方还需加强对招标过程的监督和管理，确保招标活动公平、公正、公开。这样才能实现采购项目的优质、高效实施，提高采购效益。

由此可见，招标文件是采购方与潜在供应商之间的沟通桥梁，是指导供应商参与竞标的重要依据。招标文件撰写要求严谨、全面，以确保招标过程顺利进行。

7.2 投　　标

7.2.1　投标书

投标书是指在招标过程中，投标人根据招标文件要求提交的书面文件，用以表达自己参加招标项目竞争的意愿和能力。投标书是招标方评估投标方实力、技术水平和报价合理性等的重要依据，是招标方做出中标决定的关键参考资料。投标书又称投标文件、标函等。

例 7-2：贝塔学院教学管理系统投标书。

尊敬的贝塔学院领导：

感谢贵学院给予我们参加本次教学管理系统投标的机会。为了更好地满足贵学院的实际需求，我们结合自身丰富的项目经验，精心准备了以下投标书。请您审阅。

一、公司简介

我们公司成立于××年，是一家专业从事教育软件研发、销售和服务的高新技术企业。我们拥有一支高素质、专业化的研发团队，多年来积累了丰富的教育行业经验，为客户提供全方位支持与服务。

二、项目背景

随着教育信息化进程的不断推进，教学管理系统已经成为高校、职业院校等教育机构提升管理水平、优化教学资源、提高教学质量的重要工具。贝塔学院作为国内知名高等教育机构，对教学管理系统的需求日益迫切。本次教学管理系统投标旨在为贵学院提供一套定制、易用、高效的管理系统。

三、项目方案

1. 用户管理

系统可以实现对教职工、学生等用户的信息管理。通过权限设置，可以保证不同角色的用户访问对应功能模块。具体功能如下。

（1）教职工信息管理：录入、查询、修改教职工的基本信息，如姓名、工号、联系方式等。

（2）学生信息管理：录入、查询、修改学生的基本信息，如学号、姓名、班级等。

（3）权限设置：为不同角色的用户分配相应操作权限，确保数据安全。

2. 课程管理

系统支持课程发布、选课、调课等管理。具体功能如下。

（1）课程发布：教师可以上传课程资料，设置课程的基本信息，如课程名称、学分、上课时间等。

（2）选课管理：学生可以查看课程列表，选择感兴趣的课程。

（3）调课管理：教师或管理员可以对课程时间或地点进行调整，并通知相关人员。

3. 成绩管理

系统具备成绩录入、查询、统计等功能。具体功能如下。

（1）成绩录入：教师可以直接在系统中录入学生成绩。

（2）成绩查询：学生可以查看自己的成绩，教师和管理员可以查询学生成绩。

（3）成绩统计：系统自动统计成绩，生成成绩分析报告，帮助了解教学情况。

4. 教学资源管理

系统支持教学资源上传、下载、共享。具体功能如下。

（1）资源上传：教师可以上传教学资源，如课件、习题等。

（2）资源下载：学生可以下载教学资源进行学习。

（3）资源共享：教师之间可以共享教学资源，提高教学效率。

5. 系统兼容性和扩展性

系统具备良好的兼容性和扩展性，可以轻松和其他校园信息系统集成，如教务管理、资源共享等。具体功能如下。

（1）数据接口：提供与其他系统数据交换的接口，实现数据集成。

（2）模块扩展：根据需求增加或减少功能模块，满足不断变化的需求。

（3）系统安全：采用多种安全措施，确保数据安全和隐私保护。

（4）数据加密：对用户数据进行加密处理，防止数据泄露。

（5）权限控制：对敏感操作进行权限控制，防止未经授权的访问。

6. 售后服务

我们提供完善的售后服务，包括系统培训、技术支持、更新升级等。具体服务内容如下。

(1) 系统培训：为贵院提供系统操作培训，确保教职工和学生能熟练使用系统。
(2) 技术支持：提供电话、在线客服等技术支持，解答使用过程中遇到的问题。
(3) 更新升级：定期更新系统，修复漏洞，提升系统性能和稳定性。

四、系统优势

(1) 个性化定制：根据贝塔学院的实际需求进行量身定制，确保系统贴合学院的管理特点。
(2) 易用性：采用人性化的界面设计，操作简便，降低用户学习成本。
(3) 高效性：优化数据处理能力，提高系统响应速度，确保流畅运行。
(4) 安全性：采用严格的安全机制，保证数据安全和隐私保护。
(5) 持续更新：根据教育行业发展趋势定期更新功能，满足学院日益增长的管理需求。

五、投标承诺

为确保项目的顺利实施，我们承诺：
(1) 严格按照项目进度推进，确保系统按时上线。
(2) 确保系统质量，满足学院的教学管理需求。
(3) 提供全方位的售后服务，确保系统稳定运行。
(4) 保护学院合法权益，严格保密学院的教学和管理信息。

敬请贵学院审阅我们的投标书，期待与您携手共创美好未来！

  此致
  敬礼！

公司名称
联系人
联系电话
电子邮箱
日期

  上述是一个简单的投标书。从中可以看到一份完整的系统投标书应包含投标方的基本信息、投标项目的详细描述、投标方的技术方案、投标方的项目执行计划、投标方相关业绩和资格证明等，以证明其具备完成项目的能力。

  一个完整的招投标过程包括以下几步：首先，获取招标信息是基础，它为后续的分析和工作提供了方向。通过政府公开招标网站、行业网站、报纸广告等渠道，详细了解招标项目的具体信息，包括项目名称、需求、参与资格等。同时，收集相关行业动态、竞争对手信息以及市场状况，为后续分析招标文件提供参考。

  接着，分析项目可行性和风险，评估项目投资回报和盈利空间。这一步要特别强调，因为它直接影响到投标方案的制订和投标的成功率。

其次，在充分了解和分析招标文件的基础上，精心准备投标文件。这包括编制投标书、准备技术方案等，详细阐述项目技术路线、解决方案、技术创新点、技术优势。还要准备商业计划，包括项目商业模式、市场分析、竞争对手分析、盈利预测等。此外，还应提供资格证明文件，包括公司资质证书、业绩证明、项目经验等，以证明自身实力和资质。

再次，在准备完毕后，按照规定时间提交投标文件。提交后，耐心等待投标文件评审。招标方会组织专业人员进行评审，评审内容包括投标方资格、投标书完整性、技术方案可行性、价格合理性、售后服务保障等。在评审过程中，可能会对投标方进行澄清、补充或提出问题，需要及时响应和配合。

另外，评审结果通知后，无论是中标还是未中标，都要积极吸取经验教训，为未来做好准备。中标后的项目实施阶段是展现中标方实力和承诺的关键。中标方需要按照合同约定，组织项目团队实施，确保项目质量、进度、成本等满足招标方要求。定期与招标方沟通项目进展，及时解决项目中出现的问题。

最后，项目完成后，中标方与招标方进行项目验收。确认项目达到预期目标，满足招标方需求。中标方在项目验收后，需要提供售后服务，解决项目中可能出现的问题，提供持续的技术支持和服务。

整个投标流程的顺利执行，不仅需要细致的规划和准备，还需要中标方始终保持专业和积极的态度。通过严谨的准备和执行，中标方可以在激烈的竞争中脱颖而出，成功中标并实现项目顺利完成。

7.2.2 做到最好

在招投标过程中，每一个小细节都是责任心的体现。只有严谨对待每一个环节，才能提高中标概率，为企业争取到更多的商机。

例 7-3：废标的直接导火索——粗心。

【案例一】

在某次招标中，一家企业因为使用了蓝色公章而被废标。原来，招标文件要求授权书需盖单位红章，但这家企业的法定公章是蓝色的，不符合招标要求。最后，由于蓝色公章这一小细节问题，导致该企业失去了中标机会。

【案例二】

在某次投标中，一家公司因为投标保证金未注明资金用途而被废标。招标文件要求投标企业需将投标保证金电汇到指定账户，并在资金用途一栏注明×××标的投标保证金。然而，这家企业使用的是外资银行进行汇款，尽管在电子汇款平台上注明了资金用途，但仍被认定为未注明资金用途，最终导致废标。

这两个案例凸显了在招投标流程中遵循招标文件规定的重要性。由于未能充分注意细节,企业失去了中标的机会,这无疑为企业带来了损失。

企业想要在投标中做到最好,需要将细节处理得尽善尽美,这就要求企业深入理解招标文件的精神和实质要求,精心准备投标文件,确保每一项内容都精确无误。以下是一些更详细的步骤和建议,帮助企业在招投标中做得更好。

1. 深入研究招标文件

深入研究招标文件至关重要。企业需要仔细阅读并分析招标文件中的每一项条款,包括技术规格、评审标准、合同条件和要求。对于含糊不清或可能存在矛盾的地方,应及时向招标方提出澄清请求,以确保对企业提交的投标文件有清晰的理解和正确解读。此外,研究竞争对手历史中标情况,了解他们的优势和劣势,可以帮助企业制订出更有针对性的投标策略。

2. 精心准备投标书

投标书的准备需要精心和细致。确保投标书内容完整、准确、有条理,涵盖所有招标文件要求的信息。投标书中应包括公司简介、资质证书、项目经验和技术能力等证明文件。对于招标文件中的每一项要求,都要提供具体的证明文件,确保每一项要求都得到满足。此外,投标书格式和排版也非常重要,需要整洁、专业,以给招标方留下良好的印象。

3. 制订有竞争力的价格策略

价格策略是投标成功的关键因素之一。企业需要进行详细的价格分析和成本计算,确保报价既具有竞争力,又能保证项目的盈利空间。定价要考虑所有成本要素,包括直接成本、间接成本、利润以及风险准备金,确保报价的合理性。同时,还需要了解市场行情和竞争对手的报价,以便制订出具有优势的价格策略。

4. 完善风险管理计划

风险管理是项目成功的重要保障。企业需要识别项目实施过程中可能遇到的风险,并制订相应的风险缓解和应对措施。在投标书中包含详细的风险管理计划,展示企业对潜在问题的预见和处理能力。

5. 强化项目团队和资源配置

项目团队是执行项目的主体,企业需要确保项目团队的组成和配置是合适的。包括项目经理、技术人员、支持人员等,并描述他们的资质和经验。强调团队成员的角色和职责,展示团队的整体实力和项目执行能力。此外,企业还需要确保团队具有完成项目所需的资源。

6．建立质量保证和控制体系

质量保证和控制是项目成功的关键因素之一。企业需要制订详细的质量保证计划，包括质量标准、检验程序和控制措施。展示企业在质量管理和控制方面的成功案例，以增加招标方的信心。确保项目在实施过程中能够达到预期的质量水平。

7．细致检查投标文件

在提交投标书之前进行彻底的检查，确保所有文件都是完整的、格式正确的，并且符合招标要求。检查文件一致性，确保没有遗漏或错误，避免因为细节问题导致投标失败。此外，企业还需要对投标文件的打印、装订进行仔细关注，确保文件外观专业性。

8．积极跟进和沟通

投标后，保持与招标方的沟通是非常重要的。企业需要准备好在必要时提供额外信息。同时，关注招标结果，以便及时做出反应或准备申诉。即使在投标失败的情况下，企业也需要从中学习，为未来的招投标活动做好准备。

由此可见，在招投标活动中的责任心和专业素养至关重要。从仔细阅读招标文件、保证金支付、资质证书审核，到法定代表人身份证明、授权委托书、合同条款等，都需要投标企业认真对待。只有始终保持严谨的态度，才能在激烈竞争中脱颖而出。

7.3　诚 实 守 信

7.3.1　诚信工作

例 7-4：虚假宣传的危害。

在软件系统招标中，一家厂商为了争取中标，虚假宣传其产品具备众多功能和优势。在投标文件和 PPT 展示中，该厂商过分夸大了产品性能和实施效果。然而，在实际中标后，该厂商无法按照投标文件中承诺提供相应的产品和服务，导致项目延期，甚至影响招标方业务运营。这种行为不仅损害了招标方利益，也影响了整个行业的声誉。

诚信是企业的基石，尤其是在竞争激烈的市场环境中，诚信工作的重要性更是不言而喻。

事实上，部分企业在招投标过程中，为了争取中标而忽视诚信原则，进行虚假宣传。这种做法短期内可能会取得一定的成效，但长远来看，这种做法无疑是饮鸩止渴，对企业的发展和声誉造成极大损害。

首先，虚假宣传违反了诚信原则，损害了企业信誉。企业在招投标过程中，如果为了争取中标而夸大自己的实力,一旦被发现,将受到相关部门的处罚,严重时可能会被列入黑名单,影响市场准入。

其次,虚假宣传可能导致企业中标后无法按时完成项目,从而引发合同纠纷。企业在招投标过程中夸大自己的能力,中标后可能会面临项目实施过程中的困难,导致项目延期或质量不合格。这样不仅会影响企业的口碑,还可能为企业带来巨额经济损失。

再次,虚假宣传不利于企业形成核心竞争力。企业应该把精力放在提高自身实力、创新技术和优化管理上,而不是靠虚假宣传来争取中标。只有拥有真正的核心竞争力,企业才能在激烈的市场竞争中立于不败之地。

最后,虚假宣传有损整个行业的健康发展。如果行业普遍采用虚假宣传手段来争取中标,会导致市场竞争失衡,优胜劣汰的原则被扭曲。长此以往,整个行业的水平会不断下降,最终影响国家的经济利益。

为了避免此类情况发生,招标方在评选投标企业时,应加强对企业诚信度考察。同时,投标企业也应树立正确的竞争观念,诚信投标。这不仅是对招标方的尊重,也是对企业自身的保护。

此外,在信息技术领域,企业应注重产品研发和创新,以提升核心竞争力。在招投标过程中,实事求是地展示产品功能和优势,既能赢得招标方的信任,也有利于企业在市场竞争中脱颖而出。诚信经营,长远发展,是企业成功的基石。

总之,只有坚守诚信原则,才能在激烈的市场竞争中立于不败之地。对于企业而言,诚信不仅是一种道德准则,更是一种战略选择。诚信工作,不仅有助于提升企业品牌形象,也有利于企业建立良好的合作关系,实现可持续发展。因此,无论面临何种诱惑和压力,企业都应坚守诚信原则,以实际行动践行诚信工作。

7.3.2 诚信生活

在当今这个日新月异、快速发展的现代社会,人们对于个人品质的培养日益重视,而诚信作为个人品质的核心,已经成为社会交往中不可或缺的基石。诚信生活不仅反映了一个人的道德修养水平,更是社会主义核心价值观的具体体现,对于维护社会稳定和促进社会进步具有深远的影响。

诚信生活,简言之,就是在日常生活的方方面面,无论是对待工作、学习,还是与人交往,都能够坚持诚实守信的原则,做到言行一致,兑现自己的承诺,不欺骗、不隐瞒、不夸大其词。诚信生活要求我们在面对诱惑和压力时,仍然能够坚守道德的底线,不做出损害他人利益的行为。

诚信的重要性不言而喻。在个人层面,诚信是赢得他人信任和尊重的关键,是建立良好人际关系的基础;在企业层面,诚信是企业品牌的无形资产,是企业长远发展的根本;在社会层面,诚信是社会秩序的保障,是社会风气良好的标志。

在现代社会,诚信生活是个人道德修养的直接体现。首先,一个诚实守信的人,不仅在言行上能够得到他人信任,更能够在社会中发挥模范带头作用,引领良好社会风尚的形成。其次,诚信生活对于构建和谐社会具有重要作用。在一个普遍讲究诚信的社会中,人们之间的信任感增强,相互合作更加紧密,社会矛盾和摩擦相应减少,社会整体运行效率和稳定性提高。最后,诚信生活是传承和弘扬社会主义核心价值观的重要途径。诚信作为社会主义核心价值观的重要组成部分,是中华民族传统文化的精髓,是我们在新的历史条件下应当继续发扬光大的美德。

那么在日常生活中,我们应当如何践行诚信原则呢?

1. 坚持言行一致

努力做到说出的话和行动相符,不说过头话,不做出超出自己能力范围的承诺。对于自己能够实现的承诺,要全力以赴去完成;对于无法实现的承诺,要勇于承认并及时沟通,避免造成他人误解。

2. 诚实无欺

在与他人的交往中,保持真诚,不隐瞒真相,不有意欺骗他人。即使在面对困境和压力时,也要坚守诚信的原则,不改诚实之本。

3. 负责任的态度

无论是面对工作还是处理人际关系,都应表现出负责任的态度。对于分内的事情,要认真负责地完成;对于错误和失误,要勇于承担责任,不将责任推卸给他人。

4. 遵守法律法规

遵纪守法是诚信生活的基本要求。了解并遵守国家的法律法规,不参与任何违法乱纪行为,保护国家、社会、集体和个人的合法权益。

5. 尊重他人

在人际交往中,尊重他人的意见和感受是诚信的重要体现。不进行恶意攻击,不传播不实之言,维护良好的人际关系。

6. 传递正能量

诚信生活不仅是对自己的要求,也是对他人的影响。用自己的行为去影响和感染周围的人,传递正能量,共同营造一个诚信和谐的社会环境。

通过这些具体实践,将诚信原则内化于心、外化于行,从点滴做起,从每一件小事做起,让我们成为诚信社会的建设者和传承者,为共同构建一个更加美好的诚信社会而不懈努力。

7.4 知识产权

随着科技发展,教学管理系统在教育行业中的应用越来越广泛。为了保护教学管理系统的创新成果,软件著作权和专利申请成为关注的焦点。

例 7-5:教学管理系统的知识产权保护。

教学管理系统旨在提高教学管理效率,实现教学资源数字化、网络化和智能化。随着教育信息化的发展,教学管理系统在国内外学校和教育机构中得到广泛应用。为确保教学管理系统的创新成果得到保护,知识产权申请具有重要意义。

一方面,软件著作权是对教学管理系统原创性的保护。针对教学管理系统核心代码,开发团队可申请软件著作权。通过审核后,获得《计算机软件著作权登记证书》。此举有助于保护团队的创新成果,防止他人未经许可擅自使用或抄袭。

另一方面,专利申请是对教学管理系统创新性的保护。针对教学管理系统的创新技术方案,如独特的数据处理算法、用户界面设计等,开发团队申请了专利。在经过专利审查后,有望获得专利授权,进一步增强团队在市场竞争中的优势。

此外,在申请产权保护时,需要提供相关文档和材料,并按照法律规定进行申请。同时,也需要关注著作权和专利的有效期,以及可能维护要求,以确保系统创新成果长期保护。

通过知识产权申请,可以有效保护教学管理系统的创新成果。在专利保护期内,学校有权阻止他人未经允许使用该教学管理系统,或者对其进行更改、复制、传播等行为,防止他人侵权或盗用,这有助于学校在教育信息化领域保持竞争优势。

例 7-6:软件复用与知识产权纠纷。

软件复用是指在软件开发过程中,将已有的代码、模块或其他部分应用于新的项目中,以提高开发效率、减少重复劳动。然而,软件复用也可能涉及知识产权纠纷,尤其是在未妥善处理原有知识产权的情况下。

某软件公司(甲公司)开发了一款名为 A 的专业软件,并拥有该软件的著作权。随后,甲公司将其部分代码和模块授权给另一家软件公司(乙公司),用于开发乙公司的 B 软件。在乙公司开发 B 软件的过程中,部分使用了甲公司授权的代码和模块。

后来,甲公司发现乙公司在未经许可的情况下,将甲公司软件中独创性的代码和模块直接应用于其销售的 B 软件中,构成了侵权行为。于是,甲公司将乙公司告上法庭,要求乙公司停止侵权、赔礼道歉并赔偿损失。

在例 7-6 中，甲公司拥有 A 软件的著作权，乙公司在未经许可的情况下使用了甲公司独创性的代码和模块，侵犯了甲公司的知识产权。法院在审理此案时，认定乙公司的行为构成侵权，遂判决乙公司承担法律责任。

为了避免类似的知识产权纠纷，建议在软件复用过程中，各方签署明确的知识产权转让或授权协议，明确约定使用范围、期限和权利义务，以确保在法律框架下合法地进行软件复用。同时，在使用他人知识产权时，要尊重原作者的权益，避免侵权行为。在我国，知识产权保护法律法规不断完善，对侵权行为的打击力度也在加大，例如，《中华人民共和国著作权法》《中华人民共和国计算机软件保护条例》等法律法规为知识产权保护提供了有力支持。此外，我国还积极参与国际知识产权保护合作，加强知识产权领域的国际交流。

软件开发者在进行软件复用时，签署明确的知识产权转让或授权协议是确保合法合规的重要措施。这些协议可以帮助各方明确使用范围、期限和权利义务，从而降低知识产权纠纷的风险。此外，尊重原作者的权益、避免侵权行为，也是软件复用中必须遵守的原则。

总之，重视知识产权问题、遵守法律法规是预防纠纷的关键。随着新技术在知识产权保护领域的应用逐渐成熟，将为产权纠纷提供更加安全、高效的解决方案，助力我国知识产权保护工作迈向新高度。

7.5 实践训练

结合下列描述开展招投标、答辩模拟。

1．模拟招标书撰写：模仿例 7-1 中的招标书，编写一个校园网站内容管理系统的招标书。该招标书应包括项目背景、需求分析、功能模块描述、技术参数要求、投标资质要求、投标文件组成、评标方法等内容。

2．招标流程模拟：组建一个模拟招标小组，分配角色，如招标人、投标人、评标专家等。模拟整个招标流程，包括招标公告发布、投标文件递交、开标、评标、中标公示等环节。

3．投标文件准备：根据模拟招标书，准备投标文件，包括投标函、投标方案、项目团队介绍、相关证明材料等。

4．模拟评标：组织模拟评标会议，评标专家根据招标文件要求，对投标文件进行评审。评选出中标候选人。

5．模拟中标公示：根据评标结果，进行中标候选人公示，并模拟中标通知书的发放。

6．模拟答辩：由中标候选人进行项目答辩，招标人提出问题，中标候选人进行回答。

7．实践总结：对模拟过程进行总结，分析存在的问题，并提出改进措施。

通过以上模拟实践，加深对招投标流程的理解，掌握招标文件撰写、投标文件准备以及评标答辩的要点。

第 8 章 答辩与细节管理

投标前期准备工作完成后有一些项目需要现场答辩。配合精美的 PPT 展示,进行自信、张弛有度的现场讲解和答辩,是投标方展示实力的关键环节。本章主要讨论答辩 PPT 制作和答辩现场注意事项,强调细节管理、注重形象礼仪的重要意义,为以更佳状态投入工作生活提供帮助。

知识目标:
- 初步掌握 PPT 制作技巧;
- 思考细节对工作生活的影响;
- 了解职场交往中的礼仪;
- 了解答辩注意事项。

实践目标:
- 熟练使用工具软件制作答辩 PPT;
- 掌握避免工作中粗心的方法;
- 能够自信、自如地进行答辩、讲解;
- 塑造良好的职场礼仪形象。

素质目标:
- 培养严谨的工作态度和工作作风;
- 重视礼仪规范,传承礼仪文化。

8.1 答辩 PPT 制作

8.1.1 PPT制作技巧

例 8-1:教学管理系统答辩 PPT。

大纲目录如下。
1. 封面
(1) 投标公司名称。

(2) 项目名称。

(3) 答辩人信息。

2. 目录

(1) 投标公司简介。

(2) 项目背景与目标。

(3) 项目方案与架构。

(4) 项目实施与售后服务。

(5) 项目报价。

(6) 联系方式。

3. 内容

(1) 投标公司简介。

① 公司成立时间。

② 主营业务与企业文化。

③ 类似项目成功案例。

(2) 项目背景与目标。

① 教育信息化发展趋势。

② 贝塔学院教学管理需求。

(3) 项目方案与架构。

① 系统功能模块详细介绍。

② 技术架构与技术优势。

(4) 项目实施与售后服务。

① 项目实施流程与时间安排。

② 系统培训与售后服务。

(5) 项目报价。

① 基础版与高级版报价方案。

② 报价依据与注意事项。

(6) 联系方式。

① 公司电话。

② 邮箱。

③ 公司网址。

4. 结尾

(1) 感谢领导与评审老师的关注与支持。

(2) 期待与贝塔学院合作共赢。

在当前职场环境中，PPT 已经成为一种重要的沟通和展示工具。无论是工作说明、述职报告、产品展示、项目汇报还是教学培训，PPT 都发挥着至关重要的作用。因此，掌握一些 PPT 制作技巧，让我们的演示更加简洁、清晰、有吸引力，显得尤为重要。制作答辩 PPT 时需遵循以下原则。

1．简洁性

在制作投标答辩 PPT 时，应尽量避免过于复杂的页面布局和冗长的文字。简洁的设计可以帮助评审人员快速抓住重点，理解教学管理系统的能力和特点。同时，去除不必要的装饰元素，让 PPT 更加聚焦于内容本身。

2．易读性

确保 PPT 中文字大小适中、颜色对比度高，以保证评审人员容易阅读。保持图片和图表的清晰度，有助于评审人员更好地理解教学管理系统的功能和优势。使用常见的字体类型和大小，提高 PPT 易读性。

3．快速加载

PPT 加载速度对评审人员的体验有很大影响。若加载速度过慢，可能会影响评审人员对教学管理系统的好感度。因此，要确保 PPT 加载速度快，适配各种设备，提供良好的评审体验。

4．一致性

制作 PPT 时，应遵循统一的设计风格和配色方案，以增强整体协调性和美观性。一致性还包括元素的大小、形状和排列方式的一致性，这有助于评审人员更快地熟悉 PPT 结构。

5．优化布局

PPT 中页面元素间距和排版对评审人员阅读体验有很大影响。合理的布局可以使 PPT 更加美观，提高评审人员阅读体验。优化布局的方法包括使用网格系统、保持足够的空白、合理排列元素等。

6．适当使用动画和交互效果

适当使用动画和交互效果可以增加 PPT 趣味性和互动性。但是，过度使用会分散评审人员的注意力，影响评审体验。根据教学管理系统的具体需求和评审人员的体验，决定是否使用动画和交互效果。

7．考虑用户需求和行为

在制作 PPT 时，应考虑到评审人员的需求和行为。合理布局页面元素，提供便捷的导航和操作方式，可以帮助评审人员快速找到所需信息并完成评审。了解评审人员的需求和行为,可以更好地指导 PPT 制作。

8．注重可访问性

PPT 内容应适用于所有用户,通过确保文本大小可调、颜色对比度足够高、提供替代文本等方式来实现可访问性。

9．进行页面测试和优化

进行页面测试和优化可以确保 PPT 在不同设备和浏览器上表现良好,提高评审人员满意度。测试应包括对页面在不同设备和分辨率下的显示效果、交互功能和加载速度的检查,并根据测试结果进行相应优化。

10．持续关注设计趋势和用户需求变化

设计趋势和用户需求不断变化,持续关注这些变化,并不断优化和改进 PPT 制作,可以提升评审体验。设计师需要保持学习和创新,以适应不断变化的设计环境和用户需求。

8.1.2　PPT制作步骤

在进行教学管理系统答辩 PPT 制作时,可以结合以上提到的 PPT 制作技巧,遵循以下具体操作步骤。

1．明确答辩目的和主题

首先要明确教学管理系统的功能、优势和应用场景,以便在答辩过程中能够清晰地传达这些信息。思考以下问题:教学管理系统解决了哪些问题?带来了哪些改进?用户如何受益?

2．准备答辩资料和信息

收集与教学管理系统相关的资料,如研究背景、需求分析、系统设计、实现方案、测试结果等。将这些信息进行整理和归类,以便在制作 PPT 时能够方便地查找和引用。

3．制作答辩 PPT 的大纲

根据答辩内容和要求,制作详细大纲,确保 PPT 内容有条理、清晰明了。

4．设计 PPT 的整体风格和布局

选择合适的 PPT 模板和布局,确保主题和风格与教学管理系统的特点相匹配。可以考虑使用简洁、大方、专业的模板,以及统一颜色搭配和字体样式。

5. 编写幻灯片内容

根据大纲编写每张幻灯片的内容，注意简洁明了、有条理、易于理解。可以使用图表、图片等元素来展示研究成果和数据。特别注意以下几点。

- 每张幻灯片标题要简洁明了，突出主题。
- 尽量用简短的文字表达观点，避免长篇大论。
- 使用图表、图片等元素来展示数据和成果，提高视觉效果。
- 在关键地方使用注释或说明，帮助观众更好地理解内容。

6. 设计动画和过渡效果

适当使用动画效果，使PPT更加生动有趣，但要注意不要过度使用，以免分散观众注意力。可以选择合适的动画效果，如滑动、缩放、旋转等，使内容展示更加自然和流畅。

7. 审查和修改

在提交答辩PPT之前，仔细检查内容、排版和动画效果，确保无误。可以请同事或导师帮忙审阅，提出修改意见。重点关注以下信息。

- 检查内容的完整性和准确性，确保没有遗漏重要信息。
- 检查排版和布局，确保文字、图片等元素排列合理，易于阅读。
- 检查动画效果，确保自然、流畅，不会分散观众注意力。
- 检查演示文稿整体风格和设计，确保与教学管理系统相匹配。

8. 练习演讲

在答辩前多加练习演讲，熟悉PPT内容和顺序，确保在答辩过程中能够流畅地表达自己的观点。在练习过程中，注意以下几点。

- 熟悉PPT的结构和内容，确保能够自如地切换和讲解不同部分。
- 注意语速和语调，保持清晰、简洁的表达方式。
- 提前准备一些应对问题的回答，以便在答辩过程中能够迅速作答。

9. 准备答辩演示

根据答辩要求准备教学管理系统的演示环节，如系统演示、功能展示等。在演示过程中，重点突出教学管理系统的关键功能和特点，要简洁明了，尽量避免冗长的解释。

10. 调整和完善

根据练习演讲过程中的反馈，对PPT进行进一步的调整和完善，以提高答辩效果。可以考虑以下方面。

- 针对观众提出的问题，补充相关内容和解释。

- 根据观众反馈调整PPT结构和内容，使其更加清晰易懂。
- 进一步完善动画效果和过渡效果，使PPT更加生动有趣。

综上所述，一份内容丰富、结构清晰、专业美观的教学管理系统答辩PPT，结合自信、流畅、出色的演讲，是说服评审团、成功推进项目的重要因素。在答辩过程中，除了展示PPT内容，还需要灵活应对评审团的提问，提出自己的见解和解决方案，展现自己对项目的深入理解和独到见解，并增加评审团对自己的信任度。

8.2 答辩细节处理

8.2.1 细节的重要性

例 8-2：教学管理系统答辩 PPT 细节处理。

前面提到的教学管理系统共有A、B、C、D、E五家厂商参与竞标。为了让评委更加了解公司的产品优势，要求各家公司制作一份竞标答辩PPT。

PPT制作过程中也出现了一系列的细节问题。

1．封面设计

在封面设计上，公司A、B、C采用了模板，设计风格较为雷同，缺乏创意。而公司D、E则采用了个性化设计风格，视觉效果更佳。在这种情况下，评委在第一印象上可能会更倾向于D、E公司。

2．产品介绍

在产品介绍部分，公司A、B、C虽然详细介绍了产品的功能和特点，但缺乏实际案例和数据支撑。公司D、E则提供了详细的客户评价和成功案例，使得产品优势更加可信。

3．系统优势

在阐述系统优势时，公司A、B、C虽然提到了一些创新点，但表述不够清晰，无法突出亮点。而公司D、E则通过图文并茂的方式，直观地展示了其产品在技术、服务、升级等方面的优势，更具说服力。

4．竞品分析

在竞品分析部分，公司A、B、C虽然对竞品进行了一定程度的剖析，但分析力度不够深入，缺乏针对性。公司D、E则针对竞品的不足，有针对性地提出了自身产品的优势，更具竞争力。

5．售后服务

在售后服务部分，公司A、B、C虽然承诺提供一年免费售后服务，但未详细说明服务内容。公司D、E则明确列出了售后服务的具体内容，包括培训、技术支持、升级等，让评委更加放心。

6. 价格策略

在价格策略部分，公司 A、B、C 虽然给出了较为优惠的价格，但未说明优惠政策的具体细节。公司 D、E 则明确了优惠政策，包括折扣、免费试用期等，更具吸引力。

7. 结束语

在结束语部分，公司 A、B、C 的表述较为简单，仅表示希望能够合作。而公司 D、E 则采用了更为热情洋溢的表述，表达出对合作的强烈渴望，使评委感受到其诚意。

哪家公司竞争力更强呢？

在教务管理系统竞标答辩 PPT 制作过程中，公司 A、B、C 在某些细节问题上存在不足，如封面设计、产品介绍、售后服务等方面。而公司 D、E 则在多个方面表现出优势，如视觉效果、案例展示、竞品分析等。这使得 D、E 公司在竞标答辩中具有更强的竞争力。

由此可见，答辩 PPT 细节管理对于答辩的成败具有重要意义。它不仅体现了答辩者的专业性和对答辩工作的重视程度，还影响着答辩者的表达能力和听众的理解程度。通过合理的布局、精心设计的结构、准确的内容表述和恰当的视觉元素，帮助答辩者清晰地展示，使听众更容易跟随答辩者的思路，提高信息传递的效率，增强答辩内容的说服力，从而提升答辩整体效果。在 PPT 制作中注重细节处理，提高设计水平，是充分展示产品核心竞争力的重要一环，可大大提高公司在竞标中的胜算。

8.2.2　IT 细节管理

例 8-3：欧米伽商贸有限公司 CRM 系统中的 IT 细节管理。

随着市场竞争的加剧，企业管理客户关系的重要性日益凸显。为了提高销售业绩，提升客户满意度和售后服务质量，欧米伽商贸有限公司决定搭建一套 CRM 系统，以优化公司销售、客户服务和售后支持等业务流程。但在实施过程中，由于 IT 细节管理不善，引发了一系列问题。

1. 系统兼容性问题

在引入 CRM 系统后，公司发现部分原有的业务系统与 CRM 系统无法顺畅对接，导致数据传递不畅，影响了业务流程的顺畅运行。

2. 操作便利性不足

部分员工对 CRM 系统的操作界面表示不满，认为其复杂且不易上手，导致使用效果不佳，甚至影响了日常工作效率。

3. 系统安全性隐患

由于 IT 部门在系统部署时未对权限管理进行细致规划，导致部分敏感数据可能面临泄露风险。

4．系统维护不到位

在 CRM 系统运行过程中出现了若干故障，但 IT 部门响应速度慢，导致问题得不到及时解决。

从例 8-3 中可以看出，在当今的商业环境中，IT 细节管理对于企业的重要性不容忽视。它对业务效率的提高、客户满意度的增强、售后服务质量的提升，都有非常积极的推动作用。对于欧米伽商贸有限公司而言，实施 CRM 系统的初衷就是为了提升销售业绩，然而系统兼容性、操作便利性、安全性以及维护等方面的问题，却成了其实现目标的障碍。

系统兼容性问题可能导致企业现有系统的功能受限，操作便利性问题会影响员工的工作效率，安全问题会威胁到客户数据的保密性，而系统维护不足则会使 CRM 系统的效能大打折扣。

针对以上问题，欧米伽商贸有限公司应从以下几个方面加强 IT 细节管理。

1．充分调研和评估

在引入 CRM 系统之前进行充分的市场调研和评估，选择与公司现有业务系统兼容性强、操作简便的 CRM 系统。

2．加强培训与支持

欧米伽商贸有限公司在引入 CRM 系统后，应立即组织定期的培训课程，以帮助员工熟悉和掌握系统的操作方法。这些培训应涵盖系统的各个方面，从基本的数据输入到高级的报告生成。考虑到不同员工的工作职责和使用 CRM 系统的不同功能，培训应分类开展。还应提供在职辅导和实操练习，以便员工在实际工作中应用所学技能。此外，IT 部门应设立一个帮助台，确保员工在遇到问题时可以得到及时的答案。

3．完善权限管理

在系统部署时，IT 部门应制订一个详细的权限管理策略，确保只有授权员工才能访问敏感的客户数据和商业信息。这包括为不同的角色员工设置不同的访问级别，定期实施权限审查，以确保任何权限变更都与员工工作职责保持一致。此外，教育员工意识到数据安全的重要性，确保他们了解、掌握如何正确地处理敏感信息。

4．加强系统维护与更新

IT 部门负责定期维护 CRM 系统，包括软件更新、硬件检查和性能优化。制订一个明确的维护计划，确保系统得到及时保养和修复。对于任何系统故障或性能问题，有一个快速响应和修复流程。此外，IT 部门应与供应商保持沟通，及时了解和应用最新的系统升级和功能增强，这不仅有助于提高系统性能，还能确保公司利用最新技术来增强其业务流程。

IT 细节管理在现代企业中发挥着极其重要的作用。这项工作包括定期进行系统维护、升级和备份。此外,对潜在的安全风险进行评估和预防也是重要的一环,以确保企业的 IT 系统稳定运行,防止因系统故障或安全漏洞而造成损失。

在数据管理和分析方面,细节管理同样至关重要。通过对数据严格管理和深入分析,企业能够更准确地把握市场需求,优化业务流程,提高决策效率,从而确保数据的准确性、完整性和及时性,为企业提供可靠的数据支持。

在 IT 项目中,细节管理还关注用户体验,包括界面设计、功能实现和操作流程等方面。优秀的用户体验能提升用户满意度,降低用户流失率,从而增强企业市场竞争力。

此外,细节管理还体现在项目实施过程中的沟通与协作,确保团队成员之间信息传递畅通无阻,提高项目执行效率。通过这些细节管理措施,企业确保其 IT 资源有效利用,进而支持其整体业务成功。

8.3 第一印象和形象礼仪

注重形象是对工作负责的最基本体现。一旦踏上工作岗位,一言一行代表了单位形象,不注重形象就是对岗位、所在单位不负责任的一种表现。形象和礼仪是相辅相成的,没有人喜欢不讲礼貌的人,良好的形象、礼仪是一个职业人的必修课程。下面我们就一起探讨职场形象礼仪相关内容。

8.3.1 第一印象

行为心理学家曾做过一个实验,证明了人们接触时开始 4 分钟是形成知觉至关重要的时间段。这 4 分钟的知觉如何,会影响到以后一个相当长时期的交往,甚至影响交往的全过程。这种第一印象知觉效应,心理学上叫"晕轮效应"。在高度开放的信息时代,也许你正在谋求一份工作,也许你正代表公司与对方谈一笔生意,第一印象非常重要,甚至会成为决定是否成功的一个潜在因素。

在招标答辩现场,评委对投标单位的第一印象也尤为重要。正如行为心理学家所做实验证明的,人们在初次接触时的 4 分钟内,往往能够形成对对方的总体印象。这种印象将极大地影响到评委后续评判标准和双方可能交往过程。投标单位应充分利用这 4 分钟时间,充分展示专业素养、项目优势和沟通能力。通过精彩的答辩表现,给评委留下深刻的第一印象,为后续评选过程打下坚实基础。在激烈的市场竞争中,一个良好的第一印象往往能够助力投标单位脱颖而出,赢得评委信任和支持。

在与客户打交道的过程中,第一次留下良好的印象也非常重要,甚至会决定你的事业日后能否取得成功。那么,如何做到在第一次见面时给人留下良好的印象呢?

(1)衣冠楚楚，整齐利落。衣着不仅是为了保暖，同时也表达了对身边人的尊敬，一个连形象都不利落的人，别人怎么能够放心与你合作呢？IT从业人员办公环境整洁、有序是基本要求，只有这样才能表明你的项目是有条不紊的。

(2)彬彬有礼，坦然果断。俗话说"礼多人不怪"，在与客户交往过程中，有礼貌会使人觉得你有修养，能够放心地与你合作。果断也非常重要。

(3)面带微笑，真诚动人。微笑能够减少对方的敌意，使沟通更加简单，用诚心打动对方。

(4)幽默风趣，举止有度。与客户沟通经常会出入不同场合，言行举止适度就显得非常重要，言谈机智风趣但又不落俗套，在沟通过程中，让对方觉得如沐春风。

8.3.2 员工形象

例8-4：教学管理系统招标答辩现场的形象礼仪问题。

教学管理系统项目招标共有甲、乙、丙、丁四家单位入围答辩环节。在答辩当天，各家单位的代表依次上台展示投标方案。

甲单位代表：穿着正式，但西装皱巴巴的，领带松垮，给人一种不太重视的感觉。答辩过程中，他语气急促，不时看稿子，显得不够自信。

乙单位代表：穿着得体，仪态端庄。在答辩过程中，她用词严谨，条理清晰，与评委互动良好。但她在回答问题时，偶尔会露出紧张的表情。

丙单位代表：穿着过于随意，给人一种不够专业的印象。答辩过程中，他表现得很自信，但有时会过于热情，让人觉得有些炫耀。

丁单位代表：穿着整洁，在答辩过程中，他稳重、沉着，对项目细节了如指掌。在回答问题时，他能够深入浅出地阐述观点，给人留下深刻印象。

在本次招标答辩中，甲、丙单位的代表在着装和举止上存在不足，给评委留下了不够专业的印象；甲、乙单位的代表在答辩过程中表现出一定的紧张情绪，影响了表达效果。而丁单位的代表在形象、答辩风格和沟通能力上表现出色，给人留下了深刻的印象。

由此可见，在招标答辩等重要场合，个人形象礼仪不容忽视，个人形象礼仪对投标单位的竞争力具有重要意义。一个得体、专业的形象，不仅能展示投标单位的专业素养，还有助于提高投标单位在评委心中的分数。因此，在答辩过程中，代表们应注重个人形象、仪态、沟通技巧等方面的表现，以提高中标概率。

形象礼仪是指个人的外表装束和礼节仪态，亦指某个团体的整体风貌和礼节仪式。形象礼仪的高低往往反映出一个人教养、素质的高低，是维系人们正常交往的纽带。

在工作中，员工的形象主要包括思想形象、意志形象、能力形象和气质形象四个方面。

(1)思想形象首先就是要遵守社会公德，具备社会公民应有的道德感和责任感，最近几年涌现的最美教师、最美公交司机等,就是具备高尚思想形象的代表。在企业中,要能够树立为公司谋利益、求发展,在困难面前敢于负责、不逃避的思想。

(2) 意志形象是一个人性格品质的反映,包括对工作的事业心、进取心,对组织的责任感、认同感,对自己的控制力,对别人的包容等。拥有良好意志形象的人,能够在工作中如鱼得水,轻松处理好工作中遇到的问题。对工作有高度积极性,能够主动负责,并且积极开拓进取,同时相信自己的能力,不向困难和挫折屈服,有了成绩也不居功自傲,而是发扬团队意识。

(3) 能力形象反映了一个人的能力和智慧,一个在工作中能力形象高的人,一般具有以下几个特点:一是办事效率高,能够及时、准确、科学地处理问题,面对问题及时处理,时间观念强;二是对工作把握能力较强,能够对问题进行正确分析,头脑清醒、思路清晰;三是在工作中有创造性,在工作中能够运用新方法,有想象力,善于总结经验、开拓创新;四是在工作中有较强的执行力,能够想方设法完成自己的工作;五是善于表达,能够和同事、客户、领导进行良好的沟通和交流。

(4) 气质形象是一个人外在的表现,包括衣着、打扮和行为举止。气质形象是由个人的性格、知识素养和生活阅历等综合因素构成的。

一个优秀员工应具备良好的思想、意志、能力和气质形象,以全面提升自身综合素质,为公司创造价值,实现个人与企业的共同发展。在日常工作中,员工需不断修炼自己,努力提升这四方面的形象,以成为企业所需的优秀人才。

8.4 实践训练

1. 结合自己的实际,制作一份未来职业规划 PPT。
2. 讨论细节管理的重要性。
3. 谈谈你对注重细节和追求完美的理解。
4. 聊聊参加公司年会和同学聚会对形象礼仪要求的不同。

第 9 章　执行力与项目执行

假设阿尔法公司成功中标,接下来进入项目实施阶段,此阶段执行力发挥着举足轻重的作用。通过加强项目管理,提升项目执行力,科学合理安排项目进度,充分高效利用项目资源,可以有效促使项目战略落地,最大程度保证项目顺利开展。强大的执行力是决定项目成功的关键,能够帮助个人和组织在竞争中获取竞争优势,成为社会竞争中的赢家。本章主要讨论执行力的重要性,对执行不力的后果和原因进行深入剖析,指出找借口对组织的不良影响,随后给出提高执行力的有力措施,为项目实施和控制提供保障。

知识目标:
- 了解执行力的内涵和外延;
- 了解什么是个人执行力;
- 明确影响个人执行力的因素;
- 思考提高执行力的途径。

实践目标:
- 提高个人和项目执行能力;
- 改变不思进取、推卸责任、爱找借口的不良习惯。

素质目标:
- 培养坚持不懈、持之以恒的优良品质;
- 培养自律、找方法不找借口、有担当的好品质。

9.1　个人执行力

9.1.1　个人执行力的价值

个人执行力是衡量一个人在既定时间内,通过有效利用和整合各种资源,实现目标的能力,包括完成任务的能力、完成任务的速度以及完成任务的效果。个人执行力是连接个人战略与结果的关键环节,是将个人战略、规划、决策转换为具体行动和成果的核心能力。

在个人发展中，执行力扮演着至关重要的角色，它不仅是实现个人目标的驱动力，也是提升工作效率和竞争力的关键因素。

1．实现个人目标

个人执行力是实现个人目标的关键。拥有强大执行力的个人，能够坚定目标，制订计划，并克服困难，最终实现目标。

2．提高工作效率

通过提高个人执行力，可以提高工作效率。执行力强的人能更好地管理时间，合理分配任务，高效利用资源，从而提高工作效率。

3．增强个人竞争力

在竞争激烈的环境中，个人执行力强的优势尤为明显。执行力强的人能够更好地应对工作中的挑战，把握机会，从而增强自身竞争力。

4．促进个人成长

个人执行力的提升有助于自身更好地实现职业目标，提升职业素养，促进个人成长。执行力强的人，能够在工作中更好地展现自己的能力，获得更多机会，从而实现个人价值提升。

5．增进团队合作

在团队环境中，个人执行力强的优势也会得到凸显。执行力强的人能够更好地配合团队工作，提高团队效率，从而增进团队合作。

6．优化个人资源

执行力强的人能更好地利用资源，实现资源最优配置。在资源有限的情况下，执行力强的人能够更好地实现目标，提高资源使用效率。

综上所述，个人执行力不仅能帮助实现个人目标，提高工作效率，增强个人竞争力，促进个人成长，还能增进团队合作，优化个人资源。因此，提升个人执行力是每个人都应该关注和努力的方向。

9.1.2 个人执行力不足的弊端

例 9-1：教学管理系统开发交付问题。

为贝塔学院新开发的教学管理系统上线后，发现交付的基础模块存在一些漏洞，同时交付的业务模块与贝塔学院现有业务流程不符。

具体来说，贝塔学院发现在某些情况下，系统会出现崩溃或数据丢失的情况。经过进一步调查，发现产生这些问题的原因是基础模块中存在一些漏洞。例如，在用户管理模块中，删除用户时没有正确处理与课程、成绩等数据的关联，导致数据丢失。此外，贝塔学院现有业务流程中，学生成绩由教师录入，然后由教务管理员审核。然而，在新开发的教学管理系统中，学生成绩录入和审核功能被设计为同一角色操作，这与学院现有业务流程不符，导致教务管理员无法正常进行成绩审核，影响教学管理工作的进行。

在案例中，教学管理系统开发交付问题的出现，暴露了个人执行力不足所带来的多重挑战。

首先，由于项目成员缺乏对项目的责任感和敬业精神，代码编写和测试不够精细，导致系统出现大量漏洞。这些漏洞不仅影响了系统的稳定性和可靠性，还可能导致数据丢失和系统崩溃，严重干扰了贝塔学院的正常教学管理工作。

其次，技能和能力的不足直接影响了项目的进度。项目成员在某些领域的专业知识不足，对项目所使用的技术和工具不熟悉，导致无法高效地完成项目任务。这不仅导致了项目进度的延误，还可能影响到项目的整体质量和最终成果。

再次，沟通和协作能力的不足也是导致问题的重要原因。项目成员之间存在沟通障碍，信息传递不畅，使得开发团队无法准确理解贝塔学院的实际业务流程，进而影响了系统设计的准确性。这种沟通不畅不仅浪费了时间和资源，还可能导致项目目标和需求的偏差，进一步影响项目的顺利进行。

此外，面对困难和压力时，项目成员缺乏解决问题的能力和决心，导致项目进度受到影响。这种应对困难和压力能力的缺乏不仅使项目成员在面对挑战时束手无策，还可能影响到整个团队的士气和动力。

最后，缺乏自我管理和时间管理能力也是导致项目进度拖延的原因之一。项目成员对任务优先级和截止日期的把握不当，对个人工作安排不合理，导致项目任务拖延，影响了项目的整体进度。

个人执行力缺乏还会带来一系列深远的负面影响。

首先，在职业发展方面，缺乏执行力导致个人无法抓住机遇，错失晋升和发展的机会。执行力强的人能够迅速抓住机会，做出决策并采取行动，而执行力不足的人会犹豫不决，导致错失良机。此外，缺乏执行力的人难以在竞争激烈的职场中脱颖而出，因为执行力是衡量一个人职业能力的重要指标。

其次，在团队合作中，缺乏执行力会导致团队成员之间的信任和协作能力下降，影响团队的整体效率和效果。执行力强的人能够与团队成员进行有效的沟通和协作，共同解决问题；而执行力不足的人会影响团队的整体效率和效果。在团队合作中，一个人的执行力不足会拖累整个团队，影响项目的进展和成果。

最后,在市场竞争中,缺乏执行力会导致团队和个人无法快速响应市场变化,从而失去竞争优势。执行力强的人能够迅速适应市场变化,做出决策并采取行动;而执行力不足的人可能会错失市场机会,失去竞争优势。在激烈的市场竞争中,一个人的执行力不足会导致团队或个人在竞争中败北,无法实现预期的商业目标。

综上所述,个人执行力缺乏对工作、学习、创业和生活等各个方面都可能产生负面影响。因此,提升个人执行力对于实现个人和团队的目标至关重要。

9.2 提高个人执行力

9.2.1 个人执行力培养

个人执行力的高低取决于其本人是否有良好的工作方式与习惯,是否熟练掌握管人与管事的相关管理工具,是否有正确的工作思路与方法,是否具有执行力的管理风格与性格特质等。

一般来讲,具有以下特征的人具有较高执行力。

(1) 自动自发地完成工作。"知之者不如好之者,好之者不如乐之者",无论面对的环境如何,都能够积极地完成任务。

(2) 注重细节。对于大多数常规任务来讲,标准或规则越详细,执行效率越高。

(3) 为人诚信。严格按照标准完成工作,"言必信,行必果",敢于负责,不怕失败,不怕承担责任。

(4) 善于分析判断,应变力强。信息化时代,重复性、机械式的工作大多数由机器自动完成,人们主要处理复杂的、变化的、不确定性的事件,必须提高分析判断能力,才能更好地执行。

(5) 坚持学习,追求新知,具有创意。未来文盲不是不识字的人,而是没有学会怎样学习的人。学习能力、思维能力、创新能力是构成现代人才体系的三大能力,学习能力又是最基本、最重要的第一能力,没有善于学习的能力,其他能力也就不可能存在,因此也就很难去具体执行。

(6) 全心全意投入工作。人的精力有限,如果总是让无关紧要的事情来分散你的精力,很难取得成功。

(7) 能够坚韧不拔地完成工作。"锲而舍之,朽木不折;锲而不舍,金石可镂。"

(8) 具有较高的沟通和协调技巧。有团队精神,人际关系良好。

(9) 求胜的欲望强烈。欲望越强,情绪就越高,意志就越坚定,强烈的求胜欲望可以使人的能力发挥到极致,为事业的成功献出自己的一分力量。

那么，对于个人而言，如何提升自己的执行力呢？

首先，塑造积极向上，具有较高执行力的性格。性格是指表现在人对现实的态度和相应的行为方式中的比较稳定的、具有核心意义的个性心理特征，是一种与社会最密切相关的人格特征。性格具有18种基本的性质。

(1) 开放性：描述是否愿意与人交往，注重和谐发展。

(2) 完美性：描述追求完美，重视目标计划的程度。

(3) 较真性：描述对事物的钻研和完善程度。

(4) 认知性：描述是否重视积累知识，包括聪明程度。

(5) 成就性：描述是否注重成就的程度。

(6) 力量性：描述是否愿意支配和影响他人。

(7) 浪漫性：描述浪漫程度。

(8) 给予性：描述是否愿意给予他人，包含仁爱、慈孝、正义等。

(9) 活跃性：描述情绪的兴奋和活跃程度。

(10) 形体性：描述形体特征的状况以及重视享受的程度。

(11) 疑惑性：描述是否倾向于探究他人的动机。

(12) 随和性：描述和平、随和与安静的程度。

(13) 传统性：描述对传统的坚守程度。

(14) 自由性：描述重视自由的程度。

(15) 智慧性：描述创造能力、智慧程度。

(16) 想象性：描述重视想象、追求至善的程度。

(17) 多面性：描述性格的复杂程度。

(18) 多变性：描述机敏的程度。

很显然，越是具有与较高执行力相吻合的性格，越是能够具有较高的执行力，因此在提升个人执行力时，第一要素就是提升个人的性格特质，让自己变成一个具有较高执行力性格的人，这样才能从根本上提高执行力。

其次，利用科学的工作方法，提高自己的工作执行力。做好时间与日程管理，执行力高的人总是能够规划好自己的任务，工作非常有条理性。适当地授权，每个人的时间、精力都是有限的，充分信任别人，让每个人发挥出自己的作用。利用好备忘录等工具，最好是能够有一个笔记本，随时随地提醒自己的工作。随着信息技术的发展，有很多记事系统、记忆系统等，这些工具都能够很好地帮助提升执行力。

再次，提升个人执行力需要靠一定的人格魅力。人格是一种具有自我意识和自我控制能力以及感觉、情感、意志等机能的主体，人格主要是指人所具有的与他人相区别的独特而稳定的思维方式和行为风格。人格魅力则是指一个人在性格、气质、能力、道德品质等方面具有的很能吸引人的力量。诚信、尊重别人、自信等这些都是组成人格魅力的优秀因素,尤其对于一个领导人,人格魅力越强,则执行力越强。

最后,提升执行力是一个长期的过程。执行力提升需要不断的坚持与反馈,正如性格和人格魅力的培养不是一蹴而就一样,执行力也是在不断的改进中提升的。人的执行力如同人的事业一样,总是有一个提升、平稳、再提升的时期,如图 9-1 所示。通过图 9-1 可以看到,我们在提升执行力一段时间以后,执行力会发展到一个高原阶段,在这个高原阶段中不断积累,通过这种积累促使向执行力的另外一个高峰攀进。

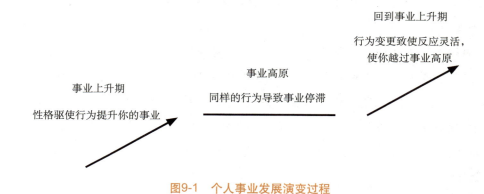

图9-1　个人事业发展演变过程

9.2.2　领导力与执行力

首先,领导必须要勇于承担责任。当自己分管的部门出现问题时,主动承担责任,从自身的管理中寻找原因,这自然会给员工一种积极的力量。

其次,领导将主要精力放在引导员工身上。作为企业的管理者,应该负起启发下属员工主动学习的职责。也许公司的培训部门可以利用一些工具为员工进行培训,或者为他们提供一些学习机会,但是大多数的知识需要员工在平时工作中不间断地学习获取,所以启发和引导员工也是一名管理者的重要职责。

再次,培养组织内部的团结精神,活跃工作氛围。对企业来说,团结有助于提升企业的工作效率,形成良好的企业文化,企业内部的团结也就是我们常说的凝聚力与团队精神,这是一种能够推动企业发展的巨大力量。民族团结有助于国家的安定、人民生活的幸福,这也是民族自尊心和自豪感的来源。

最后,要有使命感。对于一个企业来讲,最重要的是其核心竞争力。竞争力泛指一个企业在激烈市场竞争中的综合能力(包括市场拓展力、产品创新力等)。而核心竞争力是指企业在同行业中所具有专业性最强的竞争力。核心竞争力强的企业往往很"专一",不一定是大企业,而是有希望、效率高、适应市场快的企业。

9.3 项目执行力

9.3.1 项目执行力的价值

例 9-2：教学管理系统开发和部署过程管理。

在教学管理系统开发和部署过程中，项目实施和执行的成功取决于多个关键环节。首先，通过将需求分析阶段得到的功能需求转换为具体系统架构、数据库设计和界面设计，保证系统整体结构和功能布局合理、高效。其次，在测试和优化阶段，发现并修复系统中的漏洞，确保教学管理系统的稳定性。同时，采取相应安全措施，如数据加密、访问控制、防火墙等，确保教学管理系统涉及的学校和学生的重要信息得到有效保护。再次，为学校管理人员和教师提供培训和支持，使他们能够熟练地使用教学管理系统，提高用户满意度和使用效果。最后，项目执行将推动教学管理系统项目成功实施，提高教学质量和效率，促进学校教育管理现代化。通过以上关键环节的实施和执行，保障教学管理系统的成功部署，提高教学质量和效率。

项目执行的重要性在于确保项目目标和愿景能够从理论转换为实际操作，最终实现既定的成果。在教学管理系统的开发和部署过程中，项目执行的重要性体现在确保需求得到满足、高效的系统设计和开发、保证系统质量和性能、确保系统安全可靠、提高用户满意度和使用效果以及实现项目目标和成果等方面。

项目执行力的核心在于将项目计划转换为具体行动，并确保这些行动有效实施以达到预定的项目目标。项目执行力在项目开发和部署过程中发挥重要作用。

（1）目标达成：确保项目目标实现，通过将项目计划转换为具体的行动和成果，保证项目按既定目标顺利进行。

（2）效率提升：有效的项目执行能够优化资源分配和工作流程，提高项目团队的工作效率，确保项目按时完成。

（3）质量控制：项目执行力强的团队会更加注重项目质量，通过严格的测试和审查过程，减少错误和缺陷，保证项目交付的高标准。

（4）风险管理：项目执行过程中会遇到各种风险，项目执行力的强弱决定了团队识别、评估和应对这些风险的能力，从而减轻风险对项目的影响。

（5）持续改进：项目执行力强的团队会不断寻求改进的机会，通过持续的学习和创新，优化项目流程，提升项目执行的效果和效率。

9.3.2 项目执行力不足的弊端

项目执行力缺乏是导致项目实施过程中出现问题的常见原因。从例 9-1 中可以看出,项目执行力不足通常由多个因素共同作用导致,这些因素可以归纳为以下几个主要方面。

(1) 目标和计划不明确:缺乏清晰的项目目标和详细的执行计划是项目执行力不足的常见原因。目标不明确可能导致团队成员对项目的方向和期望产生混淆,而计划不周详则无法提供明确的任务分配和时间线,从而影响执行效率。

(2) 资源分配不当:资源包括人力、财力和时间等,如果资源分配不合理,可能会导致关键任务无人执行或执行不力。资源不足或过度分配都可能影响项目的整体进度和质量。

(3) 沟通障碍:沟通不畅是项目执行中的常见问题。如果团队成员之间、团队成员与利益相关者之间缺乏有效的沟通,信息传递不准确或滞后,将导致项目执行过程中出现误解和延误。

(4) 团队协作和领导力不足:项目团队需要良好的协作精神和有效的领导力来推动项目前进。如果团队内部缺乏协作,或者领导力不足,无法有效指导团队应对挑战和解决问题,将严重影响项目执行力。

(5) 风险管理和问题解决能力不足:项目执行过程中总会遇到各种风险和问题。如果项目团队对潜在风险的识别不足,或者在问题出现时缺乏有效的解决策略,将导致项目进度受阻,执行力下降。

(6) 自我管理和时间管理能力欠缺:项目团队成员需要良好的自我管理和时间管理能力,以确保个人任务的按时完成。如果个人管理能力不足,可能导致任务拖延,进而影响整个项目的进度。

(7) 监督和反馈机制不完善:有效的监督和反馈机制对于项目执行力的提升至关重要。如果缺乏定期的项目状态评估和反馈,项目团队将难以了解执行情况,及时调整策略,导致执行力不足。

综上所述,项目执行力不足的原因复杂多样,涉及项目管理的各个方面。项目团队需要从目标设定、资源管理、沟通协作、团队领导、风险管理、自我管理、监督反馈等多个角度出发,全面提高项目执行力。

9.4 提高项目执行力

例 9-3:教学管理系统开发和部署过程问题解决。

针对例 9-1 中教学管理系统的基础模块存在的一些漏洞,交付的业务模块与贝塔学院现在的业务流程不符等问题,项目团队采取了以下改进措施。

1．加强项目管理

建立完善的项目管理机制，包括项目计划、进度跟踪、质量控制、风险管理等环节。设立专门的项目管理团队，对项目进行全面、细致的监控和管理。定期进行项目评估和审查，确保项目按照计划进行，及时发现问题并采取措施解决。引入先进的项目管理工具，提高项目管理效率和准确性。

2．提高沟通协调能力

建立开发团队与贝塔学院之间的定期沟通机制，确保双方在项目开发过程中的信息传递畅通。组织定期的项目会议，让开发团队和贝塔学院充分交流，共同解决问题。鼓励开发团队成员主动与贝塔学院进行沟通交流，了解实际业务需求，确保系统设计的准确性。建立项目沟通文档，记录双方交流的内容和达成的共识，以便后期查阅和追溯。

3．提供培训和技术支持

在系统上线前，为贝塔学院提供充分的培训，包括系统操作、管理维护、问题解决等方面。制订详细的培训计划和课程，针对不同层次的用户提供有针对性的培训。建立长期的技术支持机制，以确保贝塔学院在使用过程中遇到问题时能够得到及时的解决。定期收集贝塔学院的反馈意见，持续优化系统功能和性能，提高用户满意度。

4．优化项目执行环境

营造积极向上的项目氛围，鼓励项目成员主动承担责任，提高工作积极性。建立公平、合理的激励制度，激发项目成员的工作热情和创造力。关注项目成员的心理健康和工作压力，提供必要的心理辅导和调整措施。加强团队建设，提高项目成员的凝聚力和团队协作能力。

在实施教学管理系统项目的过程中，我们意识到执行力的重要性。为了确保项目能够顺利推进并达到预期目标，需要从以下几个方面来提高企业的执行力。

第一，建立起有高度执行力的框架。畅通沟通和协调渠道，企业领导层必须努力营造管理执行的有效氛围，形成执行框架。

第二，建立有执行力的管理团队。企业发展需要资金、技术、人才，更需要发展企业的支撑点，这个支撑点不是某一个人，而是以某一个人为核心的团队。这个团队是否协调、发挥作用如何，首先取决于这个团队的核心人物，其次取决于这一团队的价值取向和整体素质。从主观上来讲，团队成员都要增强大局观念和整体意识，不要强调"自我为中心"，而应该强调"整体利益为先导"。

第三，借助有效的工具，建立规范的执行流程。企业的执行流程包括：战略流程、人员流程和运营流程。高效的执行工具有 QMI（quick market information，快速市场信息），主要是用于检测计划实施进度和让企业各部门分享其他部门的信息；Work-out（群策群力），是通用电气公司内注重变革、去除官僚主义、解决跨部门和跨地区问题的工具；6Sigma（六西格玛），是通用电气公司的重要管理工具，从客户的需求出发，提升生产力，提高产品质量，降低成本等。通过这些工具的运用,能够有效地提高执行力。

第四,建立与执行力相匹配的责、权、利制度。管理层责、权、利是否明晰对执行力的影响较大,不同层次的管理者拥有的权力、利益,应与其承担的责任密切相关。责、权、利不清会使管理者出现越位行为,影响工作的顺利开展。

第五,高执行力文化是组织执行能力提升的自然结果,而不必刻意地去追求。当你在设法提升管理者的执行力、完善执行流程和开发执行工具的同时,你已经为你的企业执行力文化定了基调。通过以上措施,企业可以建立起一个具有高效执行力的团队,推动项目的顺利实施,实现企业目标。同时,也有利于提高项目成员的工作满意度和团队凝聚力,为今后类似项目的顺利实施奠定基础。

此外,项目团队可采用 5W3H 分析法,从多个维度对项目执行进行全面分析和改进。

(1) What(什么)。项目执行力的问题包括项目延期、质量不达标、资源浪费等。这些问题直接影响了项目的整体进度和最终成果。为了解决这些问题,项目团队应明确提升项目执行力的目标,包括提高项目完成率、减少成本超支、提升团队协作效率等。这些目标旨在确保项目能够按计划顺利进行,达到预期的质量和效率。

(2) Why(为什么)。导致项目执行力不足的原因可能包括计划不周、沟通不畅、资源分配不当等。这些因素会影响到项目的进展和成果,因此提升项目执行力成为关键。

(3) Who(谁)。项目中的关键角色包括项目经理、团队成员、利益相关者等。项目经理负责整个项目的规划、监控和协调;团队成员负责各自的任务和协作;利益相关者则对项目的进展和结果产生影响。每个人在提升项目执行力中都有明确的作用和责任,需要共同努力,确保项目的顺利进行。

(4) Where(在哪里)。项目执行的地点和环境包括物理工作环境和组织文化环境。物理工作环境包括办公场所、设备等,组织文化环境则包括公司的价值观、沟通方式、决策流程等。环境因素对项目执行力的影响需得到重视,并针对需要改进的地方进行优化,以创造一个有利于项目执行的环境。

(5) When(何时)。制订项目执行的时间表,包括关键里程碑和截止日期。明确每个阶段的开始和结束时间,确保项目按计划进行。同时,定期进行项目执行力的评估和改进活动,以监控项目的进展,及时调整方向。

(6) How(如何)。制订具体的行动计划和策略来提升项目执行力。改进沟通流程,确保信息的畅通和及时传递;优化资源分配,合理利用可用资源;加强团队建设,提升团队协作和沟通能力。实施这些计划并监控进展,确保执行力的提升。

(7) How much(多少)。评估提升项目执行力所需的投资,包括时间、金钱和人力资源。合理分配资源,确保项目的顺利进行。同时,量化项目执行力提升的效果,如成本节约、时间缩短、客户满意度提升等,以便于评估和持续改进。

(8) How to(怎样)。确定如何衡量项目执行力的提升,包括关键绩效指标(key

performance indicator，KPI）和评估标准。制定持续改进的机制，定期评估项目的执行情况，根据实际情况进行调整和优化，确保项目执行力不断提升。

通过以上措施，项目团队可以全面提升项目执行力，确保项目的顺利进行和成功实施。这不仅有助于实现项目的目标，还能够为完成未来的项目打下坚实的基础，推动企业的持续发展。

9.5 实 践 训 练

1．结合教学管理系统的研发和实施过程，谈谈项目执行力的重要性。

2．明确个人执行力的含义，并指出其影响因素。

3．一些项目实施初始条件相似，并且采用了几乎雷同的战略，但是最终结果却相去甚远，有的项目取得了成功，有的却失败了。请运用本章学到的知识分析可能的原因。

4．有哪些提高个人执行力的方法？请举例说明。

5．结合本章内容检查在学习和生活中你是否经常有这些借口。如果没有完成一项工作，你会怎么做？

6．从日常生活中找出一两件你想坚持却没有坚持的事情，制订一个时间计划，看看你能坚持执行多久，并写出对你的生活产生了多大的影响。

第 10 章　质量管理与职业态度

为了保证教学管理系统项目顺利开发，需对项目质量严格把关，确保项目最终能够满足需求。项目质量管理是指对整个项目质量进行把控的过程，是为了确保项目能够保质保量达到目标要求而进行的一系列项目管理活动，作为项目管理中的重要环节贯穿于项目整个过程。"三大要素论"指出质量管理中人、技术及管理是项目质量管理的三大要素。其中人是最为重要的，制约项目和产品质量提升的核心因素往往不是技术，而是人们对待工作的态度。质量管理关键在于人的质量意识，其核心便是员工对待工作的职业态度。由此，本章将对项目质量管理和职业态度相关内容进行介绍，以期通过改善职业态度，强化质量意识，促进项目质量全面提升。

知识目标：

- 了解项目质量管理的重要性；
- 理解什么是职业态度；
- 理解什么是敬业精神以及为什么需要敬业精神；
- 理解工作中责任感的重要性，以及如何培养责任感；
- 明确在工作中应该养成的一些好习惯；
- 认清坏习惯的坏处。

实践目标：

- 初步掌握确保软件项目质量的方法；
- 树立积极向上的职业态度；
- 促进好习惯的形成。

素质目标：

- 培养质量管理意识；
- 培养好习惯；
- 培养好习惯受益终身意识。

10.1 项目质量管理

10.1.1 项目质量管理概述

例 10-1：教学管理系统的项目质量管理。

为了确保教学管理系统项目能够满足贝塔学院对教学质量管理的严格要求，并实现系统的长期稳定运行，阿尔法公司成立了项目质量管理团队。该团队的使命是制订全面的项目质量计划，确保项目的每个阶段都符合预定的质量标准和验收标准。为此，质量管理团队开展了一系列的质量保证活动，包括但不限于代码审查、详细的测试计划以及针对用户的培训计划，这些都是为了保障项目的顺利进行和最终实现高质量的交付。

在开发过程中，质量管理团队坚持不懈地进行代码审查，确保代码的质量和系统的安全性。通过结合自动化测试和手动测试，对系统进行全面的功能和性能测试，确保系统的每个组件都能达到预期的标准。同时，质量管理团队还与贝塔学院保持定期的沟通，及时获取学院的需求变化和期望，根据反馈进行系统的调整和优化，以保障系统的可靠性和稳定性。

为了持续监控项目质量，质量管理团队设立了质量控制指标，如缺陷密度、测试覆盖率等，这些指标帮助团队及时发现并解决潜在问题。在开发过程中，一旦发现问题，团队会立即记录并分析原因，制订相应的纠正和预防措施。此外，团队还会定期召开质量控制会议，评估项目的整体质量状况，并根据实际情况调整质量计划，确保项目能够按时交付且完全符合贝塔学院的要求。

通过上述严格的质量管理流程，阿尔法公司不仅确保了教学管理系统项目的高质量交付，还满足了贝塔学院对教学管理的复杂需求，进一步巩固了与学院的长期合作关系。

在项目质量管理的过程中，阿尔法公司遵循了《项目管理知识体系指南》中的三个核心环节：质量规划、质量保证和质量控制。接下来，将具体探讨这三个环节在实际项目中的具体实施细节。

1. 质量规划

确认与项目有关的质量标准以及实现方法。此环节由项目经理、项目团队成员、质量管理人员共同参与，共同制定符合项目实际情况的质量管理规划，具体工作包括：制定质量方针规章制度、范围说明书、需求说明书、源程序规范和具体标准等质量控制相关数据项和数据质量指标，给出如检查周期、检查方法、评审流程等质量保证措施。

2. 质量保证

开展对整体项目包括绩效的预先评估，对数据进行检查，对阶段成果进行评审，与客户进行产品需求确认,以确保该项目能够满足前面已经确认的质量标准。

该环节主要由质量保证工程师和项目相关人员参与,总的来说就是保证项目质量。具体工作包括对员工开展质量保证流程实施培训,对项目实施开展流程审计,查阅相应设计文档是否符合标准、是否内容完整、是否描述准确到位等。审计人员如在审计过程中发现任何问题需及时提醒项目组,对项目经理提出有效建议,分析出现问题的原因,综合各方面意见,提出改进建议,督促项目组落实改进。遇到较大的项目隐患时,审计人员有权将问题上升到更高的管理层以及叫停项目。

3. 质量控制

主要是通过项目结果监测,确保项目符合相关质量标准,包括给出提高项目整体质量的方案途径,实现质量控制。

由此可见,以上三个环节密切联系,质量规划保证质量控制的执行,质量保证和质量控制促使质量规划不断完善。

《质量免费》一书中提到"零缺陷"的概念,"零缺陷"强调第一次就把事情正确地完成,使产品完全符合用户需求,增强全体成员对产品质量的责任意识,保证产品高质量完成。

软件产品的质量成本一般由预防成本、检测成本和质量缺陷修复成本构成。质量缺陷修复成本即返工成本,对质量成本影响非常大。对于预防成本和检测成本而言,性价比最高的是预防成本。在增加预防成本投入的情况下,出现问题的概率相对减少,用于检测的成本会有所降低,需要返工的成本也自然降低,促使整个质量成本总量下降。由此可见,把需求、评审、流程规范、质量做好并没有增加成本,相反对于很多公司而言,保证质量是降低成本、提高利润的有效办法。若前期工作没有做好,后期的测试阶段会发现很多漏洞,需要返工,导致无法按照进度完成,成本也会超出预算,造成较大的损失。

因此,从项目初始开始就要高度重视,提高项目质量要求。越早解决问题越好,如在需求阶段产生一个缺陷,在初始阶段修复它需要 1 小时;如果没有及时地发现和修复,这个缺陷到了设计环节,可能需要 5 小时去解决;到了编码也就是产品实现阶段,可能就需要 10 小时甚至更多的时间去弥补;到了产品测试阶段更是需要耗费大量精力和时间为前期疏漏买单。

10.1.2 确保软件项目质量

软件项目质量包括功能性、产品特色、产品性能、产品可靠性和可维护性等多个方面。因缺乏可以贯彻落实的质量管理制度,导致软件质量和功能无法满足用户需要的情况时有发生,因此,制定软件开发质量管理制度,全面落实软件开发质量管控,是保证软件项目质量的重要前提。

在项目初始成立项目组,并指定一名项目经理,全面负责该项目的各项事宜,应保证项目组成员有足够的能力胜任本项目各方面工作。项目经理对整个项目进行宏观把控,制订详细可执行的软件开发计划,包括具体要完成的任务和项目进度安排等,方便质量监督工作,确保项目按期交付。在确保软件项目的质量管理和控制措施之后,项目组可以进入具体的技术实施阶段。

(1)需求分析阶段。项目组及时对客户需求进行分析,确定软件项目开发的目的、范围、功能及性能要求,完成需求规格说明书的撰写,需求规格说明书中需要明确、详细地列出业务层对系统的具体要求,帮助项目组成员准确把握业务需求。测试人员也应当参与到需求分析、评审等工作中,制订测试计划,开展一些测试准备工作。需求分析阶段非常重要,需求是整个项目的灵魂所在,需求理解到位是项目开展的前提条件。然而实际开发中,用户初期提出的需求往往不能作为最终项目实施的依据,因为这些需求有时候并不具体、逻辑性较弱,所以需求分析阶段需要将用户的初步需求进行进一步的梳理和细化。

(2)系统设计阶段。进行软件的概要设计和详细设计,完成系统架构。系统设计阶段强调用户参与的重要性,确保最后开发的系统最大化地满足用户需求。项目组依据项目需求编制概要设计说明书和详细设计说明书并提交评审。此阶段软件测试人员需要进一步细化和完善单元测试、集成测试、系统测试、验收测试等测试计划,完成测试用例的相关设计工作,参与评审环节。

(3)软件开发阶段。按照设计要求和规范进行代码撰写。代码撰写中要注意符合标准的编写规范,确保所写程序的可读性,便于后期维护。

(4)软件测试阶段。为了提高软件项目的质量,使用科学严谨的测试方法非常重要。软件测试工作越早开展越好,在产品开发过程的每个阶段都进行相应检验,而不局限于产品交付之前,如对每个模块进行单元测试,对通过单元测试的模块完成集成测试。

软件测试通过制订测试计划、执行测试工作、完成测试评估对软件质量进行综合把控。目前已经有越来越多的企业创设了软件质量测试部门,软件测试行业成为IT行业的一大亮点,也有越来越多的技术人员从事软件测试相关工作。因为软件测试的目的是检验软件功能是否满足需求,尽可能多地找出软件中的错误,避免未来软件应用和维护过程中出现严重问题,确保项目可靠性。所以测试数据要准备全面,对模块和系统接口进行充分检测,尝试各种测试用例,对每个可用功能进行全面测试,找出当前系统中的漏洞,其间发现的所有问题都需要改正并确认。

测试方法主要有白盒测试和黑盒测试。两种测试方法的出发点不同,白盒测试方法是基于应用程序本身的测试,又称为结构测试,主要用在结构化开发环境中,有基本路径测试、逻辑覆盖等。黑盒测试也就是功能测试,主要包括等价类划分法、边界值分析法、因果图法、错误推测法、判定表驱动法、正交试验设计法等。

(5)试运行阶段。此阶段根据项目要求制订试运行方案,包括试运行的相关验收指标,对试运行单位进行系统部署,对工作人员开展业务培训,收集、整理试运行阶段出现的问题,给出解决方案,及时优化和处理。

(6) 验收交付阶段。按照合同要求对软件进行验收测试和配置审核,组织软件产品交付,对软件验收和交付过程进行监控。

(7) 系统上线阶段。制订部署方案,按照上线时间安排完成数据迁移、资源分配、用户培训等上线操作,监测软件运行情况。

(8) 软件使用和维护阶段。软件使用过程中可能会遇到部分问题,整理形成软件问题报告,有针对性地分析问题出现的原因,给出调整、纠正措施,实施软件维护。由于软件产品的版本更新较快,从用户角度出发,为用户提供升级、维护等全方位服务。

由此可见,为了保证软件项目质量提升,软件开发的各个阶段都应严格按照有关要求和标准开展质量管理工作,特别是在软件开发中对关键功能、影响安全性的功能及时进行阶段性测试,高标准完成文档编制和整理工作,对出现的问题及时采取纠正措施,避免项目质量偏差。

10.2 职业态度

项目质量管理的关键在于员工的质量管理意识培养,观念对质量管理行为有重大的影响,特别是员工的职业态度在很大程度上决定了质量管理行为和效果。

10.2.1 全心全意

例10-2:全心全意,成绩斐然——C经理的敬业付出。

负责教学管理系统的C经理是一位富有激情和责任感的销售经理。他在工作中尽心尽力,取得了优异成绩。C经理深入调研、挖掘需求,亲自深入校园,与教师、学生和教务人员进行面对面沟通,了解他们的需求和痛点。他随身携带一个笔记本,记录每个人的反馈和建议。这些宝贵的信息为教学管理系统的设计和优化提供了方向。他还组织了一系列项目推广活动,包括校内宣讲会、研讨会和培训班,他亲自上台演讲,详细介绍教学管理系统的优势和特点,积极回应师生的疑问和担忧,赢得了大家的信任和支持。

同时,C经理注重团队建设,定期组织团队会议和培训,与团队成员分享市场动态、客户反馈和技术进展。他鼓励团队成员相互学习、相互支持,共同提高业务水平和团队凝聚力。另外,C经理对客户服务非常重视,他主动与学校保持密切联系,及时解决系统使用中遇到的问题。他经常亲自上门拜访,了解用户的需求变化,确保教学管理系统持续满足用户的需求。

在教学管理系统项目中,C经理取得了显著的成绩。经过C经理不懈努力,教学管理系统在校园内得到了广泛应用,提高了教学管理的效率和准确性。C经理出色的客户服务赢得了师生们的赞誉,用户满意度持续保持在90%以上。在C经理的带领下,团队成员之间紧密合作,相互支持,形成了一个高效协作的团队。由于教学管理系统项目的成功,C经理在公司内得到了认可,并获得了更多的业务拓展机会。

通过C经理的案例,可以深刻理解到,全心全意地工作和积极进取不仅是一种简单的工作态度,更是一种工作方法和人生态度。这种态度和方法要求在日常工作中不断追求卓越,勇于接受挑战,并且始终保持对工作的热情和责任感。

(1) 持续改进是维持工作活力和创造力的关键。C经理通过不断收集用户反馈和市场需求,对教学管理系统进行优化和升级,确保产品始终符合用户的期待。这种持续改进的精神,使得他和他的团队能够在激烈的市场竞争中保持领先地位。

(2) 展现领导力是推动团队向前的动力。C经理通过自己的行动和决策,为团队成员树立了榜样,激发了他们的工作热情和团队精神。他的领导力不仅体现在对工作的热情上,更体现在对团队成员的关心和支持上。

(3) 培养创新思维是应对未来挑战的准备。C经理在面对新的市场环境和用户需求时,总是能够跳出传统思维,寻找创新的解决方案。这种创新思维不仅帮助他和他的团队解决了实际问题,也为企业的长远发展奠定了基础。

(4) 进行长远规划是保持工作方向和目标清晰的基础。C经理在教学管理系统项目中,不仅关注眼前的销售目标,更注重产品的长期发展和市场布局。这种长远规划的视野,使得他和他的团队能够在复杂多变的市场环境中保持稳定和增长。

(5) 适应变化是现代职场人士必须具备的能力。C经理通过灵活调整策略和快速响应市场变化,确保了项目的顺利进行和产品的市场竞争力。这种适应变化的能力,是他在工作中取得成功的重要因素。

(6) 终身学习是不断提升个人能力和价值的途径。C经理通过不断学习新知识、新技能,保持了自身的竞争力,同时也为团队和企业的成长贡献了力量。终身学习的态度,使他能够在职业生涯中不断进步和成长。

当你将这些方法和态度应用到工作中时,就能像C经理一样,在个人职业发展中取得显著成绩,赢得同事和客户的尊重,为组织的成长和成功做出贡献,实现个人与组织的共同进步。

10.2.2 敢于负责

例10-3:敢于负责——C经理的业绩扭转之战。

由于市场竞争加剧和内部管理等多种原因,C经理所在的公司销售业绩出现下滑趋势。在这个关键时刻,C经理敢于负责,挺身而出,积极采取措施,稳定销售团队,提升销售业绩。

1. 坚定信心，稳定团队情绪

C经理首先在销售团队内部开展信心提振工作，通过与团队成员沟通交流，稳定团队情绪，让大家相信有能力扭转销售业绩下滑的趋势。

2. 深入调研，找准问题根源

C经理对公司销售业绩下滑的原因进行深入调研，分析市场环境和竞争对手情况，找出公司存在的问题和不足。

3. 制订有效策略，提升销售业绩

C经理根据调研结果，制订了一套切实可行的销售策略，包括优化产品定位、加强市场推广、提高销售团队执行力等。同时，他还主动承担更多的工作，带领团队积极开拓市场，争取更多客户。

4. 监控执行过程，及时调整策略

C经理对销售策略的执行过程进行严格监控，及时了解市场反馈和客户需求，根据实际情况对策略进行调整和优化，确保销售业绩的稳步提升。

通过C经理的敢于负责和积极努力，公司的销售业绩逐渐回升，并最终稳定在一个较为理想的水平。例10-3表明，敢于负责是成功解决问题的关键，只有勇于承担责任，才能在困境中找到出路，实现个人和公司的共同发展。

从例10-3中可以看到，敢于负责，不仅是口号，更是每一个职场人士，尤其是初入职场的新人需要深入理解和实践的工作态度。敢于负责，首先，我们要有清晰的责任意识，明白自己的职责所在，勇于承担工作中的重任。其次，我们需要学会辨认责任，明确自己的工作职责，理解自己应该负的责任，做好应该负责的工作。再次，我们需要有适当的激励机制，让责任与激励成正比，激发工作积极性。最后，在这个过程中，我们不仅要有敢于负责的勇气，更要有善于负责的能力。只有这样，我们才能在职场中稳步前进，不断提升自我，成为业务精英。

1. 敢于负责是合格员工的基本要求

作为一个马上要踏上工作岗位的大学生，培养敢于负责任的精神非常重要。勇于负责能够让人变得勇敢和坚强，勇于负责、敢于承担能够提升工作能力，从而容易在工作中成功。当一个人在工作中勇于负责，严格要求自己，那么他对工作必然采取严谨和认真的态度，只要是有利于公司的工作，在力所能及的范围内，能够主动自发地去做。无论是否有人监督，都能够保持良好的工作态度，长此以往，一定能够成为业务精英。

负责任最大的体现是在工作出现失误以后，勇于承认失误、承担后果。对一个组织的管理者或者经营者来讲，最喜欢的员工就是在错误面前不找借口，勇于承认并及时改正，采取及时的补救措施，最大限度降低损失，避免类似的错误再次出现。

2. 敢于负责与善于负责

在工作中要有负责精神,但是也不能盲目负责,初入职场的人,身边有领导、同事,在工作中要做到既对自己的工作负责,又不能超越界限,干扰别人的工作范围,既要做到敢于负责,又要善于负责。

第一,责任意识。强调责任意识不能超过限度,也不能低于起码标准。对于个人来讲,踏踏实实干好工作就是最好的负责任。

第二,责任大小。个人能力、职责有不同,能够承担的责任大小也不同。在工作中,适当的拒绝并不是逃避责任。

第三,责任辨认。承担责任的前提是对责任的清晰辨认,在职级岗位明确的情况下,不应该把责任推给别人。要对自己岗位进行分析,认清楚责任范围是什么,理解自己应该负的责任,做好应该负责的工作。一般公司都分为几个部门,每个部门责任不同,这就需要对不同部门之间的责任有清晰的理解,这是处理好同事之间关系的基础。

第四,责任激励。一般来讲,在组织中责任与所获得的激励成正比,一个单位如果责任和激励大小长期不成比例,那么员工必将丧失工作积极性,最后单位成为一个死气沉沉的机构。

10.2.3 责任心

例 10-4:教学管理系统危机中的责任与担当。

教学管理系统突然崩溃,导致众多学校客户的教学秩序受到影响。在这个关键时刻,C 经理立即与客户取得联系,第一时间响应客户需求,了解客户具体需求和困难,并向客户表达诚挚歉意。积极寻求解决方案,C 经理立即组织技术团队进行排查,找出系统崩溃的原因,并制订出相应的解决方案。同时,他还亲自与技术人员一起加班加点,确保系统尽快恢复正常运行。C 经理在问题解决后,主动向客户承认错误,并表示将全面负责后续的系统维护和升级工作,以确保类似问题不再发生。同时,在问题解决后,积极收集客户反馈,了解客户在使用系统过程中遇到的其他问题,并组织团队进行改进。同时,他还定期与客户沟通,了解客户需求,不断提升客户满意度。

通过 C 经理的积极努力,公司成功解决了教学管理系统崩溃的问题,并赢得了客户的信任。这个案例表明,责任心是衡量一个员工是否合格的重要标准,只有具备高度责任心的员工,才能在面对问题时积极寻求解决方案,为公司纾困解难。

要养成有责任心这一好习惯,就要首先了解什么是责任心,以及培养责任心需要做些什么。所谓责任心,是指一个人对自己、家人、企业乃至社会应尽的责任和义务的认知态度,是对事情敢于负责、主动负责的态度,是对自己所负使命具备的忠诚和信念,是一个人应该具备的基本素养。实现目标是团队成员的责任,具有责任心的员工,会认识到自己的工作在组织中的重要性,并把实现组织目标当成自己的目标。

责任心是做好本职工作的前提。"在其位,谋其职",这是对每个人工作的最基本要求。工作离不开责任心,因为责任心会凝聚团队的力量,使团队充满战斗力和竞争力。作为一名工作人员,能不能干好本职工作,是衡量其责任心的重要标准。

责任心是工作动力的源泉。有责任心就会有战胜困难并履行职责的强烈使命感,就会不断进取,就会有高涨的工作热情,就能够做到"鞠躬尽瘁,死而后已"。

责任心与执行力是相互联系、相辅相成的统一体。加强责任心是为提高执行力服务的,是提高执行力的基础和前提,没有责任心,执行力无从谈起,执行力是责任心的体现和最终落脚点,二者共同构成了优秀员工立足岗位、奉献企业的素质和能力。

责任心可分为如下等级。

(1) A-1级:对自己的工作不满意,工作不够投入;对自己的工作认识不够,不知道其重要性,更无法从工作中获得满足。

(2) A-0级:对自己的工作有比较充分的认识,工作比较投入,比较热情,能从工作中获得较大的满足,工作任劳任怨,能为实现团队目标而牺牲自我利益。

(3) A+1级:能够与组织或团队共患难,在组织需要时愿意做出"自我牺牲";热爱工作,能够倾情投入;懂得工作对整个组织运作的重要性,因此会尽心尽力;能够不拘泥于工作本身,心怀全局;工作一丝不苟,有始有终;经常对工作中的问题进行思考,提出建议。

(4) A+2级:有强烈的企业主人翁意识,充分认识自己工作的重要性,对工作全情投入;在工作中获得极大的满足感与成就感,愿意为企业贡献最大力量。

责任心是工作能力的体现。有强烈的责任心就会无条件地履行职责,就有完成工作任务的信心,就会按时、保质、保量地完成工作任务。

10.3 工作习惯

人是一种习惯性的动物。无论我们是否愿意,习惯总是无孔不入,渗透在我们生活的方方面面。有人认为"性格其实就是习惯的总和,就是你习惯性的表现。"

习惯是长期养成的一种生活方式,包括思维、动作、言语等方面。而社会经过长久发展形成的习惯,就是社会风俗甚至演变成为社会道德和法律。

10.3.1 习惯的力量

人们在过马路的时候,遇到红灯会自然地停步,而遇到绿灯则会通行,灯本身并没有阻挡或者放你通行的功能,而是人们根据这种交通规则,养成一种控制大脑的习惯。

日常生活中，90%以上的活动都由习惯支配。因此，如果你的习惯大多数是良好的习惯，那么你的每日工作、生活就可以做到90分。如果一个人每日工作、生活都可以做到90分，那么他必然能够成为一个成功的人；反之，一旦每日行为受到不良习惯的控制，那么他将会离成功越来越远。习惯的力量是巨大的，几乎没有什么事情比习惯更重要，亚里士多德说："人的行为总是一再重复。因此，卓越不是单一的举动，而是习惯。"

对于年轻人来讲，习惯尤其重要，对日后的成就影响巨大，青少年时期是习惯的养成期，但是往往由于好奇心强、克制力差，会追求一些不良的习惯，这些习惯一旦养成就很难改变。因此，在青少年时期认清什么是好的习惯，什么是成功人士的习惯，是非常重要的。

同样道理，对于刚踏上工作岗位的大学生来讲，初次接触工作时养成的习惯也非常重要，这将影响你整个职业生涯。在刚刚踏上工作岗位的时期如果能够知道什么是好习惯，哪些是工作中要不得的习惯，努力保持好习惯，克服不良习惯，相信对个人的职业生涯会有很大帮助。

10.3.2　工作中的好习惯

1．遵守制度

学校有学校的制度约束，公司有公司的制度要求。公司与公司制度是经济基础与上层建筑的关系。经济基础是指由社会一定发展阶段的生产力所决定的生产关系的总和，是构成一定社会的基础；上层建筑是建立在经济基础之上的意识形态以及与其相适应的制度、组织和设施，在阶级社会主要是指政治法律制度和设施。从上面的定义中不难看出，公司由生产力决定的生产关系构成。公司制度是与公司意识形态相一致的一系列措施，反过来左右着产生生产关系的生产力，即员工本身，如图10-1所示。

图10-1　各种关系

公司要保证所有员工具有统一思想且向既定目标前进，最终实现公司的愿景。在这个过程中，需要通过不同的制度来约束员工的思想、行为、工作态度，对员工行为和思想起到引领和导向作用。如果我们在工作中不遵守公司的制度，就不能与公司发展方向保持一致，短期内会给自己的工作造成障碍，长远来看必定被公司所淘汰。正所谓无规矩不成方圆，虽然"制度是死的，人是活的"，但是不遵守公司制度，在工作中必定寸步难行。

要在一个环境中生存、发展，就要去学会适应赖以生存的环境。达尔文说"适者生存"，不"适"又如何"生与存"呢？所以，从踏上工作岗位的第一天起，必须了解和学习所在公司的制度，把公司制度慢慢融入自己的工作、生活中，变成一种习惯。"播下一个行动，收获一种习惯；播下一种习惯，收获一种性格；播下一种性格，收获一种命运。"

2．遵守时间

在学校中,我们应通过准时上课、按时赴约、按时完成老师布置的作业等方式,向他人展示礼貌和尊重。在职业生涯中,保持准时同样至关重要,包括按时参加公司会议和按时完成项目等,这些都是实现个人和公司发展的关键因素。

上面我们所谈到遵守时间,就是按照既定的计划去完成任务,这仅是遵守时间的一部分。遵守时间还应该包括遵守自己的时间。"一寸光阴一寸金",遵守时间就是延长生命,是人生重要的良好习惯之一,也是人的一项重要品格。遵守时间的人才会有信用,才容易获得成功,这也是古往今来不变的法则。

3．条理有序

条理有序,从字面意义上来讲就是做事情有秩序,不混乱。做事情条理有序,是人生中需要养成的良好习惯之一,因为这绝对不会浪费你的时间,反而会提高你的工作效率和生活品质。要使自己做事情条理有序,必须坚持以下几点。

首先,要明确目标,清楚自己的学习和工作内容。再进一步思考实现目标的方法,从中选择最优的可行方案。

其次,合理安排学习和工作时间。根据自己的学习习惯和工作习惯合理分配自己的时间,制订好时间表。时间表是一种辅助手段,制订的时间表应切实可行,绝不要制订那种看上去就无法实现的计划,也不可让时间表完全控制了自己,因为生活是多变的,只有利用好时间表才能真正提高效率。

再次,定期清理自己的抽屉和计算机。一天学习和工作结束前,清理用不着的材料,删除不再需要的文档。这也将大大缩短寻找所需要材料的时间。

最后,学会总结。一天的学习工作结束后要进行总结。在总结中发现自己遇到了什么问题,犯了什么错误,下次不要再犯同样的错误。我们通过总结反省,保证再处理类似的事情时得心应手。

上面仅讲述了几条在工作时能够帮助你成功的习惯。在实际生活中还有更多的好习惯,如积极向上、助人为乐等,这些都对成功有很大的帮助。好习惯需要不断被发现,并逐渐培养。当然一个人不可能具有所有好习惯,先从培养一两个好习惯开始,逐渐改善自己,日积月累,相信成功就在眼前。

10.3.3　应摒弃的坏习惯

1．对企业不忠诚

无论从事什么样的工作,无论在公司的什么岗位上,需要时时刻刻牢记"忠诚敬业的人才是最受企业欢迎的人"。一个人无论在何时何地,都应该树立主人翁意识,认真踏实、恪尽职守、精益求精，努力成为本行业的行家里手，这就是敬业。

对企业信赖和执着，就是对企业忠诚。员工忠诚决定了员工的工作绩效。员工对企业忠诚将会激发员工的主人翁责任感，使其能力得到充分发挥。公司与员工的关系，就像是家与家庭成员的关系。与其"这山望着那山高"，不如脚踏实地地做好本职工作，增强企业竞争力，在企业所提供的舞台上做出一番成绩。

2．抱怨

抱怨不能产生任何作用，反之会伴生一系列不良习惯。经常抱怨会导致乱发脾气，即使你抱怨的不是工作中的问题，而是生活或者是其他方面的问题，也会给你的情绪带来负面的影响，只能使你的工作环境和生活更糟糕。而工作中发脾气是一个非常不好的习惯，解决之道是练习一些减压技巧，如冥想或是深呼吸练习等，同时也不要把生活中的问题带到工作中。对待工作的正确态度是停止抱怨，马上执行，尝试着发现组织和身边人的优点，宽容地对待，你会发现一个新的世界。

3．拖延

拖延是一种非常有害的习惯，它会让你失去对时间的控制，导致工作效率低下。拖延会让任务积累，增加工作压力，导致工作质量下降。为了克服拖延，你可以制订详细的工作计划，设定明确的工作目标，并严格按照计划执行。同时，你可以尝试使用目标管理、番茄工作法等时间管理技巧，提高工作效率。

4．缺乏自律

缺乏自律意味着个人无法控制自己的行为和情绪，这可能导致工作上的失误和生活上的困扰。缺乏自律的人可能会频繁迟到、错过截止日期或无法遵守工作计划。为了培养自律的习惯，可以设定明确的目标和规则，坚持日常的习惯，如按时睡觉和起床，以及遵循健康的生活方式。

5．过于依赖

过度的依赖性会阻碍个人的成长和独立思考。这包括总是依赖他人来解决问题，不愿意自己承担责任或做决定。为了增强独立性，应该鼓励自己解决问题，勇于承担责任，并且在遇到困难时首先尝试自己寻找解决方案，而不是立即寻求他人的帮助。

6．不善于倾听

不善于倾听是沟通中的一个重大障碍，它会阻碍有效的信息交流和团队合作。这种习惯表现为在他人讲话时打断对方、不关注他人意见，或者只关注自己的观点。为了改善倾听技巧，应该练习积极倾听，即全神贯注地听对方说话，不打断，尝试理解对方的观点，并在回应之前思考。

如果存在这些习惯,会对个人的职业发展和团队的整体表现产生不利影响。因此,识别并努力克服这些习惯,对于提升个人和团队的效能至关重要。

10.4 实践训练

1. 了解项目质量管理的重要性。
2. 如果你是教学管理系统的项目经理,谈谈如何对该项目进行质量管理。
3. 举一个你身边的敬业的例子,通过该例子谈谈你对全心全意工作的理解。
4. 如何理解当前社会中责任心的含义?如何培养自己的责任心?
5. 小组讨论:列出改变人生的七个习惯。
6. 根据你的自身情况填写表10-1,并思考在工作中应该如何做。

表10-1 个人的习惯

方面	好的习惯	坏的习惯
学习		
生活		
社交		

7. 尝试养成一条你暂时不具备的好习惯,归纳这个习惯给你带来什么样的改变。

第 11 章 信 息 安 全

教学管理系统保存着学校教学相关的重要信息,作为信息高度共享的管理系统,功能面向多个职能处室,网络开放和信息共享给工作带来便利的同时,也带来了诸如信息泄露、数据破坏等一系列的安全风险。本章将结合教学管理系统项目执行过程中常见的信息安全问题展开探讨。

知识目标:

- 了解信息安全的重要性;
- 了解常见的信息安全风险;
- 熟悉信息安全保障知识。

实践目标:

- 能够辨识和理解实际工作环境中的信息安全风险;
- 能够设计和实施有效的风险规避策略;
- 能够建立持续的风险监控机制。

素质目标:

- 培养网络社会的秩序与道德;
- 培养数据安全意识;
- 树立正确的职业是非观。

11.1 信息安全风险

在信息处理、存储和传输过程中,信息的机密性、完整性和可用性面临多种威胁。这些威胁可能来自外部,如黑客攻击、病毒感染、网络钓鱼等,也可能源自内部因素,如员工疏忽、恶意行为或技术故障。信息安全问题可能导致数据泄露、系统瘫痪、财产损失、声誉损害甚至法律诉讼,对个人和组织造成严重影响。因此,识别和防范信息安全问题是保护信息资产、维护业务连续性和确保用户信任的关键。

教学管理系统网络如图 11-1 所示,信息安全风险无处不在,各环节风险不容忽视。

第 11 章　信息安全

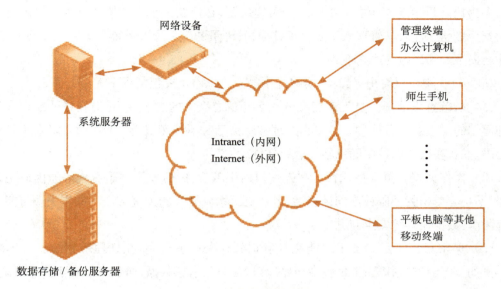

图11-1　教学管理系统网络

11.1.1　人为风险

例11-1：防火墙误关。

某天,教学管理系统管理员不慎关闭了防火墙,导致服务器长时间未加保护地暴露在互联网环境中。这一疏忽为不法分子提供了入侵系统的良机。他们利用这段无防护的时间窗口,对系统进行了恶意攻击,导致教学管理系统全面瘫痪。此次安全漏洞还造成了数据库中大量敏感数据的外泄,包括学生的个人信息、成绩记录、教师的教案等。这些信息的不当泄露对师生的隐私权和学校的教育教学秩序构成了严重威胁。

此次事件对学校的日常教学活动产生了直接影响,课程安排被打乱,在线资源无法访问,影响学生学习进度。同时,学生和教师的个人信息可能被用于不正当目的,如身份盗窃、欺诈或其他网络犯罪活动。对于学校而言,此类信息安全事件会损害其公信力,影响招生和教育资源获取。

为应对此事件,学校立即激活信息安全事件应急预案,成立专项应急小组,负责事件的处理和后续恢复工作。同时,将受影响的系统与网络隔离,防止进一步的数据泄露,并展开技术调查,确定攻击方式和入侵路径。此外,及时通知所有受影响的师生关于信息泄露的事宜,并提供相关的指导和支持,如更改密码、监控财务信息等。

为防止类似事件再次发生,学校对所有系统进行安全检查和升级,包括防火墙、入侵检测系统、数据加密措施等。同时,加强内部审计和培训,提高全体员工的信息安全意识。此外,视情况采取法律手段追究责任,与执法机关合作,追踪和打击网络犯罪行为。在确保安全的前提下,学校尽快恢复系统运行,并考虑建立更为严密的监控和预警系统,防止未来发生安全事件。

人为风险是信息安全领域中的一个关键议题，它涉及由于人的错误行为或故意行为引起的安全威胁。在教学管理系统安全事件中，管理员的疏忽导致系统暴露在互联网上，这一事件凸显了人为风险的严重性。

从例11-1中可以看出，信息安全风险中的人为风险主要包括以下三个方面。

（1）防范意识薄弱。员工未能充分意识到信息安全的重要性，对潜在威胁缺乏认识。这种薄弱的防范意识可能导致员工在处理敏感信息时不够谨慎，例如，在公共场合不注意保护密码，或者在电子邮件中随意转发敏感文件。

（2）操作失误。员工在执行日常操作时由于疏忽、疲劳或不熟悉流程等原因而犯错。例如，不小心单击钓鱼邮件中的链接，或者在更新系统时误删关键文件。操作失误可能导致系统漏洞、数据泄露等安全问题。

（3）保密意识不足。员工未能充分意识到保密的重要性，在处理敏感信息时不够谨慎。例如，在无意中泄露企业的商业机密、客户信息等敏感数据，增加了信息泄露的风险。

因此，企业需要加强员工的安全意识培训，建立完善的信息安全管理制度，以降低人为风险。同时，采用先进的信息安全技术，对信息传输进行实时监控，确保信息安全。通过这些措施，企业能够在最大限度减少损失的同时，加强信息安全管理，保障企业和机构的稳定运营。

11.1.2 技术风险

在信息安全领域，除了人为风险，技术风险同样构成严重威胁。技术风险源于系统设计缺陷、软件漏洞、不安全的技术行为或其他技术相关问题，这些因素可能导致信息系统的安全性受损，从而对组织的信息、资产、声誉或日常运营造成显著损害。技术风险可能在不同程度上破坏信息系统的完整性、可用性和机密性，因此，组织必须采取适当的安全措施和技术手段来防范和减轻这些风险。

技术风险包括但不限于以下几个方面。

（1）技术过时。如果选择的技术方法过于陈旧，可能会导致软件产品在研发和设计过程中出现潜在问题。过时的技术可能无法满足当前的需求，也可能不适应现代的开发环境，从而影响软件的质量和性能。例如，使用过时的编程语言或框架可能会导致代码的可维护性降低，同时可能无法支持现代的软件开发工具和库。此外，过时的技术可能存在安全漏洞，导致软件容易受到攻击。

（2）技术不成熟。如果选择的技术过于新颖，可能会存在一些不可控因素。新技术的稳定性和可靠性可能未经充分验证，因此在软件开发过程中可能会出现意外的问题和挑战。例如，使用尚未经过广泛验证的新框架或工具可能会导致在开发过程中遇到未知的问题和限制，从而影响项目的进度和质量。此外，新技术的文档和社区支持可能不够完善，导致开发人员在使用过程中缺乏指导和支持。

（3）技术适应性。如果选择的技术不适应项目的需求和开发环境，可能会导致开发过程中的困难，甚至可能需要重新选择技术，从而增加项目的风险。例如，如果选择的技术无法满足项目的性能要求，或者与现有的系统不兼容，可能会导致项目延误和额外成本。

（4）开发人员技能不足。如果开发人员对选择的技术不熟悉，可能会增加开发过程中的风险。开发人员需要有一定的技术基础和经验，才能有效地应对技术选型带来的挑战。例如，如果开发人员对新的编程语言或框架缺乏经验，可能会导致开发效率降低，同时可能增加代码的错误率和维护成本。此外，如果开发人员无法快速掌握新的技术，可能会导致项目进度延误。

为了降低技术选型风险，软件开发团队应该采取以下措施。

（1）进行充分的技术调研和评估。在技术选型阶段，开发团队应该充分了解和评估各种技术的优缺点，选择最能满足项目需求的技术。这包括对技术的成熟度、稳定性、可维护性、性能和适应性等方面的评估。

（2）加强对新技术的学习。开发团队应该不断学习和掌握新技术，提高自身的技术水平。这可以通过参加技术研讨会、培训课程以及阅读技术博客和文档等方式实现。通过学习新技术，开发团队可以更好地应对技术选型带来的挑战。

（3）建立风险管理机制。开发团队应该建立风险管理机制，对可能出现的风险进行预测和评估，并制订相应的应对措施。这包括对技术选型风险的识别、评估、监控和控制等方面的管理。

（4）加强开发人员的培训。开发团队应该加强对开发人员的培训，提高他们对新技术的熟悉程度。这可以通过内部培训、外部培训和技术交流等方式实现。通过培训，开发人员可以更好地掌握新技术，降低技术选型风险。

总之，技术选型风险是软件开发过程中的一种常见风险，但通过充分的技术调研和评估、加强新技术的学习、建立风险管理机制和加强开发人员的培训等措施，可以有效地降低产生这种风险的可能性，从而保证软件项目的顺利进行。

11.1.3 设备风险

在软件开发过程中，设备风险主要来源于设备本身的不确定性和实际应用中的问题。以下是一些主要的设备风险。

1．硬件故障风险

硬件故障可能导致软件无法正常运行，如服务器硬件故障可能导致服务中断，影响用户体验。

2．设备性能风险

设备性能限制可能导致软件无法达到预期的运行效率和响应速度,如内存不足、处理器性能不足或者存储设备读写速度慢。这些问题可能会导致软件在运行时出现卡顿、响应缓慢或者系统崩溃。

3．设备更新风险

设备更新换代可能导致软件在新设备上性能下降,或者旧设备无法满足软件要求。例如,软件可能需要特定的硬件支持,而旧设备无法满足这些要求,或者新设备的硬件性能超出软件的预期。

4．集成风险

软件系统由多个模块或组件组成,集成过程中出现问题可能导致系统出现功能故障或者性能问题。例如,模块之间的依赖关系不明确、集成方式不正确或者集成过程中的冲突和兼容性问题。如出现这些问题,可能需要在软件开发过程中进行额外的测试和调优,增加项目的风险和成本。

这些技术不确定风险会对软件开发的质量和进度产生重大影响。为了降低这些风险,软件开发团队需要进行充分的技术调研和评估,选择适合项目需求的技术和方法。同时,团队需要建立严格的质量管理和控制流程,确保软件的质量和性能。此外,团队还需要进行定期的技术培训和知识更新,以应对技术变化带来的挑战。通过这些措施,团队可以更好地应对技术不确定风险,提高软件项目的成功率和质量。

11.1.4　软件风险

软件风险是指在软件开发和运行过程中可能出现的各种问题,这些问题可能会导致软件系统的安全性、稳定性、功能性和性能受到影响。以下是一些主要的软件风险。

1．安全漏洞风险

软件中可能存在安全漏洞,这些漏洞可能被不法分子利用以非法访问系统、执行恶意代码或破坏系统。例如,缓冲区溢出、SQL注入、跨站脚本攻击(XSS)等都是常见的安全漏洞。这些漏洞可能会导致敏感信息泄露、系统被入侵或数据损坏,对企业和个人造成严重损失。

2．功能实现风险

软件在功能实现上可能存在缺陷,导致系统无法正确地完成特定任务或功能。例如,软件中的算法错误、数据处理问题或者功能实现上的缺陷等,都可能导致系统功能受到影响,无法满足用户需求。

3. 性能优化风险

软件在性能方面可能存在缺陷，导致系统运行效率低下或者资源浪费。例如，软件中的资源泄露、不当的算法设计或者性能优化上的不足等，都可能导致系统的性能下降，影响用户体验。

4. 可靠性风险

软件在可靠性方面可能存在缺陷，导致系统在运行过程中出现故障或无法正常运行。例如，软件中的代码错误、系统故障率高等问题，都可能导致系统的可靠性下降，影响用户的正常使用。

软件风险对软件项目的安全性和稳定性产生重大影响。为了降低这些风险，软件开发团队需要进行充分的功能测试和性能优化，及时发现和修复潜在的问题。同时，团队需要建立严格的功能实现和性能优化流程，确保软件的功能性和性能。此外，团队还需要定期进行功能实现和性能优化培训和知识更新，提高开发人员的能力，以应对不断变化的技术挑战。通过这些措施，团队可以更好地应对软件风险，保障软件项目的安全和稳定运行。

11.2 信息安全保障

信息安全保障工作是关乎国家稳定和经济社会发展的重要内容。前面讲解了项目实施过程中常见的风险威胁，下面介绍如何全面提升网络信息安全保障能力。

11.2.1 硬件安全

例 11-2：硬盘过热引发的教学管理系统危机及防范措施。

教学管理系统负责存储和处理大量的教学资料和学生的成绩记录，为了满足这些数据的需求，学校配置了一台高性能服务器，并配备了一块大容量硬盘来存储这些关键数据。然而，由于长时间的高负荷运行和散热设备的逐渐老化，服务器的硬盘温度不断升高。这种情况下，硬盘的磁头在高温下工作，磨损加剧，但这一问题并未得到及时的注意和处理。一天，当教师在进行教学资料的备份操作时，发现服务器的响应变得异常缓慢，备份操作中断。经过详细的检查，发现服务器的硬盘因为过热而导致磁头损坏，数据的读写出现错误。由于硬盘的损坏，部分教学资料和成绩记录无法正常访问，这严重影响了教学工作的进行。

分析其原因，硬件过热是导致硬盘磁头损坏和数据读写错误的主要原因。长时间的高负荷运行和散热设备的老化，使得硬盘温度升高，磁头在高温下工作，磨损加剧，最终导致损坏。此外，数据备份的不及时是本次事故的次要原因。虽然教学管理系统有数据备份机制，但在硬盘过热的情况下，备份操作未能成功完成，导致部分数据丢失。同时，缺乏实时监控和预警机制也是导致数据损失的重要原因。

在发现教学管理系统服务器硬盘过热导致的问题后,学校迅速启动了应急响应机制。首先,立即关闭了出现问题的硬盘,以避免损失进一步扩大。接着,学校对服务器进行了物理降温处理,包括增加风扇和使用冷空气循环,以保护剩余硬盘不受过热影响。在确保服务器安全稳定后,学校开始着手恢复受影响的教学资料和成绩记录。他们利用现有的备份数据,尽快完成了恢复工作。为了尽可能地减少数据丢失,学校还联系了专业的数据恢复服务,以帮助恢复丢失的数据。同时,学校对故障硬盘进行了详细的故障分析,以确定损坏的程度和数据丢失的范围,并分析了散热系统的问题,找出了导致硬盘过热的具体原因。

为了防止类似问题再次发生,学校制订了一系列长期措施,包括更新服务器散热设备,提升服务器性能,增加冗余硬盘系统以增强数据的可靠性等。此外,在数据备份方面,学校优化了备份流程,增加了备份频率,特别是教学高峰期备份频率,以降低数据丢失的可能性。同时,建立了实时监控系统,自动检测硬盘温度异常,并采取预警措施,如发出警报和自动降温。学校还加强教师和系统管理人员的硬件使用和维护意识。通过这些措施,学校不仅从当前故障中恢复了教学资料,还提高了系统的整体稳定性和对未来潜在风险的防范能力。

从例 11-2 中可以看出,硬件安全是信息系统安全的关键组成部分,它涵盖了计算机设备的物理安全、数据安全和电源安全,以及设备环境安全,如温度、湿度和尘埃控制。

1. 物理安全

物理安全是保护计算机硬件不受损害的基础。为了防止未授权的物理访问,可采取物理锁或电子锁等措施。同时,通过安装监控摄像头,可记录数据中心或办公区域内的任何未经授权的活动。此外,门禁系统、生物识别技术或智能卡的使用可控制对数据中心的访问。

2. 数据安全

数据安全旨在保护存储在硬件中的数据,防止数据损坏或被未授权访问。对硬件上的数据进行加密,确保即使硬件被物理获取,数据也是安全的。硬件安全模块可用于保护关键数据,并通过定期备份预防数据丢失。此外,可实施访问控制策略,如密码、多因素认证和权限管理,限制对敏感数据的访问。数据掩码和数据脱敏等技术也有助于隐藏敏感信息,并限制对数据的访问。

3. 电源安全

为确保硬件的稳定运行,电源安全至关重要。使用不间断电源和电源净化器可防止电源波动造成的硬件损害或数据丢失。确保硬件连接到可靠的电源,并采取措施减轻电力故障的影响。安装过载保护装置、电压稳定器和电源隔离器等措施,可进一步提高电源安全性。

4. 设备环境安全

计算机硬件需要在受控的环境中运行,这包括控制温度和湿度,以防止硬件过热或受潮。采取防尘措施,保护硬件免受灰尘和颗粒物的侵害。确保硬件置于干净整洁的环境中,避免极端温度和湿度条件。安装空调和湿度控制器,定期清洁硬件,并监控环境条件,以实现设备环境安全。同时,设置警示标志、围栏和照明,定期进行安全检查和维护。

11.2.2 数据安全

例 11-3:教学管理系统数据安全遭遇挑战。

在某个周末的晚上,该教学管理系统突然遭受了网络攻击。当晚,该校的网络管理员接到了系统遭受攻击的警报。通过监控系统的日志,管理员发现攻击者利用了系统中的一个安全漏洞,成功进入了教学管理系统的后台。攻击者在系统中大量修改了学生和教师的信息,导致系统数据严重混乱。此外,攻击者还窃取了一些敏感信息,包括学生和教师的个人信息、课程安排等。

经过调查,发现该教学管理系统存在一个严重的安全漏洞。该漏洞是由于系统开发人员在编写代码时没有对输入数据进行充分的过滤和校验,导致攻击者可以通过构造特定的请求,绕过系统的身份验证,进入系统后台。究其原因发现,学校没有定期对教学管理系统进行安全检查和更新,导致系统中的安全漏洞长期存在。此外,学校没有对网络管理员进行充分的培训,导致管理员在发现网络攻击时,无法迅速采取有效的应对措施。在该事件中,学校的教学管理系统数据遭到了严重破坏。然而,学校并没有制定完善的数据备份和恢复机制,导致数据恢复工作困难重重。攻击者在系统中窃取了大量学生和教师的敏感信息,这暴露出学校在敏感信息保护方面的不足。

随着信息化的高速发展,数据成为信息时代的重要产物,而数据安全也作为数据应用的重要保障,成为数字时代人们关注的核心要素,人们的数据安全防护意识普遍提高。

2021 年 9 月 1 日,《中华人民共和国数据安全法》施行,这是数据领域的基础性法律,通过建立健全各项规章制度,明确数据安全相关主体责任,提升数据应用、数据管理、数据保障能力,标志着数据安全和数据保护工作被提到了前所未有的高度。

数据安全主要分为数据自身安全和数据防护安全。数据自身安全是指通过加密算法从技术层面保证数据的安全,如数字赋能"区块链"技术,为网络提供可信的支持,将各方数据和信息放在一个区块链上,集成数据。数据的不可篡改有效保障了数据安全,保护了数据隐私,在保证信息互通的同时防止信息被滥用。数据防护安全是指在数据存储、传输中进行的安全防护。例如,为了避免内部数据泄露等情况发生,可从管理和技术层面加强工作人员日常进行硬盘数据保护的工作要求。一般情况下,技术人员使用的计算机由本人负责其数据安全工作，重要资料需及时备份，存储涉密资料的计算机需设置密码，屏蔽接口，工作人员不得擅自将任何数据传播给其他人员。因为数据破坏一般是在不可预测的情况下发生的，此时数据备份文件将成为数据恢复的重要前提，为数据安全提供有力的保障。

在大数据时代，我们面临着海量的数据，数据安全问题已经在各个行业出现。作为数字时代数据的使用者，我们应当增强对数据安全的使命感，确保数据安全，保护国家数据安全和公民数据安全，这是我们不可推卸的责任。

11.2.3 网络安全

例11-4：教学管理系统网络安全危机。

教学管理系统在使用过程中出现了一系列网络安全问题。经过详细调查，发现黑客通过在输入字段中插入恶意 SQL 代码，从而非法获取学生和教师的敏感信息。例如，通过在学生姓名或教师 ID 字段中插入 SQL 注入代码，黑客可以查询到其他用户的个人信息和成绩。黑客利用系统 XSS 漏洞，在系统中插入恶意脚本，劫持用户会话，窃取用户的敏感信息。例如，黑客在课程评价表单中插入恶意脚本，当教师提交评价时，恶意脚本将窃取教师的登录凭据。

由于系统的登录页面没有设置验证码或限制登录尝试次数，黑客通过编写脚本，对用户账号进行暴力攻击，猜测密码。一旦黑客猜测成功，就可以登录系统，窃取敏感数据。此外，系统允许用户上传文件，但没有对上传的文件类型和大小进行限制。黑客利用这一漏洞，上传恶意文件，进而执行恶意代码，攻击系统。

例 11-4 中，教学管理系统出现了多个网络安全问题，这些问题导致了敏感数据的泄露和系统的被攻击，对学校的教学管理造成了严重影响。为了将损失降低到最小，学校采取了一系列措施：对用户输入进行严格的验证和过滤，防止 SQL 注入等攻击手段；设置验证码，限制用户登录尝试次数，防止暴力攻击；对上传文件的类型和大小进行限制，防止恶意文件上传；及时更新系统，修复已知的安全漏洞，提高系统安全性；增强用户安全意识，对用户进行网络安全培训，提高安全意识，共同维护网络安全；定期进行网络安全审查，及时发现和解决潜在的安全问题。

通过以上措施，学校有效提高了教学管理系统的网络安全性能，保护学生和教师的敏感信息，确保教学管理的顺利进行。

例11-5：病毒传播的严重危害。

1."勒索病毒"传播导致经济损失

一款"勒索病毒"在短时间内迅速传播，席卷了全国各地。这款病毒的主要特征是通过加密用户文件,然后向用户索要比特币赎金。如果用户未能按时支付赎金,病毒制作者就会威胁将加密文件永久销毁,使得用户无法找回重要数据。

勒索病毒的暴发给企业和个人带来了严重的损失。许多企业的业务数据被加密,导致无法正常运营,甚至破产。个人用户也受到了严重影响,生活和工作中的重要文件丢失,给他们带来了极大的困扰。在这个案例中,许多企业因此破产,个人因此失去了重要的生活和工作资料,造成了不可挽回的损失。

勒索病毒主要利用了 Windows 系统中的一个漏洞进行传播,这个漏洞使得病毒能够通过邮件、文件共享等途径迅速感染大量计算机。病毒制作者利用这个漏洞,将病毒伪装成正常的文件或邮件附件,诱使用户单击或下载。一旦用户感染了病毒,就会导致文件被加密,从而陷入赎金的陷阱。

这个事件引起了全球范围内的关注,引发了网络安全恐慌。人们开始重新审视自己的网络安全意识和行为,提高警惕,以免再次遭受损失。许多企业和个人因为无法支付赎金,或者即使支付了赎金也无法解密文件,造成了重大损失。这使得人们更加关注网络安全问题,开始学习如何预防病毒攻击,保护自己的数据和信息安全。

2. "挖矿病毒"导致计算机性能下降

与勒索病毒不同,"挖矿病毒"的主要目的是利用用户的计算机算力来挖掘虚拟货币,从而为病毒制作者带来利益。这款病毒通过侵入用户计算机,导致用户计算机性能下降,电费增加,给广大用户带来了严重的困扰。

"挖矿病毒"通过伪装成正常软件,骗取用户下载安装。一旦用户下载并安装了这款病毒,它就会在用户计算机上悄悄运行,利用用户的 CPU 算力进行挖矿,这使得用户计算机的 CPU 使用率大幅上升,导致计算机运行速度变慢,严重影响了用户的正常使用。

在这场病毒传播中,许多用户因此受到了损失,不得不更换计算机,造成了经济负担。由于病毒的大规模传播,导致某些地区的电力供应紧张,给社会稳定带来了影响。这使人们更加关注网络安全问题,提高警惕,以免再次遭受损失。

3. "间谍病毒"窃取用户信息

"间谍病毒"的传播导致爆发了一场严重的网络安全事件。这款病毒的主要目的是窃取用户的隐私信息,并将其发送给境外服务器。与勒索病毒和挖矿病毒不同,"间谍病毒"通过伪装成正常软件,骗取用户下载安装。一旦用户下载并安装了这款病毒,它就会在用户计算机上悄悄运行,偷偷窃取用户的隐私信息,包括账号密码、浏览记录、通信记录等,然后发送给境外服务器。

为了更好地隐藏自己,间谍病毒会采用多种技术手段,如代码混淆、反调试和反逆向工程等,以避免被安全厂商和用户发现。此外,间谍病毒还会利用用户的计算机资源,如 CPU、内存和磁盘等,进行挖矿、传播等恶意行为,从而给用户带来安全隐患和性能问题。

在传播过程中,"间谍病毒"会利用各种途径,如电子邮件、恶意网站、下载软件等,诱骗用户下载和安装。有时,间谍病毒还会伪装成热门软件或补丁,如Flash播放器、浏览器升级等,从而降低用户的警惕性。当用户下载并安装了这些伪装的间谍病毒后,病毒就会在用户计算机上悄悄运行,开始窃取用户的隐私信息。

间谍病毒的隐蔽性使得许多用户在感染后长时间内都无法察觉。在这种情况下,用户的隐私信息就会不断地被窃取和泄露,从而导致账号被盗、财产损失等安全问题。由于用户的隐私信息被境外组织获取,可能给国家的信息安全带来威胁。

以前的病毒制造者攻击网站、窃取信息通常只是以炫耀技术、恶作剧或者仇视破坏为目的。随着互联网经济的发展,网络攻击等违法行为的目的已转变为追求"经济利益",并已形成黑色产业链。近年来,病毒制造者和黑客注重病毒编写技巧,同时更加重视攻击策略和传播手段。他们利用互联网基础设施、计算机系统漏洞、Web应用程序的缺陷,以及用户的疏忽大意,窃取QQ密码、网络游戏密码、银行账户、信用卡信息、企业机密等个人和商业敏感数据,并通过出售这些信息来非法获利。同时,越来越多的网络团伙利用计算机病毒捆绑"肉鸡",构建"僵尸网络",用于敲诈和受雇攻击等,也成为主要的非法牟利行为。而且这些盗取信息或敲诈勒索等行为已呈组织化和集团化趋势。病毒制造者从开发病毒程序、传播病毒到销售病毒,形成了分工明确的整条操作流程,并形成病毒地下交易市场,使这些人或组织获取利益的渠道更为广泛,病毒模块、被攻陷的服务器管理权等都被用来出售。另外,很多国内网络开始利用拍卖网站、聊天室、地下社区等渠道,寻找买主和合作伙伴,取得现金收入,使一大批技术和资金进入这个黑色行业。

例11-6:网络诈骗案例。

网络诈骗是一种通过互联网进行的犯罪行为,它利用网络空间的匿名性和便捷性,以及受害者的信任和疏忽,达到骗取财物的目的。下面是几种常见的网络诈骗类型。

1. 虚假投资理财诈骗

特点:诈骗者通过社交平台或专门设计的投资应用程序,以高额回报作为诱饵,吸引受害者进行投资。

手法:首先通过社交互动建立信任关系,然后引导受害者下载投资应用程序并投入资金,最终诈骗者卷走资金消失。

2. 网络购物诈骗

特点:诈骗者在电商平台上销售商品,当消费者要求退款时,以退款保证金为由实施诈骗。

手法:利用消费者退款心切的心理,要求其支付退款保证金,之后诈骗者消失无踪。

3. 虚假招聘诈骗

特点:诈骗者在招聘网站上发布虚假的工作信息,要求求职者支付押金和培训费。

手法：利用求职者急于找到工作的心理，要求其支付费用以获得工作机会，实际上并不存在相应的工作。

4．网络赌博诈骗

特点：诈骗者通过在线赌博游戏，先让受害者小额赢利，然后诱导其充值大量资金。

手法：通过赌博游戏吸引受害者充值，诈骗者操控游戏结果，使受害者遭受重大损失。

5．虚构感情诈骗

特点：诈骗者在社交平台上与受害者建立感情关系，然后以共同投资为名进行诈骗。

手法：通过建立虚构的感情关系获取受害者的信任，随后提出共同投资的项目，骗取受害者的投资款。

这些诈骗案例提醒我们要时刻保持警惕，不轻信网络上的陌生人，尤其是涉及金钱交易的情况。学习和了解最新的诈骗手段是防止上当受骗的关键，提高识别和防范网络诈骗的能力。一旦发现诈骗行为，应立即报警，并尽可能提供相关证据，以便警方能够迅速采取措施，打击网络诈骗犯罪。

网络安全对于当今社会的重要性不言而喻，它直接关系到我们的财产、个人信息乃至人身安全。保障网络安全对于我们每个人来说都非常重要。作为IT从业人员，我们应当深刻认识到网络安全的重要性，并从多个角度自律，遵守法律法规，严于律己，提升自身素质。

例 11-7：几个典型的网络攻击案例。

1．勒索病毒攻击

某家大型制造企业的内部网络遭到了勒索病毒攻击，攻击者通过恶意软件侵入网络，迅速加密了大量重要的生产数据和客户信息。此次攻击导致企业的正常生产流程受到严重影响，客户订单无法处理，给企业带来了巨大的经济损失和信誉损害。

攻击者随后要求企业支付大量赎金，以换取数据的解密密钥。企业不得不寻求专业网络安全公司的帮助，以解决此次危机。经过一番努力，企业最终恢复了部分数据，但仍有部分数据无法找回。

2．钓鱼攻击

某知名银行在一天内遭遇大规模钓鱼攻击，大量客户收到伪装成银行的电子邮件，诱导客户单击链接并输入个人信息和密码。此次攻击导致许多客户账户被盗取资金，给银行和客户带来了巨大的经济损失。

3．社交工程攻击

某大型企业的高级管理人员收到一封伪装成合作伙伴的电子邮件，邮件中包含一个看似正常的附件。然而，该附件实际上是一种恶意软件，攻击者通过社交工程手段欺骗管理人员打开附件，从而获得了企业内部网络的访问权限，窃取了大量的商业机密。

4．恶意软件攻击

某市政府的官方网站遭到恶意软件攻击，攻击者通过在网站上植入恶意代码，使得访问该网站的用户计算机自动下载并安装恶意软件。这些恶意软件能够收集用户的个人信息、银行账户信息等敏感数据，给用户和政府带来了严重的安全隐患。

以上案例均提醒我们，网络安全威胁无处不在，各类网络攻击手段不断演变。因此，无论是个人还是企业，都需要加强网络安全意识，采取有效的防护措施，以保护自己的信息和资产不受损害。

为了进一步强化网络安全防护，以下是个人和企业可以采取的一些补充措施。
- 增强法律意识，了解网络安全法律法规，明确黑客行为的法律界定。
- 学习网络安全知识，提高自身的网络安全意识和防护能力。
- 坚守道德底线，抵制破坏网络秩序的行为。
- 安全使用网络，保护个人账号和密码，不泄露个人信息。
- 防范网络诈骗，不轻信陌生电话、短信和邮件。
- 积极参与网络安全宣传，提高他人的网络安全意识。
- 举报黑客行为，配合相关部门打击网络犯罪。
- 增强自我保护意识，及时采取措施以减少网络攻击带来的损失。
- 关注网络安全动态，了解最新的网络安全资讯和技术创新。
- 建立良好的网络安全习惯，如定期更新软件、安装杀毒软件、不访问非法网站等。

随着物联网、云计算、大数据等新技术的广泛应用，网络安全面临前所未有的挑战。为了构建一个安全、可信赖的网络环境，需要在加强技术保障和提高防范意识的同时，加快法律体系建设。这样不仅可以防止网络犯罪，维护网络秩序，还可以确保互联网的健康发展，并保护用户的利益。在此背景下，网络用户应保持警惕，避免浏览不熟悉的网站和打开来历不明的附件邮件。IT从业人员应加强自律，不为了短暂的经济利益或名声而设计非法软件。同时，政府需加大对网络犯罪的监管和打击力度，完善法律法规，并进行持续的法律宣传，以提升互联网法律意识。

11.3 实践训练

1．主题讨论"学习信息技术的目的是什么？"
2．你的计算机有没有感染过病毒？给你的工作学习带来了怎样的影响？

第 12 章 职业道德与法律规范

IT 从业人员职业道德水平对塑造成功的职业生涯至关重要：第一，遵守职业道德能够提高职业素养和道德水平，塑造良好的个人形象，增加社会的信任和认可；第二，能够提高工作效率和质量，激发工作热情和创造力，促进个人和团队的合作和沟通；第三，增强对客户的责任感，更好地以客户为中心，提供优质服务和产品，保护客户利益，提高客户满意度；第四，激励从业人员不断学习和创新，以适应不断变化的市场需求和技术发展，增强个人竞争力和发展潜力；第五，能够增强从业人员社会责任感和公共意识，促进企业和社会和谐发展。IT 从业人员在职业生涯中养成良好的职业道德，对职业生涯发展、工作质量、客户满意度、个人竞争力、社会责任感等方面都具有重要的意义。

知识目标：

- 初步了解 IT 行业基本职业道德内容；
- 了解职业道德对行业的重要性；
- 思考如何养成良好的职业道德。

实践目标：

- 制订自身职业道德计划；
- 对比职业道德计划，加以改进。

素质目标：

- 树立正确的职业道德观；
- 培养遵守职业道德的良好习惯。

12.1 热情敬业

12.1.1 敬业精神

例 12-1：贝塔学院自动排课优化与改进。

贝塔学院教学管理系统如火如荼建设过程中，现场工程师李明发现，由于贝塔学院教学安排特殊性，公司提供的自动排课功能并不能完全满足贝塔学院的排课需求：原有的标准化功能过于死板，他需要开发一个更灵活的排课功能，但是这对性能和可靠性都提出了更高的挑战，并且马上面临排课需求，时间紧迫。

李明本可以要求贝塔学院投入更多人力，手动满足排课功能，但是出于职业道德和敬业精神，他和公司其他技术人员一起，加班加点，优化代码，提高模块性能，满足了贝塔学院复杂的排课需求。李明后续不断进行细致的算法设计和代码优化，确保系统能够高效地处理大量数据以及程序能够在满足性能要求的同时保持稳定性。

敬业精神是一种对从事某行业人员的特定道德约束，这种约束是行业产品交易的基础，也是行业从业人员存在的基石。例 12-1 中李明发现在项目执行过程中客户需求发生变化，李明及时响应这些变更，并与团队成员沟通协作，在有限的时间内完成关键模块开发，确保项目能够按时推进。甚至在完成挑战过程中，不断进行学习、应用新技术，这使他在保证质量的同时，也提高了工作效率。付出终有回报，李明的敬业精神赢得了贝塔学院的认可。在解决问题过程中，李明自身能力得到了提升，公司管理层也看到了李明努力工作的态度和解决问题的能力，这些都为李明职业生涯发展奠定了有利基础。

市场经济理论告诉我们，在信息不对称的情况下，人们对物品的选择会遵从"逆向选择"原则。以二手车交易为例子，因为买车的人始终没有卖车的人了解的信息多，外表相同的车辆在品质上可能相差很多，而无论车的品质好坏，买车的人总是倾向于他所购买的车辆价格统一，所以价格是由品质较差的车决定的。

如果负责车辆交易的人具有良好的敬业精神，他会把外表相同而品质不同的车分开，让客户得到品质与价格相符合的车辆。也只有这样，这个行业才能够得以存活下去。由此可见，敬业精神是很多行业存在的基础。对于 IT 行业从业人员来讲，无论你从事软件设计、艺术设计、软件维护等软件方面的工作，还是从事网络维护、计算机维修等硬件方面的工作，敬业精神在工作中都是十分重要的，这是因为 IT 行业的工作大多数是靠从业人员自动、自发完成，产品好坏很难检测，一般不能靠外界检测来评价从业人员是否尽力。

12.1.2 诚信是基础

上文提及 IT 行业是一个信息不对称的行业。不讲诚信虽然能够赢得一时的利润和胜利，但是一旦被人发现，就难以在行业中立足。由于信息化发展非常迅速，很多信息都是透明的，当依靠欺诈来骗取利益时，就会受到巨大的损失。

> 🔸 **拓展阅读：互联网有记忆，一朝失信、永远失信。**
>
> 互联网时代信用体系基于海量数据和先进技术，一旦在网络上失信，可能面临长期甚至永久的影响。互联网信用体系是社会信用体系的重要组成部分，它涵盖了个人信

息、金融信用、商业信誉等多个方面。随着大数据、人工智能和物联网等技术的发展,互联网信用体系在个人和企业之间发挥着越来越重要的作用。

一朝失信、永远失信的现象可以从以下几个方面来解释。

(1)数据传播速度快:互联网信息传播速度远超传统媒体,一旦出现失信行为,相关信息很可能迅速扩散,对个人或企业的声誉造成负面影响。这种影响在很大程度上是基于网络效应,即一个人或一个企业的失信行为可能会引发更多人的关注和质疑,从而导致信用危机。

(2)信用评价体系严谨:互联网信用体系依据大量数据对个人和企业进行信用评估,这些数据包括财务状况、合同履行、违法违规行为等。在这些数据的基础上,信用评价模型能够较为准确地判断一个人的信用状况。因此,一旦在互联网上产生失信记录,就会影响信用评分,从而影响个人或企业在网络空间的声誉和信誉。

(3)失信记录难以消除:与传统信用记录相比,互联网信用记录更难以消除。在传统信用体系中,随着时间推移,失信行为可能逐渐被淡忘,信用记录可以随着时间推移得到修复。但在互联网时代,失信记录很可能被永久保存,甚至在某些情况下被恶意传播。这使得个人或企业在互联网信用体系中一旦失信,恢复信誉的难度加大。

为了减轻互联网失信带来的影响,个人和企业应注重诚信经营,遵守网络道德规范,防范信用风险。在这个过程中,每个人都应认识到互联网信用价值,珍惜并维护自己的信用记录,共同营造一个诚信的网络空间。

聚焦到IT行业,诚信包括但不限于以下几个方面。

(1)从业人员应严格保护客户隐私,IT技术人员能够轻易获取大量客户的个人信息和数据,当今社会,数据也是资产的一部分,不泄露、私自利用客户的个人信息,确保客户数据安全性和保密性,是最基本的职业道德。

(2)从业人员必须遵守合同承诺,按照合同规定的时间和质量要求完成项目和任务,确保软硬件产品的质量和安全性,不进行欺诈和虚假宣传。

(3)IT行业涉及大量的知识产权,包括软件代码、设计、商标等,从业人员必须遵守知识产权法,不抄袭、不盗用他人的成果,不侵犯他人的专利和著作权。

(4)从业人员必须秉持公正性,不进行恶意竞争和欺诈行为,遵守相关法律法规和行业规范,维护行业的公正性和可持续发展。

(5)从业人员必须保守企业秘密,不泄露企业的核心技术和商业机密,确保企业的安全性和竞争优势。

12.1.3　善用AI

在当前科技快速发展的背景下，AI已经成为推动各行各业变革的重要力量。对于IT行业而言，AI不仅改变了工作方式，还催生了诸多新的职业机会。善用AI意味着不仅要掌握相关技术，更要具备正确的应用理念和创新精神。

（1）IT从业人士需要具备对AI技术的深刻理解。这包括了解AI的基本原理、算法，以及最新的技术进展。只有深入理解AI，才能在实践中正确地应用它，并有效地解决实际问题。例如，AI在数据分析、自然语言处理、图像识别等方面的应用已经非常广泛，IT从业人士需要掌握这些技术，并能够将其融入自己的工作中。

（2）善用AI意味着要有创新思维。AI技术的发展为IT行业带来了前所未有的机遇，同时也提出了新的挑战。IT职业人士应当敢于创新，勇于尝试，将AI技术应用到传统问题的解决中，挖掘出新的业务模式和服务。例如，通过AI技术优化现有的IT服务流程，提高效率；或者开发出基于AI的新产品，开拓市场。

（3）IT职业人士在使用AI的过程中，还应当注重伦理和法规。AI技术应用涉及数据安全、隐私保护、算法公正性等问题，需要严格遵守相关法律法规，确保AI技术应用不损害用户的权益，符合社会伦理道德标准。例如，在开发AI应用时，要注重个人数据保护，避免算法偏见和歧视。

（4）IT职业人士需要不断学习，提升自己的专业技能和素养。AI技术更新迭代速度极快，只有持续学习，才能跟上时代的步伐。IT职业人士可以通过参加专业培训、阅读最新的科研文献、参与技术交流等方式，不断充实自己的知识库，提升竞争力。

综上所述，善用AI对于IT职业人士来说，是一个全面的要求。它不仅要求我们掌握技术，更要求我们具备正确的应用理念、创新精神、伦理法规意识以及持续学习的能力。只有这样，我们才能在AI时代中发挥最大潜力，为社会的信息化进程做出积极贡献。

12.2　保　　密

保密是企业管理中的一个关键方面，而竞业禁止条款则是保密协议的重要组成部分。这一条款通常在劳动合同或保密协议中明确规定，要求员工在离职后的一定期限内，不得加入与原公司直接竞争的企业或从事与原工作相同或类似的职业活动。竞业禁止的主要目的是保护公司的商业秘密和市场竞争优势，防止离职员工利用其掌握的公司内部信息、客户资源或技术知识为竞争对手服务，从而避免给原公司造成不必要的损失。通过实施竞业禁止，企业能够有效维护自身的商业利益，确保在激烈的市场竞争中保持领先地位。

例12-2：离职员工小李使用原公司成果案。

某科技公司研发部员工小李参与了一个大数据分析项目开发。该项目旨在为客户提供个性化推荐服务。在项目开发过程中，小李负责部分算法设计和实现。

一段时间后，小李因个人原因离职。离职后，他发现大数据分析领域具有广阔的市场前景，于是决定创业，成立一家大数据科技公司。为了快速推出产品，小李想到了原公司的项目成果。

小李离职后，未经原公司同意，将原项目中部分核心算法和技术应用于自己的创业项目中。此举侵犯了原公司的合法权益。

经过审理，法院判决小李及其新公司立即停止使用原项目成果，并向原公司赔偿经济损失。至此，原公司成功维护了自己的合法权益。

小李使用原公司成果案给我们揭示了离职员工未经许可，擅自使用原公司成果所带来的危害。首先，这种行为侵犯了原公司的知识产权，泄露了公司的商业秘密，使得公司的合法权益受到损害。其次，这种行为也会对公司的商业竞争力造成影响，因为公司的核心技术和算法被离职员工带走，可能会导致公司的竞争优势受到削弱。再次，从职业道德角度来看，小李的行为非常不妥，作为员工，应当尊重公司合法权益，遵守公司规章制度，不得擅自使用公司成果。最后，员工应该认识到，只有共同维护公司利益，才能保障自己长远发展。

那么，如何规避此类问题呢？

首先，员工在离职前应当妥善处理手中的工作，确保将工作成果完整归档并移交给公司。其次，离职后，员工应当遵循职业道德规范，避免擅自使用原公司的成果，并尊重公司的合法权益。再次，公司也有责任加强对员工的法律意识和职业道德培训，让他们深刻理解知识产权的重要性，并提升自我保护意识。最后，公司应当在内部建立完善的规章制度，规范员工的行为，以防止类似侵权事件的发生。通过这些措施，可以有效地维护公司的利益，同时也保护了员工的合法权益。

总之，只有从职业道德的角度出发，员工和公司共同努力，才能有效规避离职员工使用原公司成果的问题，保护公司和个人的合法权益，实现企业和个人的长远发展。在我国，尊重知识产权、保护商业秘密不仅是一种职业道德，更是法律责任和社会责任。

例12-3：IT企业商业秘密泄露案。

某知名IT公司致力于研发高科技产品，该公司研发部门员工小王负责一项高端芯片的研发工作。该芯片具有极高技术含量，是公司核心竞争力。为确保产品竞争力，公司对该项目实行严格保密制度。

某天，小王因家庭经济困难，泄露了公司部分商业秘密，向竞争对手出售芯片技术信息。竞争对手以金钱作为报酬，从小王处获取了芯片技术的关键数据。

公司在审计过程中发现，小王计算机中有与竞争对手沟通的记录。进一步调查发现，小王向竞争对手泄露了公司芯片技术的部分关键信息。

该公司立即采取以下措施。

- 终止小王的劳动合同，并将其移送至公安机关处理。
- 加强内部保密制度管理，对研发部门的保密工作进行全面审查。
- 对全体员工进行保密教育，强调保密的重要性及泄露商业秘密的危害。
- 加强与竞争对手的沟通协调，降低泄露信息对企业的影响。

例 12-3 凸显了在信息技术产业中维护商业秘密的重要性。企业需构建一个健全的保密体系，并确保每位员工都能深知并恪守这些规章制度。此外，企业应当强化内部审计程序，以便及时识别并预防潜在的信息泄露风险。对于企业的核心技术及商业机密，必须实施严格的保护措施，并限定相关人员的接触权限。同时，企业需提升员工的保密意识，明确告知其泄露商业秘密可能面临的法律责任。需加强与竞争对手的沟通协调管理，以减轻信息泄露对企业造成的负面影响，从而确保企业的核心竞争力不受损害。员工们应深刻认识到保密工作的重要性，并严格遵守公司规定，避免因短期的利益诱惑而对企业造成长远的伤害。

12.3 不做黑客

例 12-4：黑客的危害。

1. 金融信息泄露的严重后果

在金融科技迅速发展的今天，一家大型金融机构以其高度先进的信息技术系统备受客户信赖。然而，这种信任却在一夜之间被一场网络黑客事件彻底打破。

该金融机构的网络系统遭到了精心策划的黑客攻击，导致大量客户的敏感金融信息被盗取。个人身份信息、账户余额、交易记录以及财务状况等被黑客们出售给不法分子。

客户们面临着前所未有的身份盗窃和金融欺诈风险。他们可能会遭受财产损失，信用评级下降，甚至陷入经济困境。对于这些客户来说，不仅是金钱上的损失，更是心理上的巨大压力。

这一事件也给金融机构自身带来了沉重的打击。客户对其信任度大幅下降，纷纷选择将资金转移到其他金融机构或者寻求更为安全的服务提供者。金融机构不仅面临着声誉上的损失，还需要承担经济赔偿的责任。

2. 电网系统遭破坏的严重影响

一名黑客通过复杂的网络攻击手段，成功侵入了城市的电网控制系统。他们通过远程操作,关闭了多个变电站,导致大面积停电。

这次停电不仅影响了居民的日常生活,还造成了一些工厂和医院的运营中断。许多工厂因此停工,导致生产进度延误和经济损失。医院也不得不第一时间将患者转移,影响了对急症患者的及时救治。

更严重的是,由于电网系统的复杂性和恢复的困难性,这次攻击还导致社会秩序的短暂混乱。居民们纷纷抢购蜡烛、发电机等应急物资,导致市场一度出现混乱。政府不得不紧急调配资源,加强城市安全和治安维护。

例12-4凸显了关键基础设施网络安全的重要性,以及黑客攻击对公共安全和经济的巨大威胁。政府和相关部门加大了对基础设施网络安全的投入和保障,以防止类似事件再次发生。

例12-5:不做黑客。

1. 小王的道德抉择

小王是一名在校大学生,对计算机技术非常感兴趣,并在这个领域展现出了较高的天赋。一次偶然的机会,他发现了一个电商网站的漏洞,可以轻易获取用户的信息。起初,小王出于好奇,利用这个漏洞获取了一些用户的个人信息。但他很快意识到,这种行为是违法的,并且严重侵犯了他人的隐私权。小王果断放弃了这种做法,并主动向该电商网站报告了这一漏洞,帮助他们及时修复了问题。最终,小王因为自己的诚信和道德观念,赢得了他人的尊重,也在未来的职业生涯中取得了很好的发展。

2. 小张的正直与责任

小张作为一位资深网络游戏玩家,不仅具备了丰富的游戏经验,更展现出了高度的责任心和正直品质。当他发现游戏服务器存在严重漏洞,可能导致玩家账号被黑客入侵,造成财产损失和个人信息泄露时,他没有选择利用这个漏洞获取个人利益,而是毫不犹豫地将其举报给了游戏开发者。通过提供详细的漏洞描述和可能的影响,他帮助开发团队及时修复了问题,保障了玩家的权益和游戏环境的安全健康发展。

小张的行为受到了其他玩家的称赞和尊重,他在游戏社区中树立了良好的形象。他的选择不仅彰显了他的责任心,也为游戏产业的健康发展贡献了一分力量。小张以自己的行动展现了对游戏社区的责任和尊重,赢得了社区的信任与支持,为自己未来的发展奠定了坚实的基础。

在互联网经济高速发展的今天,网络攻击已经成为一些不法分子追求经济利益的一种手段,形成了一个完整的黑色产业链。然而,我们必须明确,网络空间不是法外之地,不搞网络攻击是每位网络用户和IT从业人员必须遵守的道德准则。

根据国家计算机网络应急技术处理协调中心的报告，网络仿冒和网页恶意代码等事件的数量正在逐年上升。中国互联网协会的数据也显示，新增计算机病毒样本数量不断增加，尤其是木马病毒。这些数据提醒我们，网络安全形势日益严峻，维护网络空间的安全和清朗是每一位网络公民的责任。

为了避免网络攻击行为，网络用户应当提高安全意识，不单击不明链接，不下载来历不明的软件，不打开带有附件的不明邮件。同时，IT从业人员应当恪守职业道德，不利用技术漏洞进行非法侵入、窃取数据或破坏他人系统。他们应当将技术用于正道，为网络安全的加固贡献力量。

政府在这方面也扮演着关键角色，需要不断完善网络安全法律法规，加强网络监管，打击网络犯罪行为。同时，通过公众教育和宣传，提高全民的网络法律意识和安全意识，共同构建和谐、安全的网络环境。

我国已经制定了一系列网络安全法规，如《中华人民共和国网络安全法》等，为网络空间的管理提供了法律依据。未来，我们还需要进一步完善相关法律体系，确保法律的适用性和前瞻性，以应对不断变化的网络威胁。

总之，不搞网络攻击不仅是法律的要求，更是每位网络公民应尽的责任。让我们携手努力，共同维护一个安全、稳定、清朗的网络空间。

例12-6：几个典型的网络攻击案例。

1．勒索病毒攻击

某家大型制造企业的内部网络遭到了勒索病毒攻击，攻击者通过恶意软件侵入网络，迅速加密了大量重要的生产数据和客户信息。此次攻击导致企业的正常生产流程受到严重影响，客户订单无法处理，给企业带来了巨大的经济损失和信誉损害。

攻击者随后要求企业支付大量赎金，以换取数据的解密密钥。企业不得不寻求专业网络安全公司的帮助，以解决此次危机。经过一番努力，企业最终恢复了部分数据，但仍有部分数据无法找回。

2．钓鱼攻击

某知名银行在一天内遭遇大规模钓鱼攻击，大量客户收到伪装成银行的电子邮件，诱导客户单击链接并输入个人信息和密码。此次攻击导致许多客户账户被盗取资金，给银行和客户带来了巨大的经济损失。

3．社交工程攻击

某大型企业的高级管理人员收到一封伪装成合作伙伴的电子邮件，邮件中包含一个看似正常的附件。然而，该附件实际上是一种恶意软件，攻击者通过虚假工程需求欺骗管理人员打开附件，从而获得了企业内部网络的访问权限，窃取了大量的商业机密。

4．恶意软件攻击

某市政府的官方网站遭到恶意软件攻击,攻击者通过在网站上植入恶意代码,使得访问该网站的用户计算机自动下载并安装恶意软件。这些恶意软件能够收集用户的个人信息、银行账户信息等敏感数据,给用户和政府带来了严重的安全隐患。

例12-6提醒我们,网络安全威胁无处不在,各类网络攻击手段不断演变。因此,无论是个人还是企业,都需要加强网络安全意识,采取有效的防护措施,以保护自己的信息和资产不受损害。

为了进一步强化网络安全防护,以下是个人和企业可以采取的一些补充措施。
- 增强法律意识,了解网络安全法律法规,明确黑客行为的法律界定。
- 学习网络安全知识,提高自身的网络安全意识和防护能力。
- 坚守道德底线,抵制破坏网络秩序的行为。
- 安全使用网络,保护个人账号和密码,不泄露个人信息。
- 防范网络诈骗,不轻信陌生电话、短信和邮件。
- 积极参与网络安全宣传,提高他人的网络安全意识。
- 举报黑客行为,配合相关部门打击网络犯罪。
- 增强自我保护意识,及时采取措施以减少网络攻击带来的损失。
- 关注网络安全动态,了解最新的网络安全资讯和技术创新。
- 建立良好的网络安全习惯,如定期更新软件、安装杀毒软件、不访问非法网站等。

通过以上措施,我们可以提高自己的网络安全意识和防护能力,避免成为黑客行为的受害者或参与者。同时,还能够为维护网络空间的安全与和谐贡献力量。

12.4 保护自己

12.4.1 在办公室中保护自己

例12-7:职场女职员小杨的自我保护。

小杨是一位年轻漂亮的女性职员,在工作中表现出色,但她在职场中却遭遇了性骚扰的困扰。她的上司和一位男同事时常对她进行言语调戏和不当举动。

面对职场骚扰的困境,小杨展现了极大的勇气和智慧来保护自己。她始终保持冷静,拒绝任何暧昧举动,对上司和同事的骚扰坚定地说"不",明确划清自己的底线。小杨注重培养职业化意识,通过穿着得体和提升业务能力来展示自己的专业形象,让同事们认识到她是一个有能力、有原则的女性。

她加强了自我保护意识，学会了与男性同事保持适当的距离，细心观察周围环境，确保自己的安全。当骚扰行为加剧时，小杨坚决反击，她向上级反映情况，寻求同事支持，并收集证据，勇敢地与骚扰者对抗。在遭遇严重骚扰时，她没有犹豫，积极寻求法律帮助，并在律师的指导下向公司提出申诉，要求对骚扰者进行严肃处理。最终，公司在了解事实真相后，对骚扰者进行了严厉处罚，维护了公司的工作环境。小杨的勇敢行动不仅保护了自己，也为创建一个安全和尊重的职场环境做出了贡献。

例12-7告诉我们，只有勇敢地面对和抵抗职场骚扰，才能让女性在职场上得到真正的尊重和平等对待。在职场中，女性员工应加强自我保护意识，学会如何在遭受性骚扰时勇敢地站出来维护自己的权益。通过保持冷静、拒绝暧昧、培养职业化意识、加强自我保护以及法律维权等方法，女性员工可以更好地在职场上保护自己。

根据《职场女性性骚扰防治调查报告》显示，职场女性曾遭遇过性骚扰的比例堪忧，部分女性表示遭遇过多次性骚扰。这表明性骚扰在职场中相当普遍，对职场女性的工作和生活产生了负面影响。报告显示，职场性骚扰主要来自于上司、同事和老板，表明职场性骚扰可能发生在任何职场关系中。具体到性骚扰的类型，职场性骚扰不仅包括言语骚扰、行为骚扰，还可能涉及职场权力滥用、职场歧视等问题。性骚扰可能以多种形式存在，复杂且难以识别。其对受害者的心理和生活产生严重影响，如可能导致职场女性自信心受损、工作效率下降、职业发展受限等问题，长期遭受性骚扰的职场女性可能会考虑离职，甚至放弃职业生涯。

由此可见，职场女性除了注重自身专业能力和业务水平外，还需要关注职场安全问题。职场女性应当坚定地认识到自己的权益不可侵犯，面对任何不当行为都应勇于拒绝，不应因所谓的"面子"问题而忍气吞声。在职场中，维护自身权益是每个人的责任，而强化自我保护意识是达到这一目标的关键。

为此，职场女性可以采取一系列措施来预防和应对职场性骚扰，包括加强防范措施，如避免单独与异性同事或上司相处，提高警惕；提升应对能力，学会在遇到性骚扰时随机应变；增进人际关系，与同事建立良好的合作关系，共同营造和谐的职场氛围；注重心理调适，保持冷静，必要时寻求心理支持；强化法律法规意识，了解相关法律，明确自己的权益；积极沟通与表达，向对方表明自己的底线；创造良好的职场环境，参与企业文化建设，倡导尊重和平等的职场氛围；及时寻求帮助，遇到问题时向上级或相关部门反映；保持自信与勇敢，面对性骚扰时勇于维护自己的合法权益。

通过以上措施，职场女性可以降低遭受职场性骚扰的风险，保护自己的合法权益。同时，职场男性也应关注职场性骚扰问题，共同营造安全、公平、和谐的职场环境。

第 12 章　职业道德与法律规范

12.4.2　合法权益

例 12-8：程序员小李被迫加班的维权之路。

某知名互联网公司的一名程序员小李,在工作中发现公司存在严重的违法加班现象。不仅如此,他还遭遇了职场欺凌和不当待遇。

面对这些困境,小李是如何勇敢地保护自己的合法权益并最终取得胜利的呢?

(1) 了解法律法规：小李首先查阅了《中华人民共和国劳动法》等相关法律法规,明确了劳动者应有的合法权益,包括工作时间、加班工资等。

(2) 收集证据：小李认真记录自己的工作时间,并保存了与上级和同事的沟通记录、加班证明等证据,这些证据将成为他后续维权的重要依据。

(3) 沟通与谈判：在确保自己掌握充分证据的前提下,小李勇敢地向公司提出自己的诉求,要求合理的工作时间和薪资待遇。同时,他积极与同事交流,争取更多人的支持。

(4) 寻求法律援助：在谈判无果的情况下,小李决定寻求法律援助。他向劳动监察部门投诉,并提供了一系列证据。劳动监察部门对公司进行了调查,最终确认了公司的违法行为。

(5) 维权成功：在劳动监察部门的调解下,公司最终同意与小李签署新的劳动合同,保障合法权益。同时,公司也对职场欺凌现象进行了整治,为员工创造了一个公平、和谐的工作环境。

在 IT 行业工作中,保护自己的合法权益至关重要。面对侵权行为,我们要勇于维权,学会运用法律法规来保护自己。通过收集证据、加强沟通、寻求法律援助等途径,争取自己的合法权益。同时,例 12-8 也告诉我们,勇敢站出来维权,不仅能够维护个人利益,还有助于推动公司改进管理,为全体员工创造更好的工作环境。

例 12-9：程序员小王的被剽窃成果维权经历。

某互联网公司需要开发一款社交平台应用。公司安排程序员小王和小张共同负责这个项目的开发。小王负责核心模块开发,小张负责辅助模块开发。在项目开发过程中,小张发现小王的代码结构和部分功能比较优秀,于是未经小王同意,将这部分代码抄袭到自己的项目中。小王在项目验收时发现自己的成果被侵占,导致项目完成后,小张获得了大部分功劳和奖金。

在发现自己的代码和功能被小张抄袭后,小王采取了一系列措施来维护自己的权益。他首先尝试与小张进行私下沟通,但小张并未给出满意的回应。于是,小王转向利用版本控制系统（如 Git）来追踪和证明自己的工作成果。他创建了一个单独的分支，整理和备份了自己的工作成果，并通过对比版本控制系统的提交记录，收集了足够的证据来证明小张的抄袭行为。

接着，小王向项目领导提出了代码审查的书面请求，并详细说明了小张的抄袭行为和自己的工作成果。他提供了版本控制系统的证据，以支持自己的维权。此外，小王还以书面形式向领导反映情况，强调抄袭行为对项目和团队的影响，以及对自身权益的损害。最后公司领导对小张的抄袭行为进行了严肃处理。

通过上述案例，小王的经历揭示了以下几个关键点。

1．权益自我保护

小王在发现自己的代码被抄袭后，迅速采取了行动，这反映出他对自身工作成果的重视以及对知识产权保护的认识。

2．逐步升级应对措施

小王首先尝试通过友好的私下沟通解决问题，这一尝试虽未能成功，但为后续的正式行动奠定了基础。随后，他巧妙地利用版本控制系统收集证据，为证明抄袭行为提供了有力支撑。

3．正式维权途径

小王通过书面形式向项目领导提出代码审查的请求，这一正式步骤不仅有助于问题的解决，也为小王提供了一个展示自己工作成果和专业能力的机会。

4．明确指出后果

小王在书面报告中详细阐述了抄袭行为对项目和团队的危害，以及对个人权益的侵害，这有助于领导层认识到问题的严重性。

5．公司的积极回应

公司领导对抄袭行为采取了严肃的处理措施，这显示了公司对知识产权的保护和对公平正义的维护，同时也为小王提供了一个公正的处理结果。

例 12-9 凸显了在知识产权遭受侵犯时，采取合适、合法的维权策略的重要性。

在 IT 行业，维护个人的知识产权不受侵犯至关重要。只有通过增强自我保护意识和熟练掌握相应技巧，才能有效地防止自己的工作成果被剽窃，从而保障自己的合法权益得到维护。

12.5 实 践 训 练

1. 举一个你身边的敬业的例子,通过该例子谈谈你对全心全意工作的理解。
2. 采用不正当手段查看别人邮箱是否属于违法行为?
3. 选择一个工作岗位,列出这个岗位应遵守的基本职业道德。
4. 如果有朋友请你攻击别人的计算机或者网络,你会怎么办?
5. 结合平时所学过的专业知识,说说如何防止网络攻击。

第 3 部分
职业生涯

第 13 章　职业生涯规划

　　职业生涯规划对每个人都有重要意义，可以帮助我们实现职业目标，提高竞争力，平衡工作和生活的关系，提升自我认知。首先，职业生涯规划能够帮助明确职业方向和目标，避免职业发展的盲目性，造成时间浪费。通过制订具体的职业计划，个人可以更加有效地追求职业梦想，实现自我价值。其次，职业生涯规划可以提高个人职业竞争力。在当今竞争激烈的职场中，具备明确目标和计划的人往往能够更好地适应市场需求，获得更好的工作机会。再次，职业生涯规划还可以帮助个人平衡工作和生活，实现身心健康和家庭幸福。通过规划职业发展，我们可以管理好个人时间和精力，合理分配工作和生活娱乐时间，提高工作效率和生活质量。最后，职业生涯规划是一种自我认知和自我发展的过程，在规划职业生涯的过程中，每个人能够更好地了解自己的兴趣、价值观和潜力，从而发现更多职业机会和可能性。因此，尽早做好职业生涯规划，能够帮助我们尽早成功。

知识目标：

- 了解职业生涯规划的重要性；
- 初步掌握职业生涯的规划方法；
- 了解什么是能力分析以及如何进行能力分析；
- 了解职业资格证书的意义和作用；
- 区别职业发展与职业生涯规划。

实践目标：

- 熟练使用多元智能模型和胜任力方法分析自我；
- 根据证书特点，设计自身职业资格证书获取规划；
- 根据终身学习理论，制作一份符合自己特点的学习方案。

素质目标：

- 培养制订长远规划、远期战略的能力和意识；
- 培养不断提升自我认知的能力；
- 培养终身学习的习惯。

第 13 章　职业生涯规划

13.1　职业生涯规划基础

13.1.1　以终为始

> 🟠 **拓展阅读：马斯洛的需求层次理论。**
>
> 著名心理学家亚伯拉罕·马斯洛（Abraham Maslow）提出了需求层次理论，人们的需求从低到高分别是生理需求、安全需求、社交需求、尊重需求和自我实现需求。
>
> 生理需求是人类生存的基本需求，包括食物、水、空气、睡眠等，这些需求具有自我和种族保存的意义，当生理需求得到满足后，才会考虑其他更高层次的需求。
>
> 当生理需求得到一定程度的满足后，人们会产生对安全的需求，包括对生命安全、财产安全、职业安全和心理安全的需要，当这些安全需求得到满足时，人们才会感到真正的安全和稳定。
>
> 随着前两个层次的需求得到满足后，人类就会产生进一步的社会性需要，包括归属和爱的需要。人们渴望与他人建立联系，加入某个团体或组织，被接纳和认可，渴望得到他人的爱和关怀。
>
> 尊重需求包括自我尊重和他人尊重两个方面，人们希望自己的能力和价值得到认可和尊重，同时也希望自己能够独立自主地做出决定和行动。
>
> 自我实现需求位于最高层次，是指个体希望自己的潜能和天赋得到充分发挥和实现。人们追求自我实现的过程是一个不断成长和发展的过程，在这个过程中，人们会不断地追求更高的成就和目标。
>
> 马斯洛需求层次理论认为，不同层次需求的发展进程不仅与年龄增长相适应，而且与社会经济背景、受教育程度有关。他认为，只有在较低层次需求得到满足后，人们才会追求更高层次需求。

随着当前社会物质越来越丰富，教育水平和普及程度越来越高，大部分人的工作目的转向获取社会尊重和实现自我。因此，"以终为始"的职业生涯规划方法更符合当前社会背景，同时也会更符合自身情况，如图 13-1 所示。

"以终为始"的规划方法在一定社会背景下，能够更好地帮助人们获取成功。该方法强调在做任何事情之前，都要先明确目标，然后根据目标来制订计划及采取行动。

13.1.2　确定目标

例 13-1：阿尔法公司员工职业规划。

阿尔法公司对员工非常关心，为每个员工都设计了双向晋升通道，与岗位需求相结合，使有管理能力和管理潜质的员工顺利成长为管理者,同时也使潜心钻研技术、有技术特长的员工通过努力顺利成长为某个专业/业务领域的专家,为员工职业成长提供了广阔空间。阿尔法职工晋升通道如图 13-2 所示。

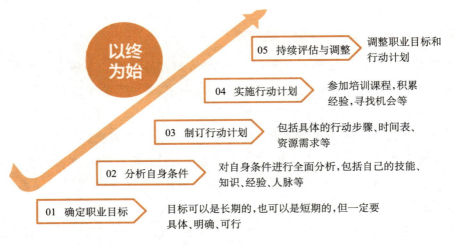

图13-1 "以终为始"的职业生涯规划方法

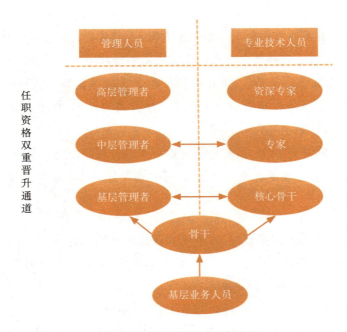

图13-2 阿尔法职工晋升通道

一般而言,一个人职业生涯的最终目标可能包括以下几个方面。

(1)寻求职业生涯发展。这种情况通常出现在大企业、机关事业单位中,个人在职业生涯中不断学习和成长,提高技能和能力,获得更好的职业机会和晋升机会。

(2)谋求更多经济收入。在企业工作或者创业的人,通过职业生涯获得足够经济收入,以支持自己和家庭生活需要。

(3) 获取职业满足感。科研机构中，一些人通过发挥自身特长，在职业生涯中获得成就感和满足感，感受到自己的职业价值和意义。

(4) 争取社会认可。例如，一些从事艺术创作的人，通过作品获得社会认可和尊重，提高自己的社会地位和声望。

(5) 实现个人兴趣和爱好。如果能够在职业生涯中发挥自己的兴趣和爱好，实现自己的梦想和追求，将实现自我和职业生涯结合起来，可获取最大成就感和满足感。

"以终为始"职业生涯规划的目标应尽量做到可度量、具体、可达到、相关性强且具有时限性。但是也要注意几个问题：一是职业生涯规划不仅是为了实现职业目标，更是为了促进个人成长和发展；二是职业生涯规划是一个持续过程，需要具备灵活性和适应性，目标也不是一成不变的，要根据个人能力和视野适当改进；三是相信自己的能力和价值，勇于面对挑战、坚持自我、创造价值。

13.1.3 能力分析

对于个人来说，通过深入的能力分析，可以更加清晰地了解自己的优势和劣势，找到最合适的职业方向和发展路径，从而在职业生涯中更好地发挥潜力。即使自身能力和兴趣、目标不匹配，能力分析也可以帮助个人识别和弥补自身不足，提升个人在职业市场中的竞争力。自我能力分析理论和方法很多，这里我们仅介绍常见的多元智能理论和胜任力模型。

1) 多元智能理论

霍华德·加德纳（Howard Gardner）博士于1983年在《智能的结构》一书中首次系统地提出多元智能理论，如图13-3所示。他认为，人类思维和认识的方式包括多元能力，每个人智能结构独特，都有自己独特的优势和特点。自我能力分析可以从多个方面进行，包括语言智能、逻辑数理智能、空间智能、身体动觉智能、音乐智能、人际交往智能、自我认识智能等。

2) 胜任力模型

胜任力模型（competence model）是一种针对特定职位表现优异要求组合起来的胜任力结构，可以用该模型来指导职业生涯规划。通常人员的个体能力分为可见的"冰山以上部分"和深藏的"冰山以下部分"："冰山以上部分"包括知识和技能，是容易了解和测量的部分；"冰山以下部分"包括社会角色、自我形象、特质和动机等，这些特征对人员行为及绩效产生关键影响。

自我能力分析可以基于胜任力模型，分析自己的能力和职业生涯目标能力要求之间的匹配程度，从而确定目标是否适合自己，或者还缺乏哪些实现目标的能力。

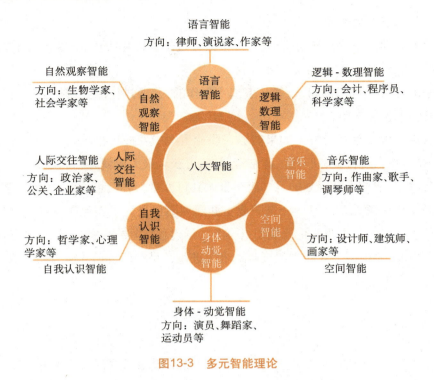

图13-3 多元智能理论

13.2 专业能力与职业素养

13.2.1 专业能力

例13-2：电子信息大类专业的人才培养方案。

在人才培养方案制订过程中，负责人会充分考虑社会岗位对专业能力的需求，从而最终确定课程体系，确定每门课程的学习时间、内容、方式。

电子信息大类专业是一个广泛的领域，涵盖了电子技术、信息技术、通信技术等多个方面。在不同的教育层次，电子信息大类专业会有不同的细分和专业方向。随着技术发展和行业需求的变化，新的专业方向和细分也会不断出现。例如，在人工智能、大数据、物联网等新兴技术领域，电子信息大类专业也会拓展出新的专业方向。具体专业设置和名称可能会根据不同高校的实际情况有所差异。

专业是一种学业分类，是高等院校或者高等职业院校根据学科分类或者生产部门的分工把学业分成的门类。

专业和职业之间呈现出一种复杂的相关关系。其中的联系可以概括为三种：一对多的关系、多对一的关系、一一对应的关系。一对多就是指一个专业对应多个职业方向，这些专业一般是学习内容比较广博,发展方向可以分散的专业,如哲学、历史、中文、经济学等;多对一就是指不同专业可以发展成为同一个职业方向,这种职业一般技术含量不高,但要求个人在实践中自己领悟和学习,如业务开拓人员、新闻记者、企业管理人员等;一一对应则一般为技术性较强、专业分工明确的中职、高职类工科专业。

在制订人才培养方案时,不同教育层次的电子信息大类专业会有不同侧重点,负责人会根据社会岗位需求、学生专业能力预期,以及教学资源可用性来设计课程体系,进而制定教学大纲。

总的来说,随着教育层次提高,人才培养方案中理论教学的比重逐渐增加,同时研究与创新能力培养也越发重要。每个层次的教育都旨在使学生能够适应相应社会岗位需求,并具备解决实际问题的能力。

13.2.2 职业资格证书

不少职业类院校要求毕业生具有双证书,即毕业证和资格证书。IT 行业证书种类繁多,大学生时间、金钱有限,不少人都困惑于是否应该多获取证书以及获取哪些证书。

(1)获取证书的过程能够促使主动学习,避免虚度光阴,因此上学期间,充分利用课余时间获取证书,能够在一定程度上帮助大学生合理利用时间。同时一般来讲,证书也能够直观地反映专业能力和素养,能够帮助别人更好地认识你。

(2)证书也在一定程度上体现了公司的形象和价值观。尽管 IT 行业的企业通常更注重解决实际问题的能力,但有时证书能够帮助提升公司的整体形象。此外,不少招标项目要求投标企业必须拥有具备特定证书的员工,这进一步说明了证书在提升公司竞争力方面的重要性。

(3)如果在事业单位就职,职业资格证书是职称晋升重要依据之一,无论是在学校中,还是在工作中,获取更多证书,尤其是"含金量"高的证书,尤为重要。

(4)注意获取证书并不是目的,最终目的通过获取证书这个过程提升自我。在实际工作中,老板或上级除了看重拥有相关证书外,更重视能力和素养。

例 13-3:C 经理的行业证书。

C 经理毕业已经快十年了,从上大学开始,C 经理就认真规划、合理统筹,取得了多个 IT 行业证书。

C 经理获取的含金量最高证书是计算机技术与软件专业技术资格(水平)初级和中级证书。计算机技术与软件专业技术资格(水平)考试是由中华人民共和国人力资源和社会保障部、工业和信息化部领导的国家级考试,对全国计算机与软件专业技术人员进行专业技术资格认定和专业技术水平测试,直接与职称、企业资质评审等挂钩。

C经理大学期间考取了全国计算机等级考试（NCRE）三级、四级证书。NCRE是由教育部教育考试院主办，面向社会考查应试人员计算机应用知识与技能的全国性计算机水平考试体系。该项考试是一个权威性的计算机水平考试体系，但与职称、企业资质评审等基本不挂钩，并且考试费用较低，因此参加考试人员以在校生为主，非计算机专业学生获取二级证书即可。

C经理工作之后考取了一些企业认证。不少大型IT企业提供认证证书。例如，C经理获取了HCNP，这是华为公司面向网络技术领域提供的认证体系，包括HCNA、HCNP、HCIE等不同等级的证书，这些证书在对华为公司相关岗位求职中有比较大的作用。

另外C经理还有一些其他政府部门、行业协会提供的认证体系证书，这些证书一般不和职称、企业资质评审挂钩，也不能很客观地反映证书拥有者能力，社会认可度相对较低，在工作中很少用到。虽然IT企业管理者主要看能否完成项目，但拥有一个含金量较高的证书，能够更好地证明自我，也是坚持学习的动力之一。

这里需要特别指出的是，大部分证书的获取都需要付出精力和金钱，了解证书、规划证书获取，从而尽量以最少的精力、金钱付出，获取"含金量"最大的证书，促进个人职业生涯健康发展。另外，每个人情况不同，因此在获取证书过程中不能一味地攀比，要根据自身能力和职业生涯规划，有计划地获取最能帮助自己成功的证书。

13.3 职业发展

13.3.1 职业生涯规划

例13-4：C经理的职业生涯规划。

C大学毕业后，加入了阿尔法信息技术有限公司，经过几年的奋斗，成为公司中层，并负责几个项目，C经理对自己职业生涯规划如下。

职业生涯目标：依托自己专业知识，创办一家IT培训类公司。围绕这一目标，具体计划如表13-1所示。

表13-1　C经理职业生涯时间、目标计划表

目标	计划	时间*
积累工作经验	在一家IT公司或相关领域的工作岗位上积累实践经验，学习行业知识和技能	2～3年
	在所在公司或行业中，通过努力工作和积累经验，逐步提升自己的职位，获得更多的工作经验和能力锻炼，尤其是领导力和团队协作能力	3年
	通过参加培训、交流会和行业活动等方式，深入了解所在领域的行业动态、发展趋势和市场需求	5年

续表

目　标	计　划	时间*
人脉累计	在工作过程中,寻找有共同兴趣和经验的合作伙伴,累积同行人脉,为创业计划做好准备	5 年
	尝试组织和管理一支高效、忠诚的团队,一旦离职创业,团队愿意继续支持	3 年
	注意累积客户人脉,同时积攒一些未来能够给予资金、其他资源支持的人脉	长期
创业	通过工作经验累积,摸清行业痛点,做好市场调研	参加工作后 5～10 年内
	统筹客户、资金、团队,准备创业	
公司经营	创业期:根据市场情况,管理公司团队,经营公司	30 年左右
	公司稳定期:寻找职业经理人,做好公司运维管理	
退休	完成自我设定的目标	65 岁以前

注:这里完成计划所用时间,并不是单一的,而是可以重叠的。

这里正是应用了以终为始的职业规划方法,按照创办企业、设定退休目标来完成职业生涯规划和设计。无论你的目标是否远大,都应尽量对自己的职业生涯进行一定的规划。准备在 IT 行业打拼的人,可以通过对以下问题进行反复斟酌、综合分析,以确定自己的最佳职业生涯发展路线。

- 我希望往哪一方向发展?
- 我正在学习的是什么?
- 规划的目标适合我吗?

要结合个人的兴趣和特质确定具体的职业发展路线,选择你希望进入的行业和职业作为主要方向。刚开始工作时,通过几年的严格学习,对整个行业有所了解,也了解行业运作模式,特别是进一步明了自己的能力。接下来选择一个适合自己的工作岗位,并不一定要看重这个岗位有多么好的待遇,只要能够提高自己的技术技能,并且具有一定职业发展机会,就说明这是一个适合自己的岗位。在这个岗位上多向身边的人学习,通过反复实践和练习,最终使自己的综合能力得到提高,获取职业生涯的成功。

13.3.2　职业发展的方法

计划不会自动执行,一个人做完职业生涯规划后,并不意味着其就能够获得职业生涯的成功,关键在于具体的行动,并获取相关资源的支持。此外,需要体系化、持续性地进行改进和调整,并不断地进行自我评估。

(1) 确定适合自己的岗位和上升路线。每个人都有独特的能力、工作方法、人格特质,而这些特质与某些社会职业相关联。通俗地说,就是找到适合自己的工作,人和职位相匹配是职业生涯成功的基础。

（2）在获取合适的工作岗位之后，将职业生涯规划分解为短期、中期和长期目标，并且为每个目标设定明确的时间表和里程碑，依次制订实现这些目标所需的具体步骤和行动计划，以确保职业生涯规划可实现。

（3）理性设计职业生涯目标，积极寻求家人、朋友、同事或导师的支持与帮助，建立合理的社交网络，加入一些社会组织，以获取更多社会资源。根据职业生涯规划，确定需要提升的技能，参加培训课程、在线学习或考取相关证书，以提高竞争力。

（4）职业生涯规划的实施需要自律和毅力。养成良好的习惯，如定期学习、保持健康生活方式等，以确保计划持续执行。

没有谁的人生总是一帆风顺的，每个人在工作中总会遇到意外情况，适当制订应急方案、保持积极心态，对职业生涯规划的实施至关重要。既要相信自己有能力实现设定的目标，勇于面对挑战和困难，又要学会平衡工作和生活之间的关系，毕竟工作不是人生的全部，给自己和家人带来健康、幸福才是工作的根本目的。

13.3.3　女性的职业生涯

与金融、法律、贸易等其他"白领"岗位相比，IT行业有三个特点。

（1）IT行业常常需要实际操作和解决问题的能力，如程序设计、计算机系统维护、网络工程等。

（2）在IT行业中，特别是某些职位如咨询师或系统集成师，可能需要经常出差，尤其是一些现场工程师，甚至要到境外出差，并且经常长时间出差。例如，某软件公司员工年平均出差时间可以达到280天。

（3）IT行业的技术和工具在迅速更新，这需要从业人员不断学习。一旦因为某些原因长时间离开工作岗位，很难继续完成原有工作。

这些因素会对大部分女性IT从业者构成挑战，如果能够认识这些困难，克服这些挑战，女性也能在IT行业中取得杰出的成就。当然，与男性相比，女性有其独特的优点。

（1）女性视角更为多元化。通常能够从不同视角看待问题，并提出新的解决方案。这有助于团队更全面地了解问题并找到更好的解决方案。

（2）女性有更强大的沟通和协作能力。女性通常更擅长沟通和协作，这有助于她们在团队中更好地发挥作用，与其他团队成员建立良好工作关系。

（3）女性能够更好地关注细节和注重质量。因此在一些工作岗位上能够更好地发挥作用，如软件测试、网络安全保障、质量监控等。

职业女性在规划职业生涯的时候，要注意下面几个问题。

- 确定职业目标，选择某个IT职业方向。

- 评估自己目前在这个职业方向上的能力现状,并分析自己与这个职业方向上的高级或资深人员在能力方面的差距。
- 根据能力差距确定能力提升计划。制订 2～3 年的发展计划,通过培训、自学、拜师学习等,有意识提高自己的能力。

设计职业生涯过程中,一般女性的职业生涯具有以下特点。

- 一阶段模式,即倒 L 形模式。其特点是女性参加工作之后,持续工作到退休,结婚生育后女性承担工作和家庭双重责任。
- 二阶段模式,即倒 U 形模式。其特点是女性结婚前劳动力参与率高,结婚特别是生育后参与率迅速下降。
- 三阶段模式,即 M 形模式。其特点是女性婚前或生育前普遍就业,婚后或生育后暂时性地中断工作,待孩子长大后又重新回到劳动力市场。
- 多阶段就业模式,即波浪形模式。女性就业是阶段性就业,女性根据自身的状况选择进入劳动力市场的时间,可以多次地进出。

13.4 终身学习

13.4.1 知识更新

在当今社会,知识更新的问题普遍存在,尤其在 IT 行业更为明显。IT 行业的快速发展和技术创新使得知识更新周期缩短,对从业者的学习能力提出了更高的要求。然而,知识更新不仅是 IT 行业所面临的挑战,其他行业如医疗、金融、教育等同样存在这一问题。

为了使各行业适应知识更新,我国制定了一系列专门的规章制度。这些规章制度旨在为相关专业技术人才提供支持和保障,鼓励相关人员不断学习和更新知识,以保持自身的竞争力。政府设立了继续教育基金,为在职人员提供培训和学习的机会。同时,企业与培训机构合作,开展内部培训项目,使员工能够及时掌握最新的技术和知识。

> 拓展阅读:学习——累积人生正能量的最佳途径之一。

在当今数字化时代,学习被认为是累积人生正能量的最佳途径之一。特别是在 IT 行业,学习不仅能够提升个人技能和知识,还能够为职业发展和个人成长带来积极的影响。

1. 持续学习的必要性

在 IT 行业,技术日新月异,持续学习成为行业发展的关键。通过不断学习,IT 专业人士能够跟上行业的发展步伐,保持竞争力。这种持续学习的过程不仅能够提升个人技能,还能够为职业发展提供新机会。

2．提升专业技能

学习是提升 IT 专业技能的重要途径。通过学习，IT 专业人士可以掌握新的编程语言、软件开发工具和技术框架。这不仅能够提高工作效率，还能够为解决复杂问题和开发创新解决方案提供更多的可能性。

3．促进个人成长与职业晋升

学习不仅是为了提升专业技能，还能够促进个人成长和职业晋升。通过学习，IT 专业人士可以培养解决问题的能力、创新思维和团队合作精神。这些软技能对于在 IT 行业中取得成功至关重要。

4．激发创新思维与创造力

学习可以激发创新思维和创造力。在 IT 行业，创新是推动行业发展的重要力量。通过学习，IT 专业人士可以接触到不同思维方式和解决问题的方法，从而激发创新思维和创造力。

5．培养适应能力

学习还能够培养适应能力。在 IT 行业，变化是唯一不变的。通过学习，IT 专业人士可以培养快速适应新环境和新技术的能力，从而更好地应对行业的变化和挑战。

在不断变化的 IT 行业中，持续学习成为个人和企业适应环境变化的关键。知识更新对于个人而言，意味着不断提升自己的专业能力和素质。主动学习、持续学习成为职业发展的关键。个人可以通过参加行业研讨会及学习网络课程等方式，不断拓宽知识面和技能储备。此外，跨学科的交流与合作也是提升自身能力的重要途径。对于企业而言，知识更新是推动创新和转型升级的基础。企业需要不断引进新技术、新理念，提升产品和服务的竞争力。通过培养高素质的人才队伍，企业能够更好地适应市场变化，实现可持续发展。

知识更新不仅是个人和企业的需求，也是社会发展的需要。一个学习型社会能够培养更多高素质人才，推动科技创新和经济增长。政府、企业和个人共同努力，增强知识更新的意识，将有助于构建一个知识更新迅速、创新能力强的社会。

13.4.2　终身学习的意义

应对知识不断更新的最好办法就是不断进行学习，现代很多组织和个人都意识到了终身学习的重要性。

公司对员工的要求不仅是能够完成本职工作，同时还要求员工根据职业发展和职业知识基础进行不断的自我学习。在人力资源非常重要的今天，保持组织核心人员知识更新，对组织具有一定战略意义。

拓展阅读：德国的职业教育。

为满足本国IT领域的人才需求，20世纪末，德国联邦职业教育研究所经过数年研究与实践，制订了德国IT领域继续教育方案。该方案同时考虑了职业教育与职后教育的衔接，将IT领域继续教育分为四个层次：技术工人、技术专家、实施专家和战略专家。各层次的职业资格均由国家认定。所涉及的资格（进修）证书也必须通过国家授权的考试才能获得。方案中各层次的资格（进修）证书与高等学校IT专业的学历证书相互等值，实现成绩的互认。

1）技术工人

技术工人对应的学历层次为中等职业教育（"双元制"）层次，涉及IT系统电工、专业信息员、IT系统商务员和信息商务员4个专业。全德统一考试，由工商行会、手工业行会根据《职业培训条例》中有关规定组织命题和实施考试。通过者可获得全国通用技术工人证书。

2）技术专家

技术专家作为晋升本领域更高层次资格的前提。这一层次的资格涉及软件开发、方案开发、技术员、协调员、管理员和咨询员共6个领域的29个专业。为此，德国还专门建立了"技术专家职业资格"证书体系。该层次相当于我国的专科学历层次。

3）实施专家

对应的学历层次为工学学士，涉及经考试的IT工程师、IT管理师、IT咨询师和IT经济师4种技术专家称号。"实施专家"资格考试以工作过程为导向，要求应试者在考试中完成与企业实际工作情境、运行过程及个人能力展示紧密相关的三部分工作。经考试合格者可获得"实施专家"职业资格。另外，应试者如果通过加试相应科目，还可获得"实训教师"资格。

4）战略专家

对应的学历层次为工学硕士，涉及技术取向的IT系统工程师和商务取向的IT经济工程师两种专家称号。其职业资格考试也是基于工作过程导向，由与企业战略、工作情境、个人能力评估紧密相关的三部分内容构成。

（资料来源：姜大源.当代德国职业教育主流教学思想研究：理论、实践与创新[M].北京：清华大学出版社，2007.）

从中我们可以看出德国职业教育方案的一个突出特点，在于实现了传统学院派教育与实用资格体系间的融通，在融通的同时借助学分制实现继续教育方案中的学习成绩和考试成绩与高校的专业学习成绩间的转换与互认。其中，职业教育证书与普通教育证书之间体现为一种间接等值的关系。德国IT继续教育方案是"双证"在职前与职后贯通、学历文凭与职业资格衔接的背景下实现一体化的典型范例。

很明显，德国通过职前的学院教育和职后的继续教育来实现终身教育。在一些其他国家，都有着类似的制度来保障终身学习，终身学习目前已经成为促进全球社会发展的重要引擎，什么原因促使这些国家不约而同地推动终身教育呢？

1．人本性

人作为一种高级生命存在形式，从呱呱坠地开始，就在不断地学习，从坐、卧、爬到行走，从咿咿呀呀到精通几门语言，人类时时刻刻都在学习。学习曾经是人与人之间相互区别的重要方面，而今天学习已经成为城市与城市、国家与国家间的重要区别。每个人在出生的时候几乎是相同的，但是后天的学习经历是不同的，这成为社会上成年人之间产生差距的重要原因之一。

2．人发展需要

一般年轻人在就业的时候，通常是在普通的工作岗位上，随着工作年限的增加，一部分人会逐渐向高级岗位上移动，这时就需要不断学习新岗位所需要的技能。没有人不喜欢升职加薪，但是更高的职位意味着更强的能力和更大的责任，而能力的获取来自于不断学习和日常经验的积累。

3．社会发展需要

科学技术在不断进步。以信息技术发展为例，在 20 世纪末期和 21 世纪初期，由于信息技术的兴起，大量的技术工作岗位要求更新能力，促使很多人走进了各种各样的培训班，甚至脱产、半脱产的教育机构，进行信息技术的学习。很多人感觉到当今社会压力大，而压力很大一部分就是来源于知识的不断更替，这种更替迫使你需要不断学习以适应社会的发展。

4．知识、能力传递的重要途径

很多知识的获取，需要将课本知识和实践知识相结合，学院教育通常传授广阔的基础知识，而社会实践是对这些基础知识的印证。只有将这两方面有机结合起来，才能形成专业知识体系，成为专业领域内的专家。理论与实践的有机结合，正是在不断的学习、归纳、总结中完成的，是终身教育学习体系的一部分。

13.4.3　学习型社会

学习是人类认识自然和社会、不断完善和发展自我的必由之路。无论是一个人、一个团体，还是一个民族、一个社会，只有不断学习，才能获得新知、增长才干、跟上时代。国家强调形成全民学习、终身学习的学习型社会，促进人的全面发展，这就从深度和广度上对学习提出了新的更高的要求。

建设学习型社会与终身学习和全民学习分不开,前文已经讨论过终身学习的重要性。很显然,如果每个人都坚持终身学习,那么在社会中就能够形成全民学习的风气,这将非常有利于学习型社会的建设。

终身学习是指人一生都要学习。从幼年、少年、青年、中年直至老年,学习将伴随人的整个生活历程并影响人一生的发展。当今时代,世界在飞速变化,新情况、新问题层出不穷,知识更新的速度大大加快。人们要适应不断发展变化的客观世界,就必须把学习从单纯的求知变为生活方式,努力做到活到老、学到老。

全民学习,指的是学习主体的范围,它要求一个国家、一个地区或者一个民族的人都要学习。如果说,过去的学习往往带有一定的个人色彩,可以是一个或某些人的事情,那么在世界多极化和经济全球化、科技日新月异、综合国力竞争日趋激烈的现在,学习早已超出了个人的范围,而关系着一个国家和民族乃至全人类的生存与发展、文明与进步。一方面,现代经济社会的发展越来越取决于科技进步和劳动者素质的提高;另一方面,世界范围的竞争越来越表现为人才的竞争。

终身学习和全民学习是从时间和范围上对学习提出了要求,而学习型社会则是从营造氛围、建立制度、提供保障等方面对学习做出了规定。学习型社会是20世纪60年代由美国学者哈钦斯首先提出的。20世纪70年代,联合国教科文组织提出:人类要向着学习型社会前进。此后,许多国家相继开展了学习型社会创建活动。所谓学习型社会,就是有相应的机制和手段促进和保障全民学习和终身学习的社会。

教育的根本目的是培养人、造就人,现代社会比历史上任何时期都更需要教育在造就新人方面发挥它的独特功能。社会发展变化要求人们终身学习,也要求社会形成学习型社会。

教育的根本目的是培养人、造就人,这一理念不仅体现了教育的人文关怀,更彰显了其在推动社会进步中的核心价值。现代社会正经历着前所未有的技术革新、经济转型和文化交融,比历史上任何时期都更需要教育在造就新人方面发挥其独特功能。这种功能不仅在于传授知识和技能,更在于塑造具有健全人格、创新思维和社会责任感的时代新人。随着知识更新速度的加快和职业需求的多元化,社会发展变化对个体提出了更高的要求——人们必须树立终身学习的理念,持续更新知识结构、提升综合素养。与此同时,这种变化也要求整个社会积极构建学习型社会,通过完善教育体系、优化学习资源、营造学习氛围,使学习成为每个人的生活方式和社会发展的内在动力。唯有如此,教育才能真正成为个人成长与社会进步的桥梁,为人类文明的持续繁荣奠定坚实基础。

13.5 实践训练

1. 自己通过网络资源、行业报告、职业指导书籍等,研究至少三种不同的IT职业(如软件工程师、数据分析师、网络安全专家)。

2. 完成自我评估,包括兴趣测试、技能评估和价值观分析,以确定最适合自己的IT职业。

3. 撰写一份职业探索报告,报告中包括对所研究职业的概述、个人评估结果以及职业发展计划的初步设想。

4. 学习职业相关的在线课程,以提升相关技能。

5. 关注政策与培训,把握政府支持的技能培训机会。

第 14 章 压力管理

压力是每个人都要面对的一种紧张状态，这种状态在生活中表现为两面性：破坏性和激励性。显然我们需要压力的激励性，以促使我们更好地工作；尽量避免压力的破坏性，从而在工作中保持一个健康的心态。

IT 从业者具有相对独特的压力来源，知识更新、职业生涯发展、项目进度、人际交往、家庭和身体等的发展变化都会给从业者带来压力，在精神和心理层面给从业人员造成很大的影响。

本章从讨论压力来源开始，进一步分析压力，从而找到化解过度压力、保持适当压力的方法。

知识目标：
- 熟悉产生压力的原因；
- 初步掌握测试压力的方法；
- 了解减压途径和方法。

实践目标：
- 分析自身压力来源，完成自身压力分析；
- 制订适合自身减压的方式方法；
- 建立适合自身的压力体系，既能够保持前进动力，又能避免压力过大。

素质目标：
- 培养不怕困难、勇于拼搏的精神；
- 提升抗压能力，培养坚韧不拔的精神。

14.1 压力概述

14.1.1 什么是压力

从物理学的角度来看，压力是指垂直作用在物体表面上的力，这与本章讨论的压力显然关系不大。本章主要讨论的是人的心理压力，即精神压力。心理压力是个体在适应生活过程中的一种身心紧张状态，源于环境要求与自身应对能力的不平衡，这种紧张状态倾向于通过非特异的心理和生理反应表现出来。

例 14-1：李同学的心理压力。

李同学是一名大学生。长时间以来，他看书时总担心会有人坐在身后并干扰自己，这导致他总有强烈的不安全感，只有在角落或者靠墙而坐时才能安心，否则无法学习甚至生活。在宿舍里，有几位同学经常开着外放玩游戏、看短视频等，他对这些声音很敏感，简直难以忍受。午休时由于担忧，往往很难入睡；晚上担心会有声音干扰自己，失眠也是家常便饭，睡眠质量得不到保障。但又不好意思跟同学发生正面冲突，因为觉得为这样的小事发脾气，可能是自己的不对。这种心理困境严重影响了李同学的学习，并且经常昏昏沉沉、无精打采。

李同学的大学生活就这样在压力与苦恼中度过，很快他将面临一个更大的考验——毕业。李同学心中一片茫然，担心找不到理想的工作，有时候懒得去想这个问题，怕增添烦恼。李同学学习一般，当看到其他同学都在准备考研究生，他也想考，但是又不能集中精力学习。种种情况造成了他在性格上的自卑感，缺乏自信，生活态度比较消极，认为所有的一切都糟透了。同时他的家庭经济状况一般，认为自己有责任挑起家庭重担，但又觉得力不从心。

尽管大学生活相对比较轻松，但仍然不可避免地产生压力。社会工作人员、高中学生经常面临更大压力，以下是一些造成心理压力的原因。

- 学习工作压力。学习或工作任务繁重、时间紧迫、竞争激烈等因素，都可能导致工作压力过大，从而产生心理压力。
- 人际关系处理带来的压力。像李同学那样，与身边人，包括同学、家人、朋友、同事等之间的关系问题，都会带来较大心理压力。
- 经济压力。适当经济条件是生活基础，财务困难、负债累累、失业等经济问题，会给人带来巨大压力。由于信息技术的应用，个人收入更加透明化，不理智消费、盲目攀比会产生很大压力。
- 健康问题带来的压力。不少人由于先天原因或者后天变故，身体健康状况较差，如残疾、慢性病、器官失灵、长期疼痛等，这些都会给人以压力，且压力会累积。
- 生活不规律。因为生活不规律，不能按时吃饭、休息，从而导致亚健康等问题，虽然每天产生的压力不大，但是累积起来会产生严重心理压力。
- 重大事件变故。当个人突然遭遇重大事件，如失业、离婚、亲人去世等，都会产生巨大的心理压力。

- 环境变化。更换学校、更换工作、搬家等,都会产生一定心理压力,人们需要一段时间来适应环境。
- 自我期望和社会评价。自我期望过高,过于追求完美,尤其是当社会评价与个人期望存在差距时,会产生较大心理压力。

心理压力的来源有很多,包括社会环境性压力源、生活事件性压力源和个体内部性压力源等。面对压力时,每个人都会对这些压力源产生情绪、生理与行为反应。通常每个人都或多或少地存在精神压力,但压力又会因个体差异而存在不同。心理学家一般从下面三个角度来讨论心理压力。

1. 一般单一性压力

一般单一性压力是生活中最常见的压力,可以从日常生活压力、工作压力和身体压力三个方面进行归类,这种压力并不一定只会给人带来负面的影响,也可能促使人产生积极的变化。

(1) 日常生活压力如就读新的学校、乔迁新居、结婚或离婚、怀孕生子、初为人父母等,这种生活的压力根据环境和人类本身的变化是发展变化的。在原始社会和一些极度贫穷的地区,人们的生活压力主要是吃不饱、穿不暖,而当今社会的生活压力主要来源于家庭、社会或自身对个人成绩的期望,以及与身边相对成功人士进行的比较。

(2) 工作压力是社会上最主要的压力来源:对于企业而言,外在主要竞争压力来源于社会和环境的发展变化、竞争对手、潜在进入者;对于个体来讲,工作中的压力来源也有很多,上级领导的关注、同事之间的挑战、对失去客户的担心、业绩评价体系、薪资报酬等都会带来压力。

(3) 身体压力是每个人不可避免要面对的,每个人的情况有所不同,主要包括进入青春期、更年期、老年期、生病或身体不适等,在所有压力中,只有身体压力是必须面对且基本上都是带来负面影响的。无论在什么情况下,我们都要学会勇敢面对身体带来的压力。

2. 叠加性压力

相对于一般的单一性压力而言,叠加性压力是极为严重和难以应对的压力,它给人造成的危害很大。

顾名思义,叠加性压力通常是几种压力同时出现,这个时候压力具有叠加性,也就是我们经常说的"屋漏偏逢连夜雨"。例如,当一个人的身体健康出现问题时,通常也会随着出现工作和家庭等方面的问题,这些问题如果单一地出现在生活中,一般人还是能够应付的,但是当叠加在一起时,给人带来的压力就会超过单独压力之和,使人难以应付。

3. 破坏性压力

一些压力给人的身心带来极大危害,这样的压力称为破坏性压力,这些压力一般是指较大变故给经历者带来的身心上的变化,也称为极端压力。包括战争、大地震、空难、遭受攻击、被绑架等。经历极端压力之后,心理症状是多方面的,情绪症状以沮丧为主。例如,在一些影视剧中,我们经常看到一些正直的人,因战友战死而自己获救产生罪恶感,从而变得易激动、暴怒,同时伴有攻击行为,与亲人变得疏远,丧失当时的记忆,注意力难以集中等。

对于大学生而言,最常见的压力有学习压力、人际交往压力、就业压力等。学会调节这些压力,能够给生活带来益处;而如果不会调节自己,则会出现心理问题。

学不会调节压力,不仅会给校园生活蒙上不快乐的阴影,同时也表明没有准备好踏上社会。无论从哪个角度来看,社会上带来的压力都要远远大于校园压力。如果在学校中不能学会化解压力带来的危害,或者利用压力来驱使自己前进,一旦踏入社会,压力可能会进一步放大,那时必然会带来更多问题。

14.1.2 压力的双面性

从生理学角度来看,心理压力会引起个体的生理反应,如心跳加速、血压升高、呼吸急促等;从社会学角度来看,心理压力是由社会环境、生活事件等外部因素造成的,这些因素会对个体的心理和行为产生影响。

需要注意的是,心理压力并不是一种疾病,而是一种正常的生理和心理反应。适度的心理压力可以激发个体的潜能,提高应对能力,但过度的心理压力则会对个体的身心健康造成损害。因此,需要学会调节心理压力,保持身心健康。

压力具有两面性,即破坏性和激励性:一方面,过度的压力能够破坏人的身体健康以及产生精神破坏性;另一方面,适当的压力有利于激励人的斗志,使人在竞争中获胜以及更高效率地工作。

过大的心理压力会对身体健康造成损害,如削弱人体免疫力,使外界致病因素引起机体患病。

1. 压力的破坏性

1) 对身体的破坏性

从医学的角度来看,当我们遭遇压力时,脑垂体立即分泌多种激素,将体内的蛋白质转化成糖类,以应体力急需,接着血压会升高,矿物质会从体内骨骼中分解出来,还会燃烧脂肪供能。

这种应急是体内资源的大调动,资源不够时可能出现挖东墙补西墙的情况。倘若压力持续存在,胸腺和淋巴结中的蛋白质便会用尽,并开始消耗身体其他部位如血浆、肝和肾里的蛋白质。胃溃疡的发生,并不仅与胃酸过多有关系,有时是胃壁的蛋白质被挪用所引起的。分析尿液中流失的氮可以发现,一天所消耗的蛋白质可以多达96克。因此,当天必须摄取等量的蛋白质,才能免于疾病。钙如果被挪用了,会使我们的骨骼变得脆弱。这就是为什么压力会引起很多的伤害性转变,从而对相应的组织细胞和器官造成伤害。

这个阶段只要及时增加适当的营养,补充身体细胞的营养需要,就能得到康复,从而维持健康。如果营养不够,便会开始生病,此时再不及时弥补,甚至会导致死亡。

通常情况下,许多病症都是在身体出现一定症状之后发作的,如高血压和心脏病,以及失眠、长期疲劳、头痛、红疹、消化系统紊乱、溃疡、结肠炎、食欲不振等。其他症状更具即时性,如恶心、窒息或口干舌燥。尽管这些症状也可能是其他因素引起的,但毫无疑问,压力是不容忽视的一个重要因素。研究发现,压力还会削弱人体的免疫力,这也揭示了为什么我们在压力状况下更容易患病(如感冒或流行性感冒)。压力可能会加重一些自身免疫性疾病的症状,如风湿性关节炎等。压力还可能会引起头疼、肠部症状,而且当前研究已经证明,压力与癌症之间存在一定关系。在癌症的治疗过程中总是非常重视患者的精神状态,有很多医学的案例表明:误诊的癌症患者在巨大的压力下,也可能非自然死亡;而如果确诊的癌症患者有良好的心态,康复的概率则大大增加。

2)压力与精神疾病

压力会对人的精神产生巨大的影响,甚至能够改变人的性格。通常表现出不关心外表、心情郁闷、精神萎靡、疲倦、紧张、激动、忧心忡忡等情形。各种习惯发生改变:暴饮暴食或食量减少,酗酒,猛抽烟,经常请假。行为方式也可发生改变:易怒,情绪波动,经常失眠,注意力不集中,绩效变差,决策失误,有攻击性。

> **拓展阅读:压力导致精神失常。**
>
> 在 2006 年,有一名 19 岁的职业球员在宿舍精神失常,这位球员十三四岁时离开家乡来到深圳,他的进取心很强,训练非常刻苦,以实现征战中超联赛的梦想。因签证原因,落选一项旨在锻炼与选拔新人的邀请赛,因事前他已告知家人自己会参加,所以落选对他打击很大,喝酒后在宿舍出现精神失常。
>
> 林女士,25 岁,当她连续失去母亲和男朋友时,出现失眠、猜疑等症状,经常会自言自语,甚至毫无理由地痛哭,或者一个人对着镜子微笑。

除去一些遗传性因素外,很多精神失常都是由于外界压力引起的。需要特别注意的是,不仅是一些剧烈的、突发性的压力,如失业、离婚、丧失亲人等容易引起精神失常,一些日常的持续性压力,也可以产生叠加性破坏,从而导致精神失常。对于压力引起的精神疾病,必须要正确面对,精神失常确实是一种精神疾病,但不是我们通常意义上讲的"神经病"或者"精神病",通过一定的心理干预手段以及正确的处理方式,能够缓解精神压力并治愈。

2. 压力的激励性

适度的压力能够给我们带来精神和身体上的刺激,并调动自身的积极性,激发潜能,从而能够取得更大的成就。著名的加拿大医学教授赛勒博士说:"压力是人生的燃料。"适度的压力对于健康是必要的,能使个体注意力集中,耐受性提高,机体活力增强,减少错误的发生,提高工作效率,并且通过锻炼会使个体应对压力的能力和心理素质得到不断的提高。

> **拓展阅读:有志者、事竟成,破釜沉舟,百二秦关终属楚。**

秦朝末期,在各路起义军中,项羽率领的子弟兵在巨鹿一战中破釜沉舟,最终取得了战役的胜利,最后成为起义军中最有名的一支队伍。

当时秦军总指挥章邯派大将王离和涉间包围了巨鹿的赵军,赵军向各路起义军求救,项羽所在的楚怀王的部队由宋义指挥,宋义一直犹豫不决,项羽忍耐不住,最终杀了宋义,夺取了大军的指挥权。

取得指挥权之后,项羽下令将做饭的锅全部砸碎,士兵只带三天的口粮火速向秦军进攻,项羽先派出一支部队,切断了秦军运粮的道路;他亲自率领主力过漳河,解救巨鹿。楚军全部渡过漳河以后,项羽让士兵们好好吃了一顿饭,每人再带三天干粮,然后传下命令:把渡河的船(古代称舟)凿穿沉入河里,把做饭用的锅(古代称釜)砸个粉碎,把附近的房屋统统烧毁,这就是"破釜沉舟"成语的由来。项羽用这个办法表示有进无退、一定要夺取胜利的决心。

楚军士兵见主帅的决心这么大,备受鼓舞。在项羽亲自指挥下,他们以一当十,以十当百,拼死向秦军冲杀过去,经过连续九次冲锋,把秦军打得大败。秦军的几个主将,有的被杀,有的当了俘虏,有的投了降。这一仗不但解了巨鹿之围,而且把秦军打得再也振作不起来,过两年,秦朝就灭亡了。

此役过后,项羽当上了真正的上将军,其他多支军队都归他统帅和指挥,他的威名传遍了天下。

项羽和他的士兵在"破釜沉舟"的巨大压力下,发挥出巨大的战力,以少胜多,最终战胜了强大的秦军。蒲松龄这副对联的下联是"苦心人、无不负,卧薪尝胆,三千越甲可吞吴",讲的是越王勾践在吴国的压力下,"卧薪尝胆",不断努力,最终战胜吴国的故事。

在历史上,类似的典故数不胜数,在现在社会上,压力也是促使成功的重要因素。我们在前面章节中曾经讨论过,一般情况下垄断是没有效率的,而适当的竞争才能带来更高的效率,就是因为竞争能够带来压力。在生活中,要找到"鲶鱼",通过"鲶鱼效应"来保持一定压力,从而持续地给自己带来一定动力,以保持工作的高效率。

完全没有心理压力的情况是不存在的。我们假定有这样的情形,那一定比有巨大心理压力的情景更可怕。换一种说法就是,没有压力本身就是一种压力,即空虚。无数文学艺术作品描述过这种空虚感,那是一种比死亡更没有生气的状况,一种活着却感觉不到自己在活着的巨大悲哀。

在一定程度上,这叫作"动力不足综合征",这种症状有时会出现在处于事业高原期的人身上。有一些人取得了一定的成功,在短暂的一段时间内很难再有所突破,这时候往往处于比较空虚的阶段。

综上所述,在生活中我们需要给自己创造一定的压力,以激发自身潜能,增强工作积极性。但是压力的施加程度要与自身能力相匹配,不是每个人都有像项羽一样的能力,所以在生活中总是要给自己留点后路,不要每次都"破釜沉舟",给自己带来太大的压力。一旦压力过大,尤其是压力的叠加性效果显现出来,则非常容易导致身心疾病的出现,或者是因为过高的压力导致工作失误,最后导致失败。

14.2 心理压力测试

压力可以给人带来巨大的破坏性,同时完全没有压力也是不可取的,因为会使人丧失前进的动力。那么怎么看一个人的压力是否适中以及能否正确地应对压力呢?有很多专家和机构给出了专业的压力测试方式,有的通过图形来测试,有的通过一定的工具来测试,最简便的方式就是通过问卷来测试。下面给出两种压力测试方式,有兴趣的读者可以简单测试一下,看看自己的压力是否合适。

1. 测试方式一

【问题】

(1) 我发现自己为很细微的事而烦恼。
(2) 我似乎神经过敏。
(3) 若受到阻碍,我会感到很不耐烦。
(4) 我对事情往往做出过度反应。
(5) 我发现自己很容易心烦意乱。
(6) 我发现自己很容易受刺激。
(7) 我感到长期处于高警觉的状态。
(8) 我感到自己很易被触怒。
(9) 我觉得自己消耗很多精神。
(10) 我觉得很难让自己安静下来。
(11) 受刺激后,我感到很难平心静气。
(12) 我神经紧张。
(13) 我感到很难放松。
(14) 我感到忐忑不安。
(15) 我很难忍受工作时受到阻碍。

【评分标准】

选"不适用"计1分,选"偶尔适用"计2分,选"经常适用"计3分,选"最适用"计4分。

【结果分析】

A. 15 分及以下：你没有压力。

B. 16～30 分：你有轻度压力,需调试自己的情绪了。

C. 31～45 分：你有中度压力,除自我调节外,还可以寻求心理咨询师的帮助。

D. 46～60 分：你已经处于重度压力之下,建议寻求心理咨询师或精神科医生的帮助,做心理咨询或者根据情况进行治疗。

2．测试方式二

【问题】

(1) 我受背痛之苦。

(2) 我的睡眠不定,且睡不安稳。

(3) 我头痛。

(4) 我颚部疼痛。

(5) 若需等候,我会不安。

(6) 我的后颈感到疼痛。

(7) 我比多数人更神经紧张。

(8) 我很难入睡。

(9) 我的头感到紧痛。

(10) 我的胃有病。

(11) 我对自己没有信心。

(12) 我对自己说话。

(13) 我忧虑财务问题。

(14) 与人见面时,我会窘迫。

(15) 我怕发生可怕的事。

(16) 白天我觉得累。

(17) 下午我感到喉咙痛。

(18) 我心情不安,无法静坐。

(19) 我感到非常口干。

(20) 我心脏有病。

(21) 我觉得自己不是很有用。

(22) 我吸烟。

(23) 我独处时不舒服。

(24) 我觉得不快乐。

(25) 我流汗。

(26) 我喝酒。
(27) 我很自觉。
(28) 我觉得自己四分五裂。
(29) 我的眼睛又酸又累。
(30) 我的腿或脚抽筋。
(31) 我的心跳过速。
(32) 我怕结识人。
(33) 我手脚冰凉。
(34) 我患便秘。
(35) 我未经医师指示就使用各种药物。
(36) 我发现自己很容易哭。
(37) 我消化不良。
(38) 我咬指甲。
(39) 我耳中有嗡嗡声。
(40) 我小便频繁。
(41) 我有胃溃疡。
(42) 我有皮肤方面的病。
(43) 我的喉咙很紧。
(44) 我有十二指肠溃疡病。
(45) 我担心我的工作。
(46) 我口腔溃烂。
(47) 我为琐事忧虑。
(48) 我呼吸浅促。
(49) 我觉得胸部紧迫。
(50) 我发现很难做决定。

【评分标准】

选"总是"计4分；选"经常"计3分；选"有时"计2分；选"很少"计1分；选"从未"计0分。

【结果分析】

A. 93分或以上：你确实正以极度的压力反应伤害自己的健康。你需要专业心理治疗师给予一些忠告，他可以帮助你消减对于压力的知觉，并改良生活的品质。

B. 82～92分：你正经历太多的压力，这正在损害你的健康，并令你的人际关系产生问题。你的行为会伤害自己，也可能会影响其他人。因此，对你来说，学习如何减除自己的压力反应是非常重要的。必须花很多的时间做练习，学习控制压力，也可以寻求专业的帮助。

　　C. 71～81分：压力程度中等，可能正开始对健康不利。可以仔细反省自己对压力如何做出反应，并学习在压力出现时，控制自己肌肉紧张，以消除生理激活反应。

　　D. 60～70分：生活中的兴奋与压力量也许是相当适中的。偶尔会有一段时间压力太大，但也许有能力去享受压力，并且很快地回到平静状态，因此对健康并不会造成威胁。做一些松弛的练习仍是有益的。

　　E. 49～59分：你能够控制你自己的压力反应，你是一个相当放松的人。也许你并没有将所遇到的各种压力解释为威胁，所以你很容易与人相处，可以毫无惧怕地担任工作，也没有失去自信。

　　F. 38～48分：你对所遭遇的压力很不易为所动，甚至是不当回事，好像并没有发生过。这对你的健康不会有什么负面的影响，但你的生活缺乏适度的兴奋，因此趣味也就有限。

　　G. 27～37分：你的生活可能是相当沉闷的，即使发生了刺激或有趣的事情，你也很少做出反应。可能你必须参与更多的社会活动或娱乐活动，以增加你的压力激活反应。

　　H. 16～26分：你的生活中所经历的压力事件不够，或是你并没有正确地分析自己。最好更主动些，在工作、社交、娱乐等活动上多寻求些刺激。做松弛练习对你没有什么用，但找一些辅导也许会有帮助。

14.3　压力管理方式

14.3.1　情绪管理

> **拓展阅读：霍桑实验。**
>
> 　　20世纪初期，管理学家大多数研究运用科学管理手段来提高生产效率，梅奥主持的从1924年开始到1932年结束的霍桑实验，表明了人不仅是"经济人"，同时更是一个情绪化的"社会人"。在提高人的劳动效率过程中，不能单纯像机械一样进行管理，而是要多考虑人的社会性。霍桑实验分为四个阶段。
>
> **1．照明实验**
>
> 　　照明实验的目的是弄明白照明的强度对生产效率所产生的影响，这项实验前后共进行了两年半的时间。然而照明实验结果令人感到困惑不解，照明并没有明显地改变实验结果，因此有许多人都退出了实验。
>
> **2．福利实验**
>
> 　　1927年梅奥接受了邀请，并组织了一批哈佛大学的教授成立了一个新的研究小组，开始了霍桑第二阶段的"福利实验"。"福利实验"的目的是能够找到更有效地控制影响职工积极性的因素。梅奥对实验结果进行归纳，排除了四种假设。

（1）在实验中改进物质条件和工作方法，可导致产量增加。
（2）安排工间休息和缩短工作日，可以消除或减轻疲劳。
（3）工间休息可减少工作的单调性。
（4）个人计件工资能促进产量的增加。

最后得出"改变监督与控制的方法能改善人际关系，改进工人的工作态度，促进产量的提高"的结论。

3．访谈实验

既然实验表明管理方式与职工的士气和劳动生产率有密切的关系，那么就应该了解职工对现有的管理方式有什么意见，为改进管理方式提供依据。于是梅奥等人制订了一个征询职工意见的访谈计划，在1928年9月到1930年5月不到两年的时间内，研究人员对工厂中的两万名左右的职工进行了访谈。

在访谈计划的执行过程中，研究人员对工人在交谈中的怨言进行分析，发现引起他们不满的事实与他们所埋怨的事实并不是一回事，工人表述的不满与隐藏在心理深层的不满情绪并不一致。比如，有位工人表现出对计件工资过低不满意，但深入地了解以后发现，这位工人是在为支付妻子的医药费而担心。

根据这些分析，研究人员认识到，工人由于关心自己个人问题而会影响到工作的效率。所以管理人员应该了解工人的这些问题。为此，需要对管理人员，特别是基层的管理人员进行训练，使他们成为能够倾听并理解工人的访谈者，能够重视人的因素，在与工人相处时更为热情、更为关心他们，这样能够促进人际关系的改善和职工士气的提高。

4．群体实验

继电器绕线组的工作室实验是一项关于工人群体的实验，其目的是要证实在以上的实验中研究人员似乎感觉到在工人中存在一种非正式的组织，而且这种非正式的组织对工人的态度有着极其重要的影响。

实验者为了系统地观察在实验群体中工人之间的相互影响，在车间中挑选了14名男职工。实验开始时，研究人员向工人说明，他们可以尽力地工作，因为在这里实行的是计件工资制。研究人员原以为，实行了这一套办法会使得职工更为努力地工作，然而结果却出乎意料。事实上，工人实际完成的产量只是保持在中等水平上，而且每个工人的日产量都是差不多的。了解到工人们自动限制产量的理由是：如果他们过分努力地工作，就可能造成其他同伴的失业，或者公司会制定出更高的生产定额。

霍桑实验证明人是"社会人"，是复杂的社会关系的成员，经济并不是"社会人"唯一的压力来源，还有对其他社会人的影响以及其他社会人对自己的影响等。"社会人"的最终表现是这些压力综合影响的结果，霍桑实验证明了人的能力不仅与工作环境有关，更与个体情绪有关。

情绪是个体对外界刺激的主观的有意识的体验和感受，具有心理和生理反应的特征。我们无法直接观测内在的感受，但是我们能够通过其外显的行为或生理变化来进行推断。

哈佛大学心理学教授丹尼尔·戈尔曼认为："情绪意指情感及其独特的思想、心理和生理状态，以及一系列行动的倾向。"情绪可以划分为积极情绪和消极情绪。情绪管理并非是消灭情绪，也没有必要消灭，而是疏导情绪，并合理化之后的信念与行为。情绪管理是对个体和群体的情绪感知、控制、调节的过程，其核心是将人本原理作为最重要的管理原理，使人性、情绪得到充分发展，人的价值得到充分体现；从尊重人、依靠人、发展人、完善人出发，提高对情绪的自觉意识，控制情绪低潮，保持乐观心态，不断进行自我激励、自我完善。

情绪管理主要包括如下几个方面的内容。

1．情绪的自我觉察

情绪的自我觉察是指了解自己内心的一些想法和心理倾向，以及自己所具有的直觉能力。自我觉察，即当自己某种情绪刚一出现时便能够察觉，它是情绪智力的核心。一个人所具备的、能够意识或觉知自己的情绪，以及对这些情绪状态变化的主动关注，是自我理解和心理领悟力的基础。如果一个人不具有这种对情绪的自我觉察能力，或者说不了解自己的真实的情绪感受，就容易被自己的情绪左右，以至于做出许多遗憾的事情。伟大的哲学家苏格拉底的一句"认识你自己"，道出了情绪智力的核心与实质。

2．情绪的自我调控

情绪的自我调控是指控制自己的情绪活动以及抑制情绪冲动的能力。情绪的调控能力建立在对情绪状态的自我觉察的基础上，是指一个人有效地摆脱焦虑、沮丧、激动、愤怒或烦恼等因为失败或不顺利而产生的消极情绪的能力。这种能力的高低，会影响一个人的工作、学习与生活。当情绪的自我调控能力低下时，就会使自己总是处于痛苦的情绪漩涡中；反之，则可以迅速调整并且摆脱不良情绪而重整旗鼓。

3．情绪的自我激励

情绪的自我激励是指引导或推动自己达到预定目的的情绪倾向，也就是一种自我指导。它要求一个人为完成自己的某种目标而调动与指挥自己的情绪，一个人要想做任何事情都成功，就要集中注意力，学会自我激励、自我把握，尽力发挥出自己的创造潜力。

4．觉察他人情绪

这种觉察他人情绪的能力就是所谓的同理心，也能设身处地站在别人的立场，为别人着想。越具同情心的人，越容易进入他人的内心世界，也越能觉察他人的情感状态。

5．处理好人际关系

处理好人际关系是指善于调节与控制他人情绪反应，并能够使他人产生自己所期待的反应。一般来说,处理好人际关系是一个人被社会接纳与受欢迎的基础。在处理人际关系过程中,重要的是能否正确地向他人展示自己的情绪。因为,一个人的情绪表现会即刻对接受者产生影响。如果你发出的情绪信息能够感染和影响对方,那么,人际交往就会顺利进行并且深入发展。当然,在交往过程中,自己要能够很好地调节与控制住情绪。

由于压力在很大程度上体现在精神层面,而往往是通过情绪表现出来,因此情绪管理与调节是应对压力的重要基础。学会控制、管理自己的情绪,冷静面对压力,分析问题产生的原因,是克服压力或者将压力转换为动力的基础。前面已经讨论过,压力有积极的一面,究其原因就是具有较高情绪管理能力的人在面对压力时,能够用积极的情绪去面对压力,管理好自己的情绪,从而把压力转换为动力。

14.3.2 运动与压力

众所周知,体育运动能缓解压力,让人保持良好的、平和的心态。一方面,因为人们参加体育运动,特别是自己擅长和喜爱的运动项目时,身体发热,血液循环加快,血管扩张,能消除工作和劳动所带来的神经紧张、脑力疲乏、情绪紊乱,同时在完成复杂练习的过程中,以及与周围同伴默契配合中产生一种成就感,不仅会使参加者更加自信,而且会使人内心充满欢喜。另一方面,体育运动能使身体产生一种称为内啡肽的激素,这种激素能愉悦神经,调节心理,让人感觉到高兴和满足,消除压力和负面情绪。

体育运动在缓解压力方面的作用至关重要。通过参与体育运动,我们不仅能改善身体健康,还能促进心理健康。下面是一些建议,帮助你更好地利用体育运动来缓解压力。

（1）参加一些运动量小、缓和沉稳的运动项目,如瑜伽、慢跑、打太极拳等,使心情平静下来,然后逐渐过渡到运动量大的运动。《替代和补充医学杂志》一项研究发现,每周3次、每次1小时的瑜伽可以提高体内神经递质的水平,缓解焦虑,使人自信。瑜伽新手应学会正确呼吸：用鼻子慢慢吸气,数5秒,保持2秒。再用鼻子慢慢呼气,数5秒,彻底排出肺部空气。

（2）变换运动环境。人都有一种求新求异的心理,变换环境其实就是满足了这种心理,会对缓解压力起到意想不到的效果。比如,经常在室内工作的人,到户外爬山,到小树林里跑步,会感觉轻松愉快。骑自行车也是一个不错的选择,一边骑行,一边欣赏沿途的风景,能够极大地排除压力。

（3）运动前调节心理,有利于运动中更好地释放压力。比如,在安静的地方闭目养神,做几次深呼吸或鼓励镜子中的自己；或听一曲喜欢的音乐,转移注意力,以达到最好的放松、减压的效果。

（4）如果压力来源于工作,那么就参加一些以集体配合为主的运动,如篮球、排球等,在集体协作、默契配合中享受愉悦、快乐、幸福,使忧烦的心绪得以排解。

（5）不要固定进行某一项体育锻炼,而应交替进行多项体育运动。如果只从事某一项体育运动,则易引起单调感。进行不同内容的体育运动,既能改变情绪,又可扩大视野,在精神、身体上都会得到好处。

(6) 运动后吃碱性食物。一般正常人的体液呈弱碱性。人在体育锻炼时,体内的糖、脂肪、蛋白质被大量分解,在分解过程中,产生乳酸、磷酸等酸性物质。这些酸性物质刺激人体组织器官,使人感到肌肉、关节酸胀和精神疲乏。此时应多食用牛奶、豆制品、蔬菜水果等碱性食物,中和体内的酸性成分,缓解疲劳,也有利于调节不良心绪。

当然,并不是所有运动都能够舒缓压力,如果运动时间过长、过于频繁或者运动的目的性过于明确,也可能反而增加压力,那么运动频率应该是多少?每次运动的时间应该是多长呢?这个问题显然应该是因人而异,但是对于大多数普通人来讲,锻炼频率有一个科学的标准。

锻炼频率是指体育锻炼者每周参加锻炼的次数。通常,我们以一周为一个周期来衡量。《大学生体育合格标准》中规定,除非有特殊情况,学生每周的早操不得少于3次,课外活动也不得少于3次。研究表明,如果一周仅锻炼1次,运动效果不会累积,每次锻炼后都会出现肌肉酸痛和疲劳,而且在运动后的1~3天内,身体可能会感到不适,也更容易受伤;如果一周锻炼2次,肌肉酸痛和疲劳会减轻,运动效果会逐渐累积,但效果并不明显;当每周锻炼次数超过3次时,身体会逐渐适应,感觉趋于平稳;当每周锻炼次数增加到5次以上时,效果的提升就变得很小了。由于运动效果的累积作用,最适宜的运动频率是每周3~4次。目前普遍接受的观点是,理想的锻炼频率应至少为每周3次。

每次锻炼时间与运动负荷有关,运动负荷大则锻炼时间短,运动负荷小则锻炼时间可相对长一些。目前关于每次锻炼多长时间最为适宜尚无一致说法。我国和国际体育人口判定标准均为每次锻炼30分钟。大多数研究认为:心理效益的产生需要至少20~30分钟。通过身体锻炼进入积极陶醉状态并使大脑得以自由运转需要的时间是40~50分钟。也有人认为60分钟的持续时间可能更好。

建议一个初始进行体育锻炼的人,每周保证3次锻炼,即隔天锻炼一次,每次锻炼时间在20~30分钟;对于长期进行体育锻炼的人,每天锻炼一次,每次锻炼时间通常保持在45~60分钟。

14.3.3 专业减压

当压力过大时,运动产生的效果就比较小了,需要咨询专业人员,采用专业的方式来减轻压力。下面列举几个方法,能够帮助人减轻压力,调整心态,愉快地工作。

1. 催眠疗法

催眠疗法是指用催眠的方法使求治者的意识范围变得极度狭窄,借助暗示性语言,以消除病理心理和躯体障碍的一种心理治疗方法。通过催眠疗法,将人诱导进入一种特殊的意识状态,将医生的言语或动作整合入患者的思维和情感,从而产生治疗效果。催眠可以很好地推动人潜在的能力,现在经常使用催眠疗法来治疗一些压力过大导致的心理疾病,如强迫症、忧郁症等。

2. 冥想

所谓冥想,是指静思或沉思,最早人们冥想都是以养生为目的,即以此达到自我治病、防病、健身、益智和延寿的目的。简单来说就是停止意识对外的一切活动,而达到忘我之境的一种心灵自律行为。冥想原本是宗教活动中的一种修心行为,如禅修、瑜伽、气功等,现今已被广泛运用在许多心灵活动的课程中。有坐禅的冥想,也有站立姿势的冥想,甚或舞蹈式的冥想。还有,祈祷、读经或念诵题目也是冥想的一种。冥想可使得新皮质熟睡,借由旧皮质的功能,提高我们潜在意识的力量。为了进入冥想状态,我们必须使全身的肌肉都放松,任何能使身心感觉舒适的方法都可以。通过冥想可以提高抗压能力,平静心灵,使自己专心致志地完成工作。

3. 芳香疗法

芳香疗法的基本原理是运用植物的治疗力量来进行养生、美容、疗理身体和稳定情绪。有效的芳香疗法可以营造氛围、增强创造力和提升工作效率。香薰除了能美体护肤之外,还具有多种好处,已成为日常生活中不可缺少的一部分。芳香疗法属于自然医疗的一种,是世界盛行的另类疗法。芳香疗法的中心物质是植物的精华油,它可以通过视觉、触觉和嗅觉来刺激大脑皮层,启发思维,解除心理和精神上的压力,令人身心舒畅。芳香疗法不仅能使人建立积极的人生态度,还能增强人与人之间的沟通能力。

4. 营养疗法

研究表明,饮食会对压力产生一定的影响,经常吃一些含特定营养成分的食物,能够在一定程度上缓解精神紧张,减轻压力。

(1) 含B族维生素的食物。B族维生素是克服压力的重量级营养素。而B族维生素包含B1、B2、B6、B12、叶酸、烟酸等,都是精神性的营养素,可以调整内分泌系统、平静情绪。全谷类、酵母、深绿色蔬菜、低脂牛奶以及豆类等都是良好的含B族维生素食物。

(2) 含钙的食物。钙除了是保持骨骼健康必备的营养素之外,还是天然的神经稳定剂,能够松弛紧张的神经、稳定情绪。牛奶、酸奶、豆腐、鱼、杏仁都是含有较多钙质的食物。

(3) 含镁的食物。镁和钙质都是可以让肌肉放松的营养素,还可使心跳规律,稳定不安的情绪。香蕉、豆子、土豆、菠菜、葡萄干等食物的含镁量较高。

(4) 含维生素C的食物。助长抗压功力,维生素C可协助人体制造副肾上腺素,来对抗精神压力。夏季水果中,如樱桃、柠檬、哈密瓜、葡萄等都是高维生素C食物。

(5) 含纤维素的食物。长期生活在压力下,很容易发生便秘。最好多吃富含纤维素的糙米、豆类、蔬菜,以及水溶性膳食纤维含量高的木瓜、梨、苹果、柑橘等食物来帮忙排便。

5．按摩疗法

按摩疗法是一种适应证十分广泛的民间物理疗法。有正骨按摩、医疗按摩、小儿按摩、经络按摩、脏腑按摩、急救按摩、保健按摩、点穴按摩等。它是按摩师用双手或肢体的其他部位,在接受按摩的人的体表一定部位或穴位上施以各种手法操作,以达到防病治病、延年益寿等目的的一种物理疗法,以其简单易学、便于操作、疗效显著、费用低廉、无毒副反应等特点而备受人们的喜爱。通过按摩能够舒缓紧张的肌肉,减轻疲劳,从而达到放松精神的目的。职业运动员在比赛前后都需要进行按摩来放松肌肉,减轻心理压力。日常工作压力大、疲劳的人也可以通过按摩疗法来进行治疗。

6．乐观主义疗法

乐观主义疗法和态度调整相似,但是更关注重塑他们的反应。乐观主义者普遍比较健康,免疫系统和伤痛恢复能力更为出色,他们的平均寿命更长。倾向的不同导致即使是处于同一压力下,悲观主义者也会把压力放大许多倍,所以悲观主义者更难妥善处理好压力。在一天中寻找几个合适的时间段,在这些时间中保持乐观的心态,即使偶尔提起一些悲观的事情,也要立刻用乐观的想法和语言把消极悲观的情绪化解掉。

除了以上种种治疗压力过大的方法,还有一些其他的辅助方式,如中草药疗法、创造性疗法等,这些方法都可以在一定程度上减轻压力。另外发展一个兴趣爱好,通过转移注意力来减轻压力,也是一种不错的减压方式。当然,如果一个人始终感觉压力太大,精神过度紧张,那么最好还是寻求心理干预,找专家来帮忙对症下药比较好。

14.3.4　一切都是生活

做好以下几步,可以让生活更丰富,也能够更坦然地面对压力。

第一步,精神超越——价值观和人生定位。

价值观和人生定位是对自我的人生价值和角色定位、人生主要目标的设定等,简单来说就是:你准备做一个什么样的人,你的人生准备达成哪些目标。

这些看似与具体压力无关,但其实对我们影响巨大,对很多压力的反思最后往往都要归结到这个方面。卡耐基说:"我非常相信,这是获得心理平静的最大秘密之一——要有正确的价值观念。"一个雄心勃勃的人和一个心平气和的人,在面对同一件事情的时候,心态反应是不一样的,所以价值观和人生定位可以说是压力产生的根源之一,决定了压力的大小。

第二步,心态调整——以积极乐观的心态拥抱压力。

法国作家雨果曾说过:"思想可以使天堂变成地狱,也可以使地狱变成天堂。"

危机即是转机。之所以遇到困难,一方面可能是因为自己的能力不足,因此整个问题的处理过程,就成为增强自己能力、增加发展成长的重要机会;另一方面可能是因为环境或他人的因素,则可以通过理性沟通解决,如果无法解决,也可宽恕一切,尽量以正向乐观的态度面对每一件事。如果一个人常保持正向乐观的心态,处理问题时,他就会比一般人多出20%的机会得到满意的结果。正向乐观的态度会平复由压力而带来的紊乱情绪。

第三步,理性反思——自我反省和记日记。

理性反思,积极进行自我对话和反省。对于一个积极进取的人而言,面对压力时可以自问:"如果没做成又如何?"这样的想法并非找借口,而是一种有效疏解压力的方式。但如果本身个性较容易趋向于逃避,则应该要求自己以较积极的态度面对压力,告诉自己,适度的压力能够帮助自我成长。

记日记是一种简单有效的自我反思方法。它可以帮助你确定是什么刺激引起了压力,通过检查日记,你可以发现自己是怎么应对压力的。

第四步,建立平衡——留出休整的空间,不要把工作上的压力带回家。

主动管理自己的情绪,注重业余生活,不要把工作上的压力带回家。留出休整的空间:与他人共享时光、交谈、倾诉、阅读、冥想、听音乐、处理家务、参与体力劳动都是获得内心安宁的绝好方式;选择适宜的运动,锻炼忍耐力、灵敏度或体力;主动安排自己的事,持之以恒交替运用你喜爱的方式并建立理性的习惯,逐渐体会它对你身心的裨益。

第五步,时间管理——关键是不要让你的安排左右你,你要自己安排你的事。

工作压力的产生往往与时间的紧张感相生相伴,总是觉得很多事情十分紧迫,时间不够用。消除这种紧迫感的有效方法是时间管理,关键是不要让你的安排左右你,你要自己安排你的事。在进行时间安排时,应权衡各种事情的优先顺序,要学会"弹钢琴"。对工作要有前瞻能力,重视重要但不一定紧急的事,防患于未然,如果总是在忙于"救火",那将使我们的工作永远处于被动中。

第六步,加强沟通——不要试图独自承担所有压力。

平时要积极改善人际关系,特别是要加强与上级、同事及下属的沟通,在压力过大时要寻求主管、上级的协助,不要试图一个人把所有压力承担下来。同时在压力到来时,还可主动寻求心理援助,如与家人朋友交流、进行心理咨询等。

第七步,提升能力——缓解压力最直接有效的方法是提升自身的能力。

既然压力的来源是自身对事物的不熟悉、不确定,或是对于目标的达成感到力不从心,那么缓解压力最直接有效的方法便是去了解、掌握状况,并且设法提升自身的能力。通过自学、参加培训等途径,一旦了解了状况,提升了能力,压力自然就会减低、消除,可见压力并不是一件可怕的事。逃避之所以不能缓解压力,是因为本身的能力并未提升,使得既有的压力依旧存在,强度也未减弱。

第八步,活在今天——集中你的智慧、热忱,把今天的工作做得尽善尽美。

压力其实都有一个相同的特质,就是突出表现在对将来的焦虑和担心。而要应对压力,我们首先要做的事情不是观望遥远的将来，而是做手边的清晰之事，为明日做好准备的最佳办法就是集中你所有的智慧、热忱，把今天的工作做得尽善尽美。

第九步，生理调节——保持健康，学会放松。

另外一个管理压力的方法是控制一些生理变化，如逐步放松肌肉、深呼吸、加强锻炼、保证充足完整的睡眠。通过保持健康，你可以增加精力和耐力，帮助你与压力引起的疲劳进行斗争。

第十步，日常减压——保持良好的生活习惯。

以下是帮助你在日常生活中减轻压力的 10 种具体方法，简单方便，经常运用可以起到很好的效果。

- 早睡早起，在你的家人醒来前一小时起床，做好一天的准备工作。
- 同你的家人和同事共同分享工作的快乐。
- 要多休息，从而使头脑清醒、呼吸通畅。
- 利用空闲时间锻炼身体。
- 不要急切地、过多地表现自己。
- 提醒自己任何事都不可能是尽善尽美的。
- 学会说"不"。
- 生活中不要有太多顾虑。
- 偶尔可听听音乐放松自己。
- 培养豁达的心胸。

14.4 实践训练

1．举例说明压力的两面性。

2．谈谈你所面对的压力主要是什么，并说明这些压力给你带来了破坏性还是激励性影响以及你觉得该如何去应对。

3．作为一名学习 IT 知识的学生，你觉得 IT 行业所面临的压力有哪些？日后你该如何去面对这些压力？

4．如果你是一名女生，你认为你面对的压力与男生相比有什么区别。你有什么好的应对方法？

5．根据压力测试部分测试一下自己的压力值，并思考一下解决问题的办法。

6．你经常运动吗？与身边的人做个比较，经常运动的人是否面临较少的压力？

7．你觉得还有哪些方法能够更好地减轻压力，或者把压力转换为动力？

第 15 章 新一代信息技术

本章深入探讨物联网、5G、云计算、大数据、人工智能、虚拟现实和区块链等新一代信息技术的内涵、特性及其相互作用,揭示它们如何相互支撑和协同配合,共同推动社会经济的数字化转型。在此基础上,本章进一步阐述了这些技术各自的优势和应用,如物联网实现了万物互联,5G 技术提供了快速且低延迟的网络服务,云计算按需分配资源,大数据技术专注于海量数据的存储与分析,人工智能通过机器学习和自然语言处理技术提升了决策智能化,区块链技术保障了数据的安全性和透明性,虚拟现实技术则带来了沉浸式体验等。这些技术的融合应用勾勒出一个智能化、互联的未来社会蓝图,对经济、社会和个人生活产生深远且积极的影响。

知识目标:
- 熟悉物联网、5G、云计算、大数据、人工智能、虚拟现实和区块链等新一代信息技术概念;
- 了解这些技术之间的关系;
- 了解新一代信息技术的优缺点;
- 思考当前社会对新一代信息技术的应用。

实践目标:
- 观察教学管理系统中,新一代信息技术的应用;
- 举出身边新一代信息技术的应用案例;
- 针对新一代信息技术的优缺点,分组讨论。

素质目标:
- 培养创新精神;
- 培养工匠精神。

15.1 综　述

信息技术正在经历一场深远变革,从传统的计算和通信技术向新一代信息技术过渡。这场变革以物联网、大数据、人工智能、区块链和云计算等新兴技术为主导,推动着信息技术快速进步。这些新兴技术的广泛应用,不仅在经济、社会和生活等各个领域产生了深远影响,也展示了新一代信息技术的广阔应用前景。

例15-1:新一代信息技术在教学管理系统中的应用。

随着云计算、大数据、人工智能等新一代信息技术的快速发展,贝塔学院在教学管理系统中也进行了相应的创新和升级。

1. 云计算技术的应用

贝塔学院利用云计算技术,将教学管理系统部署在云端,实现了教学资源的共享和弹性扩展。学生和教师可以在任何时间、任何地点,通过互联网访问教学管理系统,进行课程学习、成绩查询、教学资源下载等操作。同时,云计算技术还提供了高效的数据存储和备份方案,保证了数据的安全性和可靠性。

2. 大数据技术的应用

贝塔学院通过收集和分析教学管理系统中产生的海量数据,如学生成绩、课程进度、教学资源使用情况等,为学院的教学管理和决策提供了有力支持。通过对数据的挖掘和分析,学院可以了解学生的学习情况和需求,优化课程设置和教学方法,提高教学质量。

3. 人工智能技术的应用

贝塔学院利用人工智能技术,为教学管理系统提供智能化的辅助功能。例如,利用机器学习算法,系统可以根据学生的学习进度和成绩,为学生推荐合适的学习资源和辅导课程。同时,通过自然语言处理技术,系统可以实现智能客服功能,为学生和教师提供在线咨询和解答服务。

4. 移动互联网技术的应用

贝塔学院将教学管理系统与移动互联网技术相结合,开发了移动端应用。学生和教师可以通过智能手机或平板电脑,随时随地访问教学管理系统。移动互联网技术的应用,使得教学管理更加便捷和高效。

5. 虚拟现实技术的应用

贝塔学院利用虚拟现实技术,为教学管理系统提供了丰富的教学资源。例如,通过虚拟现实技术,学生可以进入虚拟实验室,进行实验操作和模拟实验。虚拟现实技术的应用,为学院的教学提供了新的手段和方法。

由此可见,新一代信息技术在贝塔学院教学管理系统中的应用,为学院的教学管理提供了新的思路和方法。通过云计算、大数据、人工智能等技术的应用,贝塔学院实现了教学管理的全面创新,提高了教学质量和效果,为学生和教师提供了更加便捷、高效的教学环境。

新一代信息技术的主要代表技术之间互相关联,并且和"传统"信息技术一样,都是以数据为中心进行管理和处理信息的技术,不过所用技术、方法、手段都进行了全面提升。随着"传统"信息技术升级换代为新一代信息技术,信息社会逐渐转变为智慧社会。新一代信息技术不仅推动了数字化和智能化的发展,同时促进了信息技术和各行业的融合创新,甚至不断对人类社会意识形态和运行模式产生影响,了解和应用新一代信息技术,是每个人必备的信息能力。

15.2 代表技术简介

15.2.1 物联网

1．定义

新一代信息技术中的很多代表技术,由于出现较晚,且还在不断发展过程中,因此缺乏统一的定义。关于物联网技术,其常见定义就有以下几种。

(1) 欧盟定义:将现有互联的计算机网络扩展到互联的物品网络。

(2)《2010年国务院政府工作报告》中定义:物联网是指通过信息传感设备,按照约定协议,把任何物品与互联网连接起来,进行信息交换和通信,以实现智能化识别、定位、跟踪、监控和管理的一种网络。它是在互联网基础上延伸和扩展的网络。

(3) 国际电信联盟(ITU)在《ITU 互联网报告2005:物联网》中将"物联网"定义为:一个无所不在的计算及通信网络,在任何时间、任何地方、任何人、任何物体之间都可以相互联结。

(4) 物联网(the Internet of things,IoT)的基本定义:通过射频识别(RFID)、红外感应器、全球定位系统、激光扫描器等信息传感设备,按约定的协议,将任何物品通过有线或无线方式与互联网连接,进行通信和信息交换,以实现智能化识别、定位、跟踪、监控和管理的一种网络。

2．技术架构

物联网技术实现了网络连接由"人"及"物",因此在社会各行各业都可以应用物联网技术:与人们日常生活息息相关的衣食住行、医疗养老、健康监测;与工作相关的智能制造、智慧农业;与生活环境相关的公共安全、城市管理、环境监测等。物联网技术是一个包含了传感、通信、应用开发等众多信息技术的复杂体系,从数据采集、传输存储、应用角度可以将这些技术分为三个层次,或者叫作物联网三层架构,如图15-1所示。

3．发展趋势和存在的问题

从物联网三层架构发展来看,网络层已发展得非常成熟,其技术随着网络的发展而发展,随着5G等应用的发展,成本不断降低、通信速度不断提升;感知层的发展非常迅速,传感器技术、RFID 技术等不断提升,同时人工智能的发展也给感知层带来巨大的机会;应用层的发展相对比较缓慢，但是随着感知层和网络层的不断发展，能够给人们带来越来越便捷有用的信息，应用的场景必将越来越广泛。物联网技术使人们接触的事物具备"智慧"，给人们生活、工作带来了巨大便利，人们也越来越接受物联网技术，并在向更多的领域应用物联网技术。

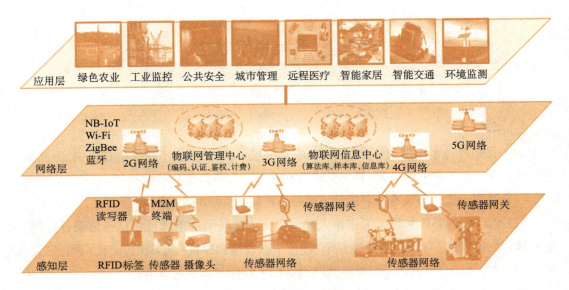

图15-1 物联网三层架构

物联网技术目前也存在一些问题，其中最突出的是标准问题和安全问题。物联网技术粗略地分，就包括感知层、网络层和应用层，包括了多项技术，由于多项技术出现较晚，行业内还缺乏统一标准，目前在物联网领域，大约有超过 20 项技术标准。例如，典型的 Wi-Fi 标准、蓝牙标准、ZigBee 标准等。标准不统一带来设备和系统不兼容、恶性竞争、资源浪费等方面的问题。安全问题更为严重，物联网终端硬件相对简陋，很多厂商为了追求高效率，仅安装了简单的功能模块，对于病毒、木马等一些攻击方式的防护基本为零。在前文已经提及，设备接入网络方式众多，一些接入协议存在漏洞。这些安全隐患在一定程度上阻碍了物联网技术的应用和发展。

15.2.2 5G

5G 是第五代移动通信技术（5th generation mobile communication technology）的缩写，在 5G 发展成熟之前，移动通信技术经历了四代，并且在一些场合，前几代通信方式仍然存在。

移动通信（mobile communications）是指沟通移动用户与固定点用户之间或移动用户之间的通信方式。移动通信主要由三部分构成：移动通信设备、基站和核心网。移动通信设备包括手机、平板电脑、物联网通信设备等；基站是移动通信设备接入互联网的接口设备；基站通过光纤接入中国电信、中国联通、中国移动等基础设施服务商的中心机房，完成与Internet、电话网络等的连接。

例15-2：手机数据传输原理。

以手机为例来说明移动通信，如图15-2所示，手机与基站之间的通信依赖电磁波的传输。电磁波是由电场和磁场构成的波动，它们在空间中以振荡的形式传播。这些波在真空中的传播速度几乎与光速相同，并且能够在空气、水和固体介质中传播，尽管在传播过程中会逐渐减弱。根据它们的波长和频率，电磁波可以分为不同的类别。频率低于300MHz、波长超过1m的波被称为无线电波，而频率在300MHz～300GHz内的波被称为微波，这两类波是目前移动通信中常用的频段。除了无线电波和微波，电磁波谱还包括红外线、可见光、紫外线和X射线等更高频率的波。

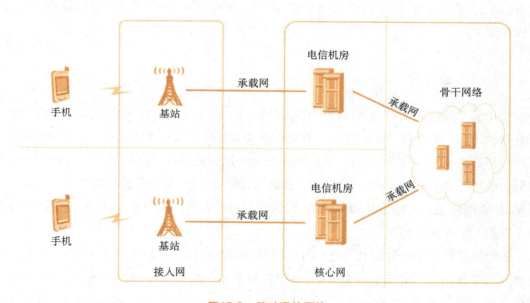

图15-2　移动通信网络

在4G通信中，常用的频段是3GHz以下的无线电波。而5G通信则扩展到了3～300GHz的频段，以实现更快的数据传输速度。例如，中国的5G运营商获得了工业和信息化部指定的频段，其中中国移动使用的是2515～2675MHz和4800～4900MHz的频段，中国电信使用的是3400～3500MHz的频段，中国联通使用的是3500～3600MHz的频段。这些频段的使用使得5G通信能够提供更高的数据传输速率和更低的延迟。

5G具有以下优点和优势。

（1）移动带宽高，具有超高速的峰值速率，下载速度最高可达到10～20Gb/s，能够满足高清视频、虚拟现实等大数据量传输。

（2）具有超低延迟的空中接口，时延低至 1ms，满足自动驾驶、远程医疗等实时应用。

（3）单位面积连接数密度较大，具备百万连接/平方千米的设备连接能力，满足同时向多个设备传输数据的要求，能够有效支持物联网芯片通信需求。

（4）频谱效率要比 LTE 提升 3 倍以上，数据传输的效率更高。

（5）支持高移动性，能够在快速移动下，仍然保持高速数据传输效率及低延迟性，用户体验速率达到 100Mb/s，支持连接的移动速度最高可达到 500km/h。

（6）流量密度达到 10Mbps/m^2 以上，更好地支持数据传输。

（7）能源效率更高，每消耗单位能量可以传送数据量更多，与前面几代通信技术相比能源效率更高，看上去 5G 更耗电，主要原因是 5G 传输数据量大且设备更多，就技术本身而言，是节能的。

基于以上优点，5G 在超高清移动直播、虚拟现实、智慧安防、智能监控、自动驾驶等领域有广泛的应用前景，并且随着 5G 的推广应用，Wi-Fi、局域网等可与 5G 网络统一，方便管理和使用。

15.2.3 云计算

关于云计算的定义可以这样阐述："云计算是一种分布式的计算模式。它是利用多台服务器构建成一个系统，将庞大的、待处理的信息数据划分为一个又一个微小的程序，通过互联网传输给系统进行分别处理，当系统出现最终结果后再传送给使用者。这种划分方式类似于电网网格的工作方式，在起初云计算被称为网格计算，多台服务器构建成一个庞大的系统，能够提供足够大的运算和存储能力，从而完成较大规模的数据处理，并且可以通过网络提供算力和存储的共享。"

云计算概念从提出到现在，已经经历了很长时间的发展，并取得了巨大的成就，不仅是将物理服务器放到一起形成计算中心，同时能够为用户提供全方位的服务，极大地便利了用户业务系统的构建，并推动了信息化技术的全方位发展。这种算力调度方式，与现代城市自来水系统思路类似：将水井、水库的水集中到一起，建立自来水厂，由专门的自来水工人实现水资源供应。普通用户需要水资源时，只需打开水龙头，就能够获取水资源。对于数据计算和存储资源，云计算实现了像水、电的集中供应、按需使用，图 15-3 给出了云计算思维。

云计算所提供的服务可以划分为三个大的方面：基础设施即服务（infrastructure as a service，IaaS）、平台即服务（platform as a service，PaaS）和软件即服务（software as a service，SaaS）。

（1）基础设施即服务是比较好理解的云计算服务，顾名思义主要为用户提供业务系统运行的软硬件基础。

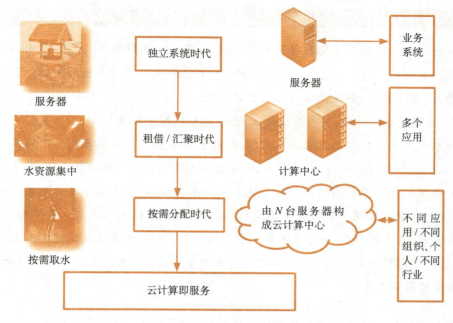

图15-3 云计算思维

(2) 平台即服务中的平台,大部分指的是中间件或者类似中间件功能的软件。

(3) 软件即服务的概念就比较容易理解了,供应商将应用软件统一部署在自己的服务器上,客户可以根据工作实际需求,通过互联网向厂商订购所需的应用软件服务。

如果公司的信息化程度不断提升,受网络流量、费用等限制,通过公有云服务支撑公司的信息化系统的成本比较高。这时需要考虑建设公司的私有云,以便更好地支撑公司的信息化发展。

(1) 私有云。通俗地讲,就是企业或者组织运用云计算技术自己建设的、仅供内部使用的云服务,通常也可以称为"专有云"。显然,私有云由于云服务仅供自身使用,安全性、保密性更高,且能够更好地发挥硬件的效用,因此学校、政府、大型企业等组织广泛使用私有云对业务系统提供支撑。

(2) 公有云。与私有云相对应地,出租给公众的大型基础设施云,提供丰富的IaaS、PaaS、SaaS服务等云服务,称为公有云。

(3) 混合云。也有的组织充分利用自己的硬件基础,建成服务自身的私有云,同时也租赁一些公有云获取更高性价比的服务,这样的云服务技术我们称为混合云。

借助于新一代信息技术,目前很多企业开始探索打通生产、管理不同层面的信息化平台,实现全过程透明化资源整合。将制造执行系统(manufacturing execution system,MES)与企业资源计划(enterprise resource planning,ERP)系统整合,并且统一到云计算平台上,形成全新的工业互联网平台。

例 15-3：工业互联网助力企业转型升级。

不少企业借助工业互联网取得了成功。例如，海尔卡奥斯平台（COSMOPlat）是海尔基于"5G+工业互联网+大数据"打造出的可以广泛落地的工业互联网平台。它不是简单的机器换人、交易撮合，而是开放的多边交互共创共享平台。简单来说，就是既面向用户又面向企业，打通了供需两端，用户需要什么，企业就可以精准提供什么。

以海尔中德滚筒洗衣机互联工厂为例，随处可见各种屏幕和机器人。产品定制规格选择、开始定制、订单确认……在大屏幕上，来自世界各地的订单不断滚动更新，而每一笔订单都按用户所需而定。当有用户在销售系统下了订单之后，订单就能够自动地发送到这个工厂，自动仓储系统根据用户需求提供好原材料，自动化车间根据用户需求进行组装生产，并完成质量测试，每天有 7000 多台洗衣机发往各地。而这一切基本上是通过工业互联网平台实现的，海尔卡奥斯平台彻底打通了从销售订单到原材料采购再到生产物流管理等过程，实现了企业全过程信息化。

工业互联网作为一种新兴的技术和应用模式，为企业带来了显著的优势和变革。工业互联网的优点如下。

（1）通过自动化和智能化技术，优化生产流程，减少人力需求，提高生产效率。例如，海尔中德滚筒洗衣机互联工厂通过工业互联网平台，实现了从订单到生产的全自动化流程，大大缩短了生产周期，提高了生产效率。

（2）实时获取用户需求，实现个性化定制和精准生产。通过数据分析，企业可以更好地了解用户需求，提供符合用户期望的产品和服务，提高用户满意度和忠诚度。

（3）实时监控和调度生产资源，实现原材料、设备、人力等资源的优化配置。通过自动仓储系统和供应链管理，企业可以降低库存成本，减少资源浪费，提高资源利用效率。

（4）实时监控生产过程和质量测试，确保产品质量。通过对生产数据的分析，企业可以及时发现和解决质量问题，提高产品质量和可靠性。

（5）为企业提供了一个开放、多边交互的创新环境，促进了企业内部和外部的协作和知识共享。企业可以通过平台与供应商、合作伙伴、用户等进行深度合作，共同开发新产品和服务，提高竞争力。

（6）实现企业从销售订单到原材料采购再到生产物流管理全过程的信息化。通过数据实时收集、分析和应用，企业可以更好地掌握生产状况，提高决策效率。

综上所述，工业互联网为企业带来了提高生产效率、精准满足用户需求、优化资源配置、提升产品质量、促进创新和协作以及实现全过程信息化等显著优势。随着技术的不断发展和应用的深入，工业互联网将继续为企业创造更多价值，推动产业升级和转型。

15.2.4 大数据

随着物联网、云计算技术发展,数据采集能力、数据存储能力大幅度提升,数据量开始变大,"大数据"概念也被提出来。至少需要满足三个条件,才可以被称为大数据:其一,数据量很大,一般在几吉字节(GB)以上,并且会以吉字节的速度增加;其二,处理的数据类型比较复杂,不仅包括结构化数据,还包括非结构化数据;其三,处理数据的技术和方法与以往几乎完全不同。因此,从专家角度来看,大数据并不仅是数据量比较大,而是代表了完全不同的技术体系。

随着大数据相关知识概念的普及,大量非专业人员也知悉了"大数据"一词,并在大量场合中使用。

大数据具有以下特征。

(1) 容量(volume)大:无论是结构化还是非结构化数据,数据量都比较大,一般是在吉字节(GB)、太字节(TB)级别以上,甚至拍字节(PB)级别以上。

(2) 种类(variety)多:数据类型具有多样性。

(3) 增长速度(velocity)快:数据量不是一成不变的,而是在不停增加的。

(4) 真实性(veracity)弱:数据来源不确定,具有很多噪声性数据,数据质量没有保证。

(5) 复杂性(complexity)高:数据量来源复杂,数据构成复杂。

很显然,数据量随着时间积累越来越大,并且随着信息化的发展,各行各业都应用了大量信息系统,这些信息系统也积累了大量数据。人能够接收和处理的数据有限,需要有一套能够专门处理大数据的技术和方法,这就是大数据技术。

例 15-4:MapReduce 分而治之思想。

对数据的处理,需要使用 Hadoop 平台中的另外一项关键技术,即 MapReduce。

MapReduce 是 Hadoop 平台的核心组件之一,同时也是一种可用于大数据并行处理的计算模型、框架和平台,主要处理海量数据的离线计算。其中概念"Map(映射)"和"Reduce(归约)"借鉴自函数式编程语言,另外还参考了矢量编程语言。MapReduce 模型的核心思想是"分而治之",也就是把一个复杂问题,按照一定的"分解"方法分为等价的规模较小的若干部分。把这些较小问题逐个解决,得到相应的结果,最后把各部分结果组成整个问题结果,如图 15-4 所示。

15.2.5 人工智能

用人工方法在机器(计算机)上实现智能,或者是人们使机器具有类似于人的智能,我们称为人工智能。例如,自动扫地机器人实际上是在清扫设备上,增加一些模拟人类行为的算法，使之能够模拟人的行为，实现自动清扫。

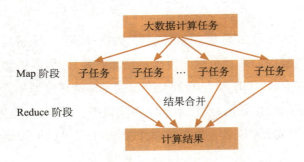

图15-4　MapReduce分而治之思想

对于人工智能现在还没有非常严格准确，或者是所有人都能够接受的定义。下面是从学科和能力两个角度进行的定义。

（1）人工智能（学科角度）的定义：人工智能是计算机科学中涉及研究、设计和应用智能机器的一个分支。近期主要目标在于研究用机器来模仿和执行人脑的某些智力功能，开发相关理论和技术。

（2）人工智能（能力角度）的定义：人工智能是智能机器所执行的通常与人类智能有关的智能行为，如判断、推理、证明、识别、感知、理解、通信、设计、思考、规划、学习和问题求解等思维活动。1952年，英国天才科学家艾伦·图灵（Alan Turing）提出了著名的测试方式——图灵测试。图灵测试实现方法比较简单：如果一台机器能够与人类展开对话（通过电传设备）而不能被辨别出其机器身份，那么称这台机器具有智能。

人脸识别是机器视觉识别的重要应用之一，广义的人脸识别实际包括构建人脸识别系统的一系列相关技术，包括人脸图像采集、人脸定位、人脸识别预处理、身份确认以及身份查找等。而狭义的人脸识别特指通过人脸进行身份确认，或者通过人脸进行身份查找的技术或系统。当前人脸识别成为机器视觉识别领域的研究热点，主要是因为其具有大量应用场景，除了在门禁、支付、身份验证等方面大量应用外，在很多安全部门、公共场所、交通要道、居民小区等都配备了24小时智能监控系统，自动识别人脸对于保护合法居民、打击犯罪具有重要作用。

例15-5：人脸识别考勤系统。

人脸识别考勤（或者是进出门核验）系统一般主要分为三个部分：知识库训练（特征提取）、人脸比对、考勤管理三个部分，如图15-5所示。

系统功能并不复杂，主要包括：图像采集、模型训练、人脸比对、信息管理等功能。信息管理等功能包括人员出入记录管理、陌生人行迹跟踪、人员信息管理等。该项目的核心是选择算法和建立知识库（模型训练），模型训练是指通过采集一定数量的照片库原始数据，导入深度学习平台中，提取得出合适的特征值，建立知识库。

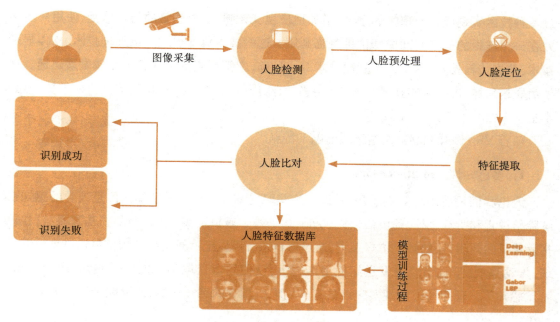

图15-5 人脸识别考勤系统架构

建立好知识库之后,在移动端或计算机端开发一个 App 或者 B/S 程序,截取摄像头采集到的人脸图像,与知识库中特征值进行比对,完成人脸识别。

人工智能技术属于一门综合性技术,涉及基础数学、概率论、控制论、计算机编程、算法理论等多个学科,并且理论性强,因此对于一般人来讲,掌握起来比较困难。在现实项目中应用人工智能技术,也充满了风险和不确定性,这些都阻碍了人工智能技术的应用和推广。但是随着一些人工智能平台的出现,通用性、集成开发工具不断完善,人工智能开发周期越来越短,人工智能技术的推广和应用前景可期。

15.2.6 虚拟现实

虚拟现实(virtual reality,VR)本质上是一种计算机仿真系统,能够创建和体验虚拟世界,通过一系列技术手段使人们感受现实世界中不存在于眼前的事物或未在眼前发生的现象。这些现象可以是真真切切存在于现实世界中的物体,也可以是人们用眼睛看不到、用手碰不到的虚拟物质,真假难辨,让人产生身临其境的感觉。综合利用了计算机图形学、仿真技术、多媒体技术、人工智能技术、计算机网络技术、并行处理技术和多传感器技术,模拟人的视觉、听觉、触觉等感官功能,使人能够沉浸在计算机生成的虚拟境界中,并能够通过语言、手势等自然的方式与之进行实时交互,创建了一种适人化的多维信息空间。

虚拟现实是一种新型的计算机综合技术,最早是在 1965 年被美国科学家 Ivan Sutherland(伊万·萨瑟兰)博士提出,然后逐渐发展为一门比较成熟的技术。虚拟现实通过多种技术实现虚拟与现实的融合,增加用户视、听、嗅、触等感官的仿真感受,使用户虽然处在一个虚拟的三维空间中却仿佛身临其境。这些技术包括视频图像处理技术、立体显示技术、数据传输技术,以及人工智能技术等。目前,虚拟现实技术在各个领域发展迅速。在生活娱乐领域,虚拟现实技术渗入3D电影行业、虚拟游戏行业等,给用户更真实的体验感,丰富了人们的生活。

随着VR技术的发展,逐渐呈现出以下特点。

1. 多感知性(multi-sensory)

无论我们是使用计算机还是手机,只能获取视觉感知和听觉感知。但是人类的感知系统除了视觉和听觉之外,还包括触觉、嗅觉、运动等。虚拟现实是一种计算机仿真系统,在包括计算机的同时,还包括了仿真系统,通过仿真系统可以把计算机模拟的信息通过力反馈系统、振动系统、嗅觉系统等发送给使用者,从而使使用者获取丰富的触觉感知、运动感知、嗅觉感知等。理想的虚拟现实应该具有一切人所具有的感知功能,能够完全模拟人的感官系统。

2. 交互性(interaction)

当我们使用计算机时,通过鼠标、键盘、显示器与计算机进行交互,但是计算机画面的显示是平面的,输入也是平面的。而我们生活的世界是三维的,在VR里画面显示变成了三维,你体验到的是一个个场景,而不是一张张图片。自然而然地,在VR中交互的方式也发生了变化。用真实世界的方式与场景中物体进行交互。例如,场景中有一个球,我们要拿这个球,就要走过去,把它抓起来;在太空舱体验月球登陆时,感觉就像脚踩实地一样;在驾驶舱模拟体验赛车时,就像真实的赛车比赛。

借助于专用设备(如操作手柄、数据手套等)产生动作,以自然的方式如手势、身体姿势、语言等技能,如同在真实世界中操作虚拟现实中的对象。

3. 沉浸感(immersion)

通过虚拟现实系统对体验者的刺激,使我们在物理和认知上符合人的已有经验,从而感到自己作为主角存在于模拟环境中。沉浸感来源于很多方面:首先是视觉方面,也是最重要的一个方面,视觉在人们的感觉器官中占据了最重要的位置;其次是听觉,听到背后有人喊我,回头刚好看到这个人,VR下通过声场技术来实现这种虚拟定位;再次是力反馈设备,在虚拟世界里受到力的作用时,身体能感受到对应的力;最后是一些其他感觉,如温度、嗅觉等。调用的感觉越多,沉浸感越好,但成本也越高。

4. 想象力(imagination)

通过VR技术能够激发人的想象力,在体验虚拟世界中的场景和事物时,人们接触了更多前所未见的景象,获取了更多的信息。根据所获取的多种信息和自身在系统中的行为,通过逻辑判断、推理和联想等思维过程,随着系统运行状态的变化,能够更多地激发人们的想象力,因此 VR 在科技研发方面有着越来越多的应用。

15.2.7 区块链

区块链技术逐步发展为当前信息社会的基础技术之一,正在引领新一轮技术和产业变革。在区块链技术的影响下,不断出现新的方式、方法,利用现有的路由、数据复制和安全技术,建立一个可靠的资源共享层,解决数据共享等问题。区块链技术之所以受到各国的广泛重视,是因为它具有以下几条基本特征。

1. 去中心化

区块链技术的去中心化特征表现在多个方面:在网络方面,区块链技术基于对等网络协议,对等节点具有基本相同的功能、责任,与以往的数据中心存储方式不同;在数据存储方面,数据并不是存储在某个中心节点,而是通过哈希方式分布式存储,并且每个节点都一样;在软件算法方面,无论是原有算法还是待发展算法,都向着去中心化的方向发展。很显然,去中心化这种特征带来了避免信息泄露、便于交易等优点,尤其是在国际贸易领域,促进了交易的公平,这也是区块链技术具有良好发展前景的最重要原因之一。

2. 不可篡改

区块链技术里的数据不可篡改不是绝对不可篡改,而是一种相对不可篡改。不可篡改至少体现在两个方面:第一,哈希算法是单向性的,不能通过修改哈希值来修改原始数据;第二,数据以哈希结构存储在遍布全球各地的服务器上,篡改数据的成本和难度极大,除非同时修改 51% 的存储,按当前算力几乎做不到。

3. 信息透明

在区块链中,除了涉及用户信息的私有信息被加密外,其他数据对全网节点是透明的,任何人参与节点都可以通过公开的接口查询区块链数据,记录数据或者开发相关应用,这使区块链技术产生了很大的应用价值。区块链数据记录和运行规则可以被全网节点审查、追溯,具有很高的透明度。

4. 匿名

与信息透明相对的是,区块链中个人信息是加密的且对所有人不开放。这一点与具有中心节点的信息系统不同:在大部分信息系统中,如果普通用户忘记了自己的密码,可以通过管理员进行重置;而在区块链中,以比特币私钥为例,一旦丢失,则无法找回。

例 15-6：阿尔法信息技术有限公司助力金融服务公司提升区块链交易安全与效率。

一家金融服务公司希望提高其交易系统的安全性和透明度，同时降低交易成本。公司了解到区块链技术具有去中心化、不可篡改和透明等特点，因此决定与阿尔法信息技术有限公司合作，探索区块链技术在金融服务领域的应用。

阿尔法信息技术有限公司为金融服务公司设计了一套基于区块链的交易系统，该系统主要包括以下几个模块。

（1）数字身份认证：通过区块链技术为用户提供安全的数字身份认证服务，确保用户信息的真实性和可靠性。

（2）智能合约：利用智能合约自动执行交易，减少人工干预，提高交易效率和安全性。

（3）交易记录：所有交易记录均存储在区块链上，确保交易数据的不可篡改和可追溯性。

（4）跨境支付：通过区块链技术实现快速、低成本的跨境支付，简化支付流程，提高支付效率。

阿尔法信息技术有限公司与金融服务公司共同开展项目需求分析，明确项目目标和技术要求。随后组建专业团队，进行区块链技术研发，并根据金融服务公司的需求定制解决方案。双方共同进行系统设计和开发，确保项目按时交付。项目上线后，阿尔法信息技术有限公司提供持续的技术支持和优化服务，确保系统稳定运行。

通过使用区块链技术，金融服务公司的交易系统安全性得到显著提升，交易风险降低。交易效率提高，人工干预减少，降低了公司的运营成本。跨境支付更加便捷，支付时间和成本降低，提升了公司的竞争力。金融服务公司对阿尔法信息技术有限公司的区块链技术解决方案表示满意，并计划在更多业务场景中应用区块链技术。

通过例 15-6，我们可以看到阿尔法信息技术有限公司利用区块链技术为客户提供创新、高效的解决方案，助力企业提升业务水平和竞争力。随着区块链技术的不断发展和成熟，阿尔法信息技术有限公司将继续探索其在各个领域的应用，为客户提供更多优质服务。

随着区块链技术的发展，增加的如智能合约、开放性等新特性，能够有效促使区块链及其相关技术向着更科学、更强大、更适用的方向发展，当前区块链及其技术已经迸发出强大的活力，在社会各行各业都有着广泛的应用。

15.3 实践训练

1. 随着新一代信息技术的快速发展，IT 行业正面临着前所未有的变革。请结合你所学专业知识和实际案例，分析这些新兴技术如何在 IT 行业中得到应用，并探讨这些应用对行业发展的潜在影响。

2. 结合自身情况探讨在学习和掌握新技术、新技能的过程中，你可能面临的困难及其对策。

第 16 章 智慧社会

　　随着信息化技术的飞速发展,智慧校园、智慧城市以及智慧生活不再仅是科技概念,已经深度影响并改变着我们的学习、工作和生活方式。面对智慧社会带来的深刻变革,无论是专业 IT 从业者还是广泛的社会公众,都急需提高自身的信息化素养,以适应日新月异的技术浪潮,把握住未来发展的无限可能。

　　作为推动智慧社会发展的重要力量,IT 从业者不仅面临专业技术层面的挑战,还面临跨学科、跨领域的综合性素质考验,不仅要熟练掌握各类新兴信息技术,更要具备良好的团队协作、创新思维和项目管理能力。

　　本章以智慧校园、智慧城市、智慧生活三大主题为核心,详尽解析各类信息化技术在具体应用场景中的原理与运用。帮助广大读者理解和掌握信息化运行的基本规则和基础知识,使大家能够在日常生活、工作或学习中更好地适应信息化环境,提升信息素养。

知识目标:
- 了解智慧校园的基本概念、架构,及其在提升教学、管理、服务等方面的作用;
- 熟悉智慧城市中涉及的关键信息技术及其应用领域;
- 掌握智能家居、智能穿戴等技术在智慧生活中的应用。

实践目标:
- 调研分析所在学校智慧校园建设的现状,提出改进建议;
- 设计一个针对特定问题的智慧城市解决方案,如智能交通系统、智能垃圾分类回收系统等;
- 分析自己或家庭的智慧生活需求,提出解决方案。

素质目标:
- 培养社会责任感,关注智慧社会发展中的民生问题;
- 强化法治意识,自觉遵守智慧社会建设中的法律法规;
- 提升创新思维和跨界融合能力,推动智慧社会领域的创新发展。

16.1 智慧校园

16.1.1 定义与发展

例16-1：贝塔学院的智慧校园体验。

通过多年信息化建设，贝塔学院打造了一个以技术创新为驱动，具备便捷化服务、智能化管理、个性化教学等特征的智慧校园。

1）便捷化服务

以校园一卡通为例，学生在入学初会申领一张校园一卡通，这张卡不仅用于食堂用餐、图书馆借阅，还能够集成门禁、考勤和支付等功能。通过门禁系统，一张卡可以直接实现学校大门、宿舍、教室、实验室、图书馆等场所的进出认证服务。通过一卡通系统提供的移动支付功能，学生可以在校园内的商店、超市和食堂使用一卡通进行支付。通过一卡通系统，学生可以轻松享受校园多个场所、多个场景的免费或付费服务，而无须携带多张卡片或现金。当前一卡通系统可以通过人脸、指纹、二维码等方式进行认证，为学生提供了全方位、便捷化服务。

2）智能化管理

新生从踏入校园开始，就能够应用智能校园导航系统来熟悉校园，通过校园地图和实时定位功能，可以轻松找到教学楼、图书馆、食堂等各个地点，避免迷路和浪费时间。教务管理系统从学生入学到毕业的各个方面提供智能服务，包括学籍、教学计划、开课/排课、选课、考试安排、成绩管理、实验管理、毕业设计、教学质量监控等多个环节。智能化宿舍管理系统允许学生通过手机App进行报修、缴费、水电充值等操作，在日常生活方面提供智能化管理服务。

3）个性化教学

在日常学习中，学生通过智能白板、电子学习资源等，使教师能够创建互动式教学内容，与学生分享多媒体资源，并提供实时反馈，方便了解每个学生的进度。智能化教室配备了投影仪、智能白板等设备，非常方便学生参与教学过程。通过大数据分析系统可以及时收集反馈信息，进行数据分析和处理，及时为学生解决问题，为学校提供决策依据，提高学校教学质量和学术水平。线上平台也提供了大量习题和讲解，学生可以根据自身学习进度，使用相关资源完成个性化学习。

智慧校园是指利用物联网、大数据、云计算、人工智能等新一代信息技术，对校园内的教学、科研、管理、生活等各个领域进行智能化升级和整合，旨在实现教育教学的个性化、管理决策的科学化、校园服务的便捷化以及校园环境的可持续化，从而提升校园的整体运行效率和教学质量。例如,贝塔学院通过智慧校园建设,大大提高了校园管理的科学性,提升了校园管理效率,同时也给学生学习、生活带来了便利。目前,智慧校园的建设已经取得了显著的成效。许多学校通过建设智慧校园,实现了教育资源的共享和优化配置,提高了教育教学的质量和效率。

当前智慧校园建设是不少学校发展的重点,在建设过程中也存在一些问题,主要包括以下几个方面。

(1) 技术集成与兼容性方面。智慧校园建设是逐步完成的,对各个时期建设的、服务不同部门的系统进行整合是一个巨大的挑战。

(2) 智慧校园建设需要大量资金。系统建设每个过程都需要大量资金支持,对于一些资金紧张的学校来说,确保资金来源充足非常重要。

(3) 数据安全和隐私保护是重中之重。随着校园中各种智能设备和软件系统的增加,数据越来越多,系统对数据的依赖性也越来越强,数据的访问需要授权,学校需要确保所有数据的安全。

(4) 新技术带来影响和冲击。更新速度快是信息技术的特点,技术更新与维护会给学校带来持续挑战,学校需要不断更新技术、推广新方法,从而保证能够更好地应用系统。

面对这些挑战,学校需要制定全面的发展战略,确保智慧校园建设能够顺利推进,并最终实现教育质量的提升。智慧校园的建设不仅是为了技术应用,更重要的是提升用户体验。学校需要确保所采用的技术和服务能够真正满足师生需求,提供便捷和高效的学习和生活环境。在智慧校园建设实施过程中,要注重对教师进行信息化培训,帮助教师适应新的教育技术和教学方法。智慧校园建设还涉及学校管理和组织结构的调整,这需要学校领导层的支持和推动,以及全体师生的积极参与。

未来,随着技术的不断创新和应用场景的不断拓展,智慧校园建设将进入一个新的发展阶段。一方面,学校将更加注重利用大数据、人工智能等先进技术来分析和挖掘教育教学的规律和特点,为师生提供更加精准、个性化的服务;另一方面,学校也将更加注重智慧校园与智慧城市、智慧社会等外部环境的融合与互动,推动教育信息化向更高层次、更广领域发展。

16.1.2 技术架构

智慧校园的技术架构可以从多个层次进行阐释,包括网络和基础设施层、全局服务层、应用接入层以及用户接入层。如图 16-1 所示,这些层次相互关联,共同构成了一个完整的智慧校园技术体系。

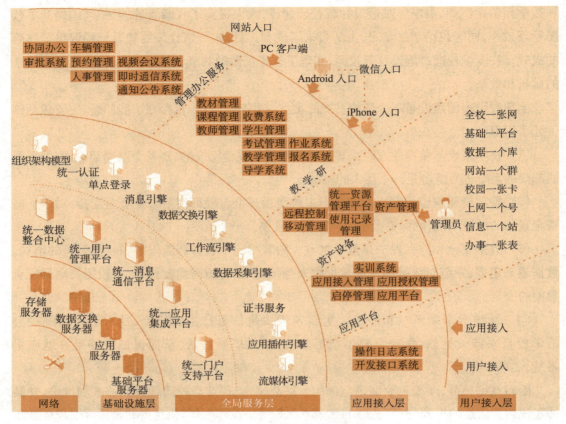

图16-1 智慧校园的技术架构

1．网络和基础设施层

网络和基础设施层是智慧校园技术架构的底层，它提供了整个智慧校园运行所需的基础环境和设施。这一层主要包括校园网络、数据中心、服务器、存储设备等硬件设施，以及操作系统、数据库等基础软件。相对而言，大部分学校资金比较充裕，且无论是管理人员还是使用人员，信息化能力较强，因此当前大部分基础设施建设相对比较先进。在存储方面采用私有云，建设独立数据中心和网络中心；在网络方面，应用 5G、SDN 等先进网络技术和管理手段，为智慧校园提供强有力的支持和保障。

此外，基础设施还包括各种传感器、RFID 标签、摄像头等设备，这些设备通过校园网络连接到数据中心，实时采集和传输各种数据，为智慧校园的各种应用提供数据支持。

2．全局服务层

全局服务层位于网络和基础设施层之上，它提供了各种全局性的服务，如统一身份认证、数据交换共享、业务流程管理等。这些服务是智慧校园各个应用系统之间实现互联互通的关键。例如，不少学校建设了统一身份管理平台，无论是教师还是学生，在应用不同的系统时，只需要用户名和密码即可。贝塔学院网上办事大厅如图 16-2 所示。

图16-2　贝塔学院网上办事大厅

通过全局服务层,各个应用系统可以实现用户身份的统一认证和单点登录,避免了用户在不同系统之间重复登录的麻烦。全局服务层还能够提供数据交换和共享服务,将不同系统整合到一个平台,提供统一登录入口,使得不同应用系统之间可以实现数据共享和交换,提高了数据利用效率,并且使得服务非常便利,大大提高了管理服务效率。

3．应用接入层

应用接入层是智慧校园技术架构中的中间层,它负责将各种应用系统接入智慧校园平台中。这些应用系统包括教学管理、学生管理、科研管理、校园安全等各个方面。例如,贯穿本书的贝塔学院教学管理系统就属于这一层,系统提供便捷的教学管理功能,在整个智慧校园中处于比较核心的地位。系统需要与其他智慧校园系统对接,以更好地支持日常教学管理。

一般来讲,应用接入层提供了统一标准和接口,方便各种应用系统的开发和集成。通过应用接入层,智慧校园平台可以实现对各种应用系统的统一管理和调度,提高了整个智慧校园系统的运行效率和管理水平。

4．用户接入层

用户接入层是智慧校园技术架构的最上层,它直接面向师生和校园管理人员提供各种智能化、信息化的服务。用户接入层主要包括各种终端设备,如智能手机、平板电脑、笔记本电脑等,以及各种应用程序和客户端软件。

通过用户接入层,师生和校园管理人员可以随时随地访问智慧校园平台上的各种应用系统和服务,获取所需的信息和资源。同时,用户接入层还提供了友好的用户界面和交互设计,提高了用户的使用体验和满意度。

智慧校园的技术架构是一个分层次、模块化的体系结构,各层次之间相互独立又相互关联。通过合理的技术架构设计和实施,可以实现校园内各种信息资源的共享和优化配置,提高教育教学质量和效率,为师生提供更加便捷、高效、个性化的服务。

16.1.3 应用场景

> **例16-2：贝塔学院的智慧体育规划。**

贝塔学院对学生体能素质培养非常重视，计划通过应用AI技术，特别是AI视觉计算技术，来提升体育教育的质量和效率。目前规划设计的系统可以自动记录和分析体育训练和考试的数据，从而实现体育教学和测考过程的数字化、智能化和可视化。

体能素质培养和提升是一个全方位、全天候、全过程的培养过程。通过物联网传感设备、AI视觉检测设备等实现对师生体育运动过程监测，并自动收集和分析运动数据。例如，AI体测一体机可以进行全面的学生体能评估，智慧步道则提供了便捷、科学的运动环境。此外，系统还能自动生成运动报告，为教师和学生提供个性化训练建议和反馈。核心功能如下。

1）智能体育教学系统

该系统通过AI视觉技术自动分析学生的运动表现。例如，在跳远训练中，系统可以实时追踪学生的跳跃动作，分析跳跃距离和技巧，提供即时反馈。这不仅提高了学生的运动技能，还减轻了体育教师的负担。

2）智能考场

在体育考试中，贝塔学院的智能考场利用AI技术自动记录学生的跑步时间、跳高高度等数据。这些数据被实时传输到后台系统，自动评分并生成成绩报告，极大地提高了考试的效率和准确性。

3）个性化训练计划

基于AI分析的学生体能数据，贝塔学院的智能体育教学系统能够为每位学生量身定制训练计划。例如，对于力量较弱的学生，系统可能会推荐增加重量训练；对于耐力不足的学生，则可能建议增加有氧运动。

4）智慧步道与健康监测

贝塔学院的智慧步道配备了传感器，能够监测学生的运动数据，如步数、心率等。这些数据不仅用于运动分析，还可以作为学生健康监测的一部分，帮助学校和家长更好地关注学生的身体状况。

5）VR运动体验

为了增强体育课程的趣味性和互动性，贝塔学院还引入了VR技术。学生可以通过VR设备体验不同的运动项目，如虚拟滑雪、虚拟骑行等，这不仅丰富了体育课程内容，也激发了学生参与体育活动的兴趣。

贝塔学院相信通过该系统的应用，能够极大提升学校体育教学质量与学生体能素质。智能体育教学系统、智能考场、个性化训练计划、智慧步道与健康监测以及VR运动体验等应用，不仅提高了教学质量和效率，还增强了学生的学习动力和参与度。

由此可见，智慧校园的建设不仅是技术层面的升级，更是教育理念和教学方式的革新。通过这些创新实践，贝塔学院为学生提供了更加智能化、个性化的学习环境，同时也为其他学校提供了智慧校园建设的有益参考。除了智慧体育教学外，通过信息技术和智能设备的融合应用，推动校园教育教学活动更加灵活、个性化和高效。下面举几个智慧校园的常见应用场景。

1．智慧教学

在智慧校园中，智慧教学是其核心应用场景之一。通过利用信息技术和智能设备，智慧教学实现了教学资源数字化、教学过程互动化和教学效果可视化。例如，教师通过智慧教学平台提前发布课件、作业和测试，学生实现在线预习、复习和提交作业，方便了教与学过程。在课堂上，教师利用多媒体设备和互动软件，进行生动有趣的授课和实时互动，提高学生的学习兴趣和参与度。智慧教学还可以通过大数据分析技术，对学生学习情况进行实时监控和评估，为教师提供精准的教学辅助和决策支持。

2．智慧管理

智慧管理是指利用信息技术和智能设备，实现校园管理的智能化、自动化和精细化。在智慧校园中，各类管理系统如学生管理、教职工管理、资产管理、安全管理系统等都被整合到一个统一的管理平台中，实现了数据的共享和互通。通过智能设备和传感器，可以实时监控校园内的各种环境和设备状态，如教室使用情况、能源消耗情况、安全情况等。这些数据可以为校园管理者提供准确的决策支持，提高管理效率和服务水平。

3．智慧生活

智慧生活是指利用信息技术和智能设备，为师生提供更加便捷、高效、个性化的校园生活服务。在智慧校园中，一卡通服务是实现智慧生活的重要手段之一。师生可以通过一张校园卡实现身份认证、消费支付、门禁出入等多种功能。此外，智慧校园还提供了各种智能化的生活服务设施，如智能宿舍、智能餐厅、智能图书馆等。这些设施可以根据师生的个性化需求，提供定制化服务体验，如智能推荐图书、智能调节宿舍温度等。

4．智慧科研

智慧科研是指利用信息技术和智能设备，促进科研工作的数字化、网络化和智能化。在智慧校园中，科研管理系统可以实现科研项目的在线申报、审批和进度监控等功能。同时，通过大数据分析和挖掘技术，可以对科研数据进行深度挖掘和关联分析，为科研人员提供有价值的科研信息和资源推荐。此外，智慧校园还可以为科研人员提供高性能计算和云存储等基础设施支持，满足科研工作的计算和数据存储需求。

16.2 智慧城市

16.2.1 定义与起源

例16-3：智慧交通。

当前城乡居民家庭拥有私人汽车数量越来越多，城市交通越来越拥堵。基于新一代信息技术的智慧交通整体解决方案，能够有效帮助城市缓解交通压力，减少交通拥堵。

1．智慧交通监控系统

智慧交通监控系统能够基于全息道路建立了一个无盲区、无死角、时空连续的道路感知体系。这个体系能够向车端反馈时空连续、高置信、真智能的感知融合数据，从而帮助车辆驾驶者进行出行路线决策。能够将交通流的实时运行情况以三维图像形式展示，充分利用信息技术、大数据分析等手段，对城市交通进行全面管理和优化。

2．智能交通系统

智能交通系统通过现代化信息技术手段，实现道路交通资源的合理利用，以实现提高交通安全、缓解拥堵、提高出行效率、降低能耗等功能。智能交通系统可以通过交通信号灯优化、交通导航、实时交通信息提供等功能，减少路口阻塞、交通事故，提高交通运行效率。利用信息技术、人工智能等手段，提供个性化、便捷的出行服务。帮助人们更准确地规划出行路线和时间，避开拥堵区域，提高出行效率。

3．自适应交通信号灯管理系统

自适应交通信号灯管理系统通过应用相关技术，提高交通信号的智能性。通过实时交通流量数据，调整信号灯控制方案，避免拥堵，提高交通效率。例如，一些城市正在利用公务车的数据来改善交通信号灯计时，并制订更多基于数据驱动决策解决方案。

4．智能交通管理平台

智能交通管理平台利用信息技术、大数据分析等手段，对城市交通进行全面管理和优化。通过实时采集、处理和分析交通数据，平台提供精确的交通预测和决策，优化交通流量，减少交通拥堵。此外，该平台还能够与其他城市智能交通管理平台连接，实现跨区域的交通协同调度，减少城际交通拥堵。

5．共享交通工具

通过应用物联网、移动互联等技术，大力发展共享交通工具，充分利用出行资源，缓解城市交通拥堵。通过共享汽车、共享单车、共享电车等交通工具，减少私家车的使用，降低交通拥堵程度。

正如上述案例展示，信息技术在城市管理中广泛应用，从而形成了智慧城市。具体而言，智慧城市是指运用物联网、大数据、云计算、人工智能等新一代信息技术，对城市的基础设施、管理服务、居民生活等方面进行智能化升级和整合,以实现城市管理的精细化、公共服务的高效化、城市发展的可持续化,提升城市的综合竞争力和居民的生活质量。智慧城市的概念起源于信息化、数字化浪潮席卷全球的背景下,是对城市发展模式的一种全新思考。它不是单一技术的应用,而是多种技术的综合集成,涉及城市规划、建设、管理等多个层面。

智慧城市的发展可以追溯到20世纪90年代,当时的一些城市开始尝试利用信息技术来改善城市管理和公共服务。例如,新加坡在1992年提出了"智慧岛"计划,强调利用信息技术推动城市发展。随后,其他国家和地区也开始关注并尝试建设智慧城市。

在中国,智慧城市的概念和实践起步较晚,但发展迅速。2010年,国家"十二五"规划中首次提出了"智慧城市"的概念,随后,国家层面出台了一系列政策,支持和推动智慧城市建设。目前,中国的许多城市已经开展了智慧城市的建设,涵盖了交通、能源、环保、医疗、教育等多个领域。

16.2.2 技术体系

智慧城市建设和运营离不开技术支撑体系。这一体系涵盖了多个信息技术领域,包括物联网、云计算、大数据、人工智能、空间地理信息集成、5G等,它们共同构成了智慧城市的技术基石。

1. 物联网

物联网技术是智慧城市感知层的核心,通过部署各种传感器和设备,实现对城市环境、设施、资源等各方面的实时感知和监控。通过物联网平台对这些数据进行汇聚和处理,为城市管理者和居民提供实时信息和服务。例如,智能交通系统中的车辆感知、环境监测系统中的空气质量监测等,都是物联网技术在智慧城市中的典型应用。

2. 云计算

云计算为智慧城市提供了弹性、可扩展的计算和存储资源。通过云计算平台,可以实现对海量数据的存储、处理和分析,支持各种智慧城市应用快速部署和高效运行。同时,云计算按需服务模式也降低了智慧城市的建设和运营成本。

3. 大数据

大数据技术是智慧城市数据处理和分析的关键。通过对海量数据的挖掘和分析,可以揭示城市运行的内在规律和趋势,为城市管理者提供决策支持。同时,大数据技术也可以用于优化公共服务、提高资源利用效率、改善居民生活体验等方面。

4. 人工智能

人工智能技术为智慧城市赋予了智能决策和自主学习能力。通过训练和优化算法模型,可以实现对城市各种复杂场景的自动识别和智能处理。例如，智能安防系统可以通过视频分析自动识别出异常事件并发出警报；智能交通系统可以通过分析实时数据优化交通流量分配等。

5．空间地理信息集成

空间地理信息集成技术为智慧城市提供了三维空间数据管理和分析能力。通过整合城市各种空间地理信息数据，可以构建三维城市模型，实现对城市空间资源的可视化管理和优化配置。这一技术在城市规划、环境监测、应急管理等领域具有广泛应用前景。

6．5G

5G 为智慧城市提供了高速、低时延的通信网络。通过 5G 网络，可以实现各种智能设备和系统之间的实时数据传输和通信，支持高清视频、大规模物联网设备连接等高性能应用。5G 的发展将进一步推动智慧城市的创新和发展。

> **拓展阅读：6G。**
>
> 6G 即第六代移动通信技术，是继 5G 之后的新一代移动通信技术。6G 将实现"智赋万物、智慧内生"的愿景，进一步拓展移动通信能力边界，创新构建"超级无线宽带、极其可靠通信、超大规模连接、普惠智能服务、通信感知融合"的五大典型应用场景。
>
> 6G 关键技术包括太赫兹通信、通信感知一体化、智能超表面、算力网络、分布式自治网络等：太赫兹通信技术利用高频段的电磁波提供更大的带宽，但面临传播损耗大、大气吸收严重等挑战；通信感知一体化技术将通信与感知功能结合，实现对环境的感知和信息的传输；智能超表面技术通过编程控制电磁波的传播特性，实现对电磁波的调控；算力网络为 6G 提供强大的计算能力，支持高效的数据处理和智能服务；分布式自治网络实现网络的自我管理、自我优化和自我修复。
>
> 6G 技术特征表现为泛在互联、普惠智能、多维感知、全域覆盖、绿色低碳和安全可信：泛在互联实现更广泛的连接，包括地面和卫星通信的集成；普惠智能使智能服务更加普及，提高效率；多维感知整合通信、计算、感知等能力，支持智能化服务；全域覆盖构建全球无缝覆盖的空天地一体化网络；绿色低碳在环保和能效方面有显著提升；安全可信强调网络安全和隐私保护。
>
> 6G 应用场景丰富多样，包括沉浸式云 XR、全息通信、感官互联、智慧交互等。沉浸式云 XR 提供更加身临其境的体验；全息通信允许更真实的通信体验；感官互联满足多重感官、情感和意识层面的交互需求；智慧交互应用于娱乐生活、医疗健康、工业生产等领域。
>
> 然而，6G 的发展也面临诸多挑战，如技术标准的建立、网络安全问题、核心技术的

突破和国际合作的深化等。这些挑战需要全球范围内的共同努力和合作,以推动 6G 的健康发展,为未来数字化、智能化社会奠定基础。

16.2.3 应用领域

作为智慧城市建设核心驱动力的 IT 技术,在城市中的各领域中有广泛而深入的应用,涵盖了城市管理、平安城市、智慧能源、智慧环保等多个方面,最终构成了智慧城市,下面简单举几个应用领域。

1. 城市管理

在城市管理领域,IT 技术通过构建城市管理平台,实现了对城市基础设施、公共安全、环境卫生等方面的全面监控和管理。如通过物联网技术,可以实时监测城市设施的运行状态,及时发现并解决问题;通过大数据分析,可以挖掘城市管理的内在规律和潜在问题,为决策者提供科学依据;通过云计算和移动应用,可以实现城市管理的信息共享和协同工作,提高管理效率和服务水平等。

2. 平安城市

安全是城市发展、居民生活的基础,只有确保居民安全,城市才能为居民提供美好的居住环境。信息技术在城市安全方面能够发挥极大作用:基于视觉识别技术的监控系统能够及时发现不法行为、危险行为并自动报警;基于物联网传感设备的燃气、自来水、供电、供暖管理系统,能够及时发现故障,避免出现危害居民生命安全的灾害事件;自动报警、自动灭火等装置能够在危急时刻帮助居民降低危险,为人民生活提供保障。

3. 智慧能源

智慧能源是利用 IT 技术实现能源高效利用和可持续发展的重要手段。通过构建智能电网、智能家居、节能减排等应用,可以实现能源的精细化管理和优化配置。智能电网可以实时监测电网的运行状态和电力需求情况,优化电力调度和分配;智能家居可以根据家庭成员的生活习惯和用电需求,智能调节家电设备的运行模式和能耗;节能减排系统可以通过数据分析和挖掘发现能源消耗的漏洞和浪费情况,提出节能减排的建议和措施。

4. 智慧环保

智慧环保是利用 IT 技术保护和改善环境质量的重要手段。通过构建环境监测系统、污染源监控系统、生态修复系统等应用,可以实现环境质量的实时监测和预警预报。环境监测系统可以实时监测大气、水质、噪声等环境指标的变化情况;污染源监控系统可以实时监测企业和个人的排污情况并及时采取措施进行治理;生态修复系统可以通过数据分析和模拟预测、评估生态环境的变化趋势,并提出相应的修复方案和建议。

16.3 智慧生活

16.3.1 概念

例16-4：智能家居。

家是每个人的避风港湾,当我们辛辛苦苦地工作一天后,期待回到家里,能够得到充分的放松和休息,完成身心调整,以更好地完成第二天的工作。

设想一下,在一个炎热的夏日,当我们在下班回家途中,空调已经自动打开,浴缸已经自动放水调温,电饭锅已经开始煮饭,将完成一些基本的烹饪工作……这些智能化功能已经成为现实,为我们生活带来了温馨和方便。

当我们回到家走进客厅时,空调系统已经将温度调节到平日舒适的温度,智能音响系统播放着我们最喜欢的音乐。天色已经暗淡下来,灯光系统会提前亮起,让我们感受到家的温暖。一会儿家庭投影系统会自动打开,我们可以一边观看喜欢的节目,一边享受美食。吃完饭后来到卫生间,智能体检系统会对我们的身体进行简单检查,保证我们的健康。随后可以舒舒服服地泡个热水澡,或者在按摩椅上享受按摩。

居住的房间通过安装物联网设备,能够确保安全。当有陌生人靠近时,房子四周的防盗报警系统、入侵监测系统会自动发出报警。房间内有烟感、燃气等报警装置,当发生火灾、煤气泄漏等意外时,住宅消防系统可通过通信系统自动对外报警。这些安防设施的应用大大提高了安全性。

随着物联网、大数据、人工智能等技术的普及与深入应用,智慧生活已经逐渐从科幻变为现实,渗透到人们日常生活的方方面面。智慧生活是指利用先进信息技术,使生活变得更加智能、便捷、舒适和高效。它不仅是对传统生活方式的革命性升级,更是对未来生活方式的探索与预见。

智慧生活的核心在于"智能化",这里的智能化不仅仅是智能设备的能力,更是一种系统性的自我感知、自我学习、自我决策和自我执行的能力。在智慧生活背景下,智能设备和系统能够实时地感知用户需求和环境变化,通过数据分析和学习,做出最优的决策,并自动执行相关操作,以满足用户的各种生活需求。

智慧生活内容非常丰富,它包括智能家居、智慧交通、智慧医疗等多个方面。例如,在智能家居领域,用户可以通过手机或语音助手等设备远程控制家中的电器设备,实现家居环境的智能化管理;在智慧交通领域,智能交通系统能够帮助用户实时获取路况信息,规划最优出行路线,提供便捷的出行体验;在智慧医疗领域,远程医疗和健康监测等技术能够为用户提供及时、高效的医疗服务。

16.3.2 未来趋势

智慧生活的范围在不断拓展。随着技术的不断进步和创新,智慧生活的概念将与其他更大的概念如智慧城市、智慧社会等相融合,共同构建一个智能、互联、绿色的未来社会。在这个社会中,信息技术将成为连接人与人、人与物、物与物的桥梁,人们的生活将变得更加美好。智慧生活将逐步深入人心,在以下几个方面得到体现。

1. 全场景智能化

未来的智慧生活将实现全场景智能化,不仅包括家中的智能家居设备、办公室的智能办公系统,还包括出行、购物、娱乐等各个生活场景。这些场景将通过高度互联的物联网设备实现无缝衔接,为用户提供一站式智能服务。例如,随着手机等移动设备的普及,人们日常交易不受时间和地点的限制,通过诸如数字人民币、支付宝、微信支付等移动支付方式,方便快捷地完成转账、支付账单、投资理财等业务。

2. 个性化与定制化服务

随着大数据和人工智能技术的深入应用,未来智慧生活将更加个性化和定制化。系统会根据用户的行为习惯、喜好和需求,提供精准的服务推荐。例如,智能家居系统可以根据用户的作息时间自动调整室内光线和温度;智能音箱可以根据用户的音乐偏好推荐歌曲;智能穿戴设备可以监测用户的健康状况,并提供个性化的健康建议。

3. 跨界融合与创新应用

智慧生活将实现更多领域的跨界融合和创新应用。例如,智能家居与智能安防的融合,可以实现家庭安全的全方位监控和预警;智慧医疗与智慧养老的融合,可以为老年人提供更加便捷、高效的医疗服务;智慧教育与在线娱乐的融合,可以为孩子们提供更加生动、有趣的学习体验。这些跨界融合和创新应用将推动智慧生活向更高层次发展。

4. 绿色节能与可持续发展

智慧生活将更加注重绿色节能和可持续发展,通过智能家居设备,可以采用更加节能的技术和材料,减少能源消耗和碳排放。智慧生活系统将通过智能调度和优化算法,实现能源的高效利用和节约。例如,例16-4中提到的智能家居系统,可以根据室内外温度和用户需求,自动调节空调的运行模式和温度设定,达到节能的目的。

5. 安全与隐私保护

随着智慧生活的普及和深入发展,安全与隐私保护将成为越来越重要的议题。智慧生活系统将采用更加先进的安全技术和加密算法,确保用户数据和隐私安全。同时,政府和企业也将加强相关法规和标准的制定和执行,为智慧生活的安全和隐私保护提供有力保障。

信息技术的应用不仅提高了人们的生活质量和效率,还使服务更加个性化。随着技术的不断发展,智慧生活的应用将更加广泛,为人们提供更便捷的服务。

16.4　信息化素养

16.4.1　信息化素养概述

当前已经进入智慧社会,人们生活的方方面面都离不开信息技术。在智慧社会中,无论你从事什么工作,生活在哪里,几乎都离不开信息技术。在日常工作生活中,每个人都是相关信息化应用或系统的用户,在社会信息化应用中扮演着重要的角色,是推动智慧社会广泛应用与发展的关键力量。所以,即使是普通的社会成员,具备一定的信息化基础和素养也是必不可少的。

1．信息化基础

首先,由于信息技术的普及,任何人在日常工作之中,都需要掌握基本的计算机操作技能,如使用办公软件(如文字处理、图像处理、音视频剪辑等软件)、管理文件、浏览网络等。这些技能不仅是日常工作和生活中不可或缺的,还是进一步学习和掌握其他信息化技能的基础,掌握这些基本技能有助于我们更有效地使用计算机和网络资源,提高工作效率。

其次,了解基本的网络、信息技术概念对于从业者来说同样重要。这包括理解 IP 地址、域名、浏览器、电子邮件等基本网络概念,以及常见的网络设备和连接方式。掌握这些知识有助于我们更好地利用网络资源,提升信息获取和沟通的效率。

最后,在工作中还需要具备一定的安全意识,特别是在信息安全方面。了解常见的网络安全风险,如病毒、木马、钓鱼网站等,并掌握基本的防范措施,如安装杀毒软件、定期更新密码等,对于保护个人和组织的数据安全至关重要。具备信息安全意识能够帮助我们识别潜在的安全威胁,并采取适当的预防措施,从而降低安全风险。

2．信息化素养

在智慧社会中,我们还需要培养一系列信息处理能力,以便更好地适应数字化生活和工作环境。首先,应当能够高效地从海量信息中筛选和提取所需内容,能够熟练运用搜索引擎和专业数据库进行信息检索,同时也要有能力对获取的信息进行批判性评估,确保信息的准确性和可靠性。

其次,需要具备信息处理技能,如分类、整理、归纳和分析信息,这样可以更深入地理解信息,并提高工作和决策的效率。

此外,良好的信息交流和协作能力也是必不可少的。在智慧社会中,应能够使用电子邮件、即时通信工具等进行有效沟通,并利用协作平台与团队成员协同工作,共同实现目标。

最后,信息道德和法律意识同样重要。在使用和处理信息时,应遵守相关的道德规范和法律法规,包括尊重他人隐私、保护知识产权、避免传播虚假信息等,以确保自己在信息使用上的合法合规。通过这些能力的提升,可以更好地适应智慧社会的需求,提升个人的信息素养和竞争力。

16.4.2 提升信息化素养

在智慧生活日益普及的今天,信息化素养已不仅是对 IT 从业人员的专属要求,而是每一个希望适应未来社会发展、享受智慧生活便利的个体所必备的基本能力。对于不在 IT 行业工作的人员来说,提升信息化素养也是融入智慧生活、提高工作效率和生活品质的关键,也需要不断提升信息化素养和能力。以下是关于提升信息化素养的一些建议。

1. 加强基础信息素养

在信息时代,基础信息素养对个人发展至关重要,首先需要认识到信息的重要性,并学习高效的信息检索技巧,如利用搜索引擎以及数据库和图书馆资源。同时,需要培养批判性思维,对信息进行深入分析,以区分真伪,并整理信息以提高其利用价值。此外,掌握信息共享与协作技能、增强信息安全意识、遵守信息伦理法规,都是提高信息素养的关键。

2. 掌握智慧生活相关技能

学习与智慧生活相关的技能。这包括了解智能家居设备的连接、控制和维护方法,熟悉移动支付工具的使用,了解在线购物平台和流程,以及了解数字化娱乐和生活服务,如智能音箱、在线视频平台等。这些技能将使我们能够更好地享受智慧生活带来的便利和丰富的生活体验。

3. 积极参与信息化培训和学习

积极参与信息化培训和学习,可以利用社区、图书馆或单位提供的培训资源,系统学习相关知识。此外,还可以通过在线教育平台,如慕课、网易云课堂等,选择适合自己的信息化课程进行学习。同时,阅读关于智慧生活和信息化的书籍、杂志或网上文章,不断更新知识结构。

4. 实践应用与经验分享

大胆尝试新技术和产品,积极参与智慧生活的实践应用。在掌握了一定知识后,积极参与在线社区讨论,与他人交流学习心得和使用技巧。同时,帮助身边的亲朋好友提升他们的信息化素养,分享使用经验。

5．持续关注和适应技术变化

为了保持对智慧生活的适应性，持续关注智慧生活领域的新技术、新产品和新服务，不断适应新的工作和生活方式。将提升信息化素养作为一项长期任务，通过不断学习新知识、新技能，可以更好地适应未来社会需求。

16.5 实 践 训 练

1．分析你所在学校的智慧校园系统中三个最突出的应用场景，并提出至少一个改进建议。

2．调查教师和学生对于智慧校园系统的使用情况和满意度，撰写一份报告并提出改进建议。

3．设计一个针对老年人的智慧社会服务系统，包括健康监测、社交互动和紧急救援等功能。

4．探讨智慧社会将如何提升公共安全，提出至少两种可能的解决方案。

5．体验一种智能家居设备，描述其给你的生活带来的便利和可能存在的问题。

6．设计一个智慧生活方案，旨在提高家庭能源使用效率，并说明其潜在的环境和经济效益。

7．讨论智慧生活在促进教育公平和提高教育质量方面的潜力，提出你的见解和建议。

第 17 章 IT 创 新

人类社会进入信息化时代以来,创新成为时代主题。随着人工智能等技术在社会各行各业的广泛应用,一些程序性、固定化工作由机器完成,人们主要从事创造性以及交互性工作,这表明创新能力已经成为工作、生活中的基本能力。本章首先从创新基础概念入手,阐述了创新的定义、分类和作用;接下来分析了如何基于现代信息技术进行产品、组织和机制以及商业模式的创新;最后又讨论如何应对失败与创新。本章内容旨在激发创新思维,掌握创新方法,引导读者在实践中不断锻炼和提升自己的创新能力。

知识目标:
- 初步掌握创新的定义和分类;
- 了解信息技术在产品、组织和体制、商业模式等方面的创新方法;
- 进一步思考新一代信息技术对人类社会的改变;
- 归纳总结创新的重要性。

实践目标:
- 结合专业知识和信息技术,思考能够对哪些生活用具加以改进;
- 讨论是否可以应用信息技术对你当前的学习方法加以改进。

素质目标:
- 培养独立思考的能力和探索精神;
- 培养探险、不怕失败的精神;
- 培养社会责任感以及愿意为解决社会问题而做出贡献的精神;
- 培养追求卓越品质,不断追求更好解决方案的精神。

17.1 创 新 基 础

17.1.1 创新的含义

对于企业来说,创新是企业的生命,只有不断创新,才能在激烈的市场竞争中立于不败之地，尤其是 IT 类企业，一旦停止创新，就会被行业淘汰，所谓"人无我有，人有我优，人优我新"也正是这个道理。一个成功企业，即使从事基本生活用品的加工制造，也必定在产品特性、质量保证、经营模式、管理效率等方面与众不同。

例 17-1：阿尔法公司智慧教室系统的创新与演进。

作为一个致力于校园信息化的公司，阿尔法通过产品创新获取客户青睐。智慧教室是阿尔法公司不断创新改进的产品之一。近十年时间，随着信息技术和教育理念的变化，智慧教室经历了三次较大的升级改变。

第一代智慧教室整合了电子白板、多媒体设备、网络设备等，方便教师在课堂上展示数字化教学内容，包括 PPT、视频、音频等。

随着信息化普及，智慧教室不仅要考虑数字化教学资源应用，同时还要考虑通过教学管理、教学反馈等功能，以提高教学质量和效率。公司将人脸识别、智能考勤、教学反馈等功能与智慧教室整合到一起，从而能够提高教学管理效率，教学效果也得到相应提升。第二代智慧教室的功能和理念进一步得到创新。

随着新一代信息技术的发展和应用，智慧教室在教学过程中需要发挥更大作用，包括监控学习情况、分析学情、节约能源等功能。公司进一步将新一代信息技术与智慧教室软硬件系统结合，学情大数据、智能推送、人工智能教室管理等功能逐步上线，第三代智慧教室更加智能化，同时也更加便捷。

对于阿尔法公司这样的 IT 企业来讲，创新无时无刻不在，是企业生存的根本。即使对于个人工作生活而言，创新也具有非常重要的意义，从升学、就业、购房、结婚、生儿育女到成就事业，是一个从无到有、从简单到复杂过程，是一个知识、财富、经验不断积累的过程，也是一个创新、创造的过程。

那么到底什么是创新呢？

创新在当今世界是一个出现频率非常高的词，企业家、政府官员、大学教授、学生几乎都在创新。在英文中，innovation 起源于拉丁语，它有三层含义：①更新；②创造新的东西；③改变。

"创新"和 innovation 的原词含义都是对旧事物的破除和创造新事物。随着创新理论的发展，"创新"向着更为广泛的范围扩展，不仅包括科学研究和技术创新，也包括体制与机制、经营管理和文化的创新，同时覆盖自然科学、工程技术、人文艺术、哲学、社会科学以及经济和社会活动中的创新活动。在这些领域，"创新"一词所表达的内涵应该是其原词本义。产品创新是生产一种新产品或采取一种新的生产方法；工艺创新是对产品制造流程的改进；市场创新是采取与众不同的方法开辟市场；要素创新是采用新的生产要素。

对创新我们有多方面的理解，说别人没说过的话叫创新，做别人没做过的事叫创新，想别人没想过的东西也叫创新。我们之所以称一些东西为创新,有的是因为它改善了我们的工作质量和生活质量,有的是因为它提高了我们的工作效率,有的是因为它巩固了我们的竞争地位,有的是因为它对我们的经济、社会、技术产生了根本影响。创新不一定非得是产生全新的东西,把旧东西翻新叫创新,总量不变而改变结构叫创新,结构不变而改变总量也叫创新。创新到处有,创新就在我们身边。只要你肯发现,创新无处不在!

17.1.2 创新的种类

提起创新,人们往往想到的是技术创新和产品创新,其实远不止这些。创新主要有以下七种。

1.思维创新

思维创新可谓是最基础的,也是最难的创新。有句广告语说得好:"思想有多远,我们就能走多远""没有做不到,只有想不到",这说明思维创新的重要性,它是一切创新的纲要。

例 17-2:两个鞋推销员的思维。

两个推销人员到同一个岛推销鞋。第一个推销员到了岛上之后,发现这个岛上每个人都赤着脚没有穿鞋,就气馁了,他觉得这个岛上的人没有穿鞋的习惯,没法推销鞋。他马上发电报回去,告知厂家不要运鞋来了。第二个推销员来了,高兴得几乎昏过去,他觉得这个岛上鞋的销售市场太大了,因为每个人都不穿鞋,如果每个人都穿一双鞋,不知道要销售出多少双鞋,于是马上发电报,让厂家赶快空运鞋过来。

2.产品(服务)创新

产品创新是指将新产品、新工艺、新服务成功引入市场,以实现商业价值。如果企业推出的新产品不能为企业带来利润和商业价值,那就算不上真正的创新。产品创新通常包括技术创新,但是产品创新不限于技术创新,因为新材料、新工艺、现有技术的组合和新应用都可以实现产品创新。

3.技术创新

技术创新主要是指生产工艺、方式、方法等方面的创新。技术创新是指在原有基础上进行革新,而发明是指创造出新事物。比如,莱特兄弟发明了飞机,而后人制造的直升机等先进飞机,就是对莱特兄弟发明的飞机进行了技术创新。

从计算机的角度来讲,技术创新是指根据现有科学成果,对计算机软件和硬件在技术层面上进行突破性改进。如开发一种新软件,推出一款功能更为强大的软件版本,制造出速度更快容量更大的CPU、显卡、硬盘等。通过改进加工工艺降低硬件制造成本,也是技术创新。

4．组织和机制创新

组织和机制创新主要是指企业环境或个人方面的创新,主要有以下三种。

一是以组织结构为重点的变革和创新,如重新划分或合并部门,流程改造,改变岗位及岗位职责,调整管理幅度。

二是以人为重点的变革和创新。即改变员工的观念和态度,对知识、态度、个人行为乃至整个群体行为的变革。比如,校园信息管理系统一旦成功应用,整个学校教师和学生的行为、习惯都需要进行变革,以配合这种创新。

三是以任务和技术为重点的变革和创新,重新组合分配任务,更新设备,以达到组织创新的目的。智慧教室的设计与应用是非常典型的应用技术创新行为。

5．管理模式创新

管理模式创新是指在管理对象、管理机构、管理信息系统、管理方法等方面的创新。管理模式创新是基于新的管理思想、管理原则和管理方法,改变企业的管理流程、业务运作流程和组织形式。企业的管理流程主要包括战略规划、资本预算、项目管理、绩效评估、内部沟通、知识管理。企业的业务运作流程有产品开发、生产、后勤、采购和客户服务等。通过管理模式创新,企业可以解决主要的管理问题,降低成本和费用,提高效率,增加客户满意度和忠诚度。

挖掘管理模式创新的机会可通过：和本行业以外的企业进行标杆对比；重新思考目前的工作方式,寻找新的方式方法,突破"不可能""行不通"的思维约束；关注日常运作中出现的问题事件,思考如何把这些问题变成管理模式创新的机会；反思现有工作的相关尺度,如该做什么、什么时间完成和在哪里完成等。持续的管理模式创新可以使企业自身成为有生命、能适应环境变化的学习型组织。

6．营销创新

所谓营销创新,是指根据营销环境的变化情况,并结合企业自身资源条件和经营实力,寻求营销要素在某一方面或某一系列的突破或变革的过程。在这个过程中,并非要求一定要有创造发明,只要能够适应环境,赢得消费者的心理且不触犯法律、法规和通行惯例,同时能被企业所接受,那么这种营销创新即是成功的。还需要说明的是,最终能否实现营销目标,不是衡量营销创新成功与否的唯一标准。

7．商业模式创新

商业模式创新是指企业及其成员的言和行方面的创新,是一个较广的论题。所谓商业模式,是指对企业如何运作的描述。好的商业模式应该能够回答管理大师彼得·德鲁克的几个经典问题：谁是我们的客户？客户认为什么对他们最有价值？我们在这个生意中如何赚钱？我们如何才能以合适的成本为客户提供价值？商业模式的创新就是要成功对现有商业模式的要素加以改变,最终在为顾客提供价值方面有更好的业绩表现。

总之,创新是一个内涵深刻、外延广阔的名词,是各行各业、各个领域、各个组织都值得研究的课题,是成长意识的本能体现。

17.1.3 激发创新

既然创新如此重要,那如何能够激发创新呢?

1. 模仿

模仿创新即通过模仿而进行的创新活动,一般包括完全模仿创新、模仿后再创新两种模式,另外模仿创新还有积极跟随性等特点。

第一种是完全模仿创新。即对市场上现有产品的仿制。一项新技术从诞生到达到市场饱和需要一定模仿创新时间,所以创新产品投放市场后还存在一定的市场空间,使技术模仿成为可能。但完全模仿本质上也带动了企业的技术创新活动,很多企业发展都从模仿其他企业技术开始。

第二种是模仿后再创新。这是对率先进入市场的产品进行再创造,也即在引入他人技术后,经过消化吸收,不仅达到被模仿产品技术的水平,还通过创新超过原来的技术水平。要求企业首先掌握被模仿产品的技术诀窍,再进行产品功能、外观和性能等方面的改进,使产品更具市场竞争力。令人难以置信的是,在大多数情况下,模仿创新者往往比率先成功者更成功,得到的回报更高。据研究表明,第三、第四家进入市场的企业较第一、第二家企业的成功率更高。

与传统的创新模式相比,模仿创新有以下特点。

首先,能够帮助创新者积极跟随新技术或者市场变化,创新者在模仿的同时必须了解已有的技术或市场现状。模仿创新不将精力集中在新技术的探索和率先使用上,而是做有价值的新技术的积极追随学习和改进。一般来讲,模仿创新者不独自去开辟全新的市场,而是充分利用并进一步发展率先成功者所开辟的市场。

其次,模仿创新也在新技术和新概念的应用上进行积极开拓,并对新市场进行改进和维护。开辟新市场,激发新需求是技术创新的一个重要特点和内容,模仿创新亦不例外。模仿创新不仅是抢占率先创新者已开辟的市场空间,还包含着对新市场空间的进一步拓展和扩充。

再次,侧重于"看中学"的知识积累。学习积累机制是技术创新的核心,是支持技术创新得以顺利开展的重要基础。率先创新的学习积累主要依赖自我探索,除了基础知识可来源于外部外,大部分相关知识和专业技能都是源于企业"干中学"的。而模仿创新的技术积累来源是多方面的,开始主要是通过"看中学",即通过观察、选择、借鉴、模仿率先创新者的行为,从他们的成功和失败中学习,在模仿中吸取大量的外部知识,培养、提高自身的技能。模仿创新有投资少、时间短、效率高的特点。

最后，对于个人或者小型企业来讲，模仿创新是生存成长的重要条件。一个小型企业一般是通过模仿同行，进行自我改进以获取竞争优势。模仿创新对资源的需求较低，这给一般性的中小企业或者个人以创新的能力和动力，尤其是个人，模仿创新是非常重要的，认识其中规律对个人成长非常有帮助。

我们出生后的大部分时间是在模仿，例如孩子不断模仿大人的发音、语言，在这个基础上组合、灵活运用以成为自己的语言。教育过程也是一个模仿创新的过程，除了不断地学习积累基础知识外，大部分学生有意识或者无意识地模仿某个老师或同学的行为、性格，并把它运用到工作中，逐渐形成自己的性格和行为。在工作中，我们会模仿一些领导和同事好的工作方法，并加以改进，形成自己的工作方法。这些都是模仿创新，利用好模仿创新，就能够有效改进学习、工作效率，成就自我。

2．积累

创新需要日积月累，只有通过不断累积知识，才能自然而然地进行创新。即使是一个非常聪明的人，也很难一下子在不熟悉的行业中进行创新。无论是工业研究，还是文学创作、艺术创新，都需要平日的累积。

一般来讲，画家需要到处采风，感受人世间的风景和人情，然后结合自身的经历，最终开始创造自己想要的作品。而某个作品的诞生，是在无数个素描练习的情况下产生的。达·芬奇从画蛋开始不断积累，终于创作出《最后的晚餐》等作品。文学创作也是如此，凭空很难创作出好的作品。曹雪芹本身经历了家道中落、人情冷暖，最后创作出优秀的古典小说《红楼梦》；蒲松龄以茶换故事，历经几载，终于完成了《聊斋志异》的创作。

日积月累最简单的例子就是学习。学习的过程是一个开拓思维、掌握知识的过程，通过积累我们具备了创新能力，需要我们在工作中继续努力，促进创新的转化。

例 17-3：格力空调。

格力空调从制造到创造，从低端到高端，连续 16 年获得空调行业产销量冠军，实现家用空调产销量连续 6 年位居世界第一的业绩，给中国制造业转型升级提供了一个案例。

在这成功转型的背后，是格力空调坚持不断的创新，是一年 30 亿元科研投入、4500 多名研发人员、300 多个实验室的支撑力量，格力转型是一个日积月累的过程。种种迹象表明，格力已经完成从制造到创造的漂亮转身。但令人诧异的是，在大举迈向创造的征途上，拥有自主品牌的格力依然在干着贴牌等"低端制造"的活儿。"贴牌、合资不等于低端。"格力总裁董明珠解释道，为国际知名品牌贴牌虽然利润有限，但有另外的价值。通过贴牌方式进入国际市场，可以培育国外经销商对格力品质的认可，等条件成熟了，再大力发展自主品牌，更好地实现中国品牌的国际化。尽管取得了成就，但是格力还是注重不断积累生产经验，在良好产品的基础上不断创新,争取与国际接轨。

3. 灵感

创新不能没有灵感,但是灵感对于人类社会今天的科技水平来讲,还是神秘的。当前计算机专家研究的情况表明,人工智能可以在很多地方模拟人类,甚至包括思考、发明、改进、创新等,但是却没有办法模拟灵感。自古希腊哲学家德谟克利特在2000多年前提出"灵感说",人们就开始研究讨论如何触发灵感。无论是科学研究,还是解决日常工作问题,灵感都非常重要。

灵感来自日积月累,但并非日积月累就能够触发灵感,灵感也可以有意识地激发。很多有经验的作家不断通过外界环境来敦促灵感的产生,进而创作出新作品,下面给出几条激发灵感的方法。

1) 强迫

尽管激发灵感的方法有很多,但是将强迫作为第一种还是出乎很多人的意料,而实质上最有效、最常用的激发灵感的方式的确是强迫。所谓急中生智,紧张的压迫能够激发人的潜能,这当中包括灵感的产生。在影视剧等文艺节目中,我们经常看到关键时刻,局中人灵机一动,扭转局面的情况。

2) 好奇心

好奇心是人类的天性,是用来帮助打破旧的思维方式,创造新的思维方式的一种情感。只有不断地对事物表现出好奇,才能让我们不断寻找到新的问题解决方式,才能让世界变得更加丰富多彩。没有第一个吃螃蟹的人,怎么能够发现螃蟹是如此美味的食品;没有对火的好奇,人类社会还停留在茹毛饮血的阶段。

3) 质疑

人的思维有惯性,只有打破惯性思维,开拓创新,才能够有效地完成工作。

例 17-4:跳高方式创新。

跳高就是要跳过一定高度的水平杆,获胜的人就是跳得最高的人。在1968年以前,跳高有两种方式:俯卧式跳高(脸朝下,从杆上飞扑过去)和跨栏式跳高(像跨栏一样,先迈一条腿过去,再迈第二条腿)。这就是过去人们认为的最好的跳高方式,如果想成为跳高冠军,必须对这两种跳高方式非常了解。

当然,熟悉跳高技术并不意味着就能保证你能成为跳高冠军,但这样做可以提高成功的概率。有一天,一位名叫福斯贝的研究医药学的跳高运动员,很注重研究人体结构。他对人们习惯的跳高方式产生了怀疑,他意识到从杆上跳过去的最佳方式不是俯卧式跳高,也不是跨栏式跳高,而是背越式跳高。于是他在运动会使用了背越式跳高,并取得了好成绩。

4）转换角度

从小我们接受的教育中,一旦一个问题解决不了的时候,通常要换一个思路来解决。在工作中,转换角度能够帮助我们解决问题。

5）联想

世界上绝大多数事情不是独立的,要了解它的来龙去脉,并且一件事情很可能启发你做另外一件事情的思路。当莫尔斯研究如何能让莫尔斯电码的信号足够强大,以便其实现远距离传输时,他观察到长途马车可以靠更换马匹来实现不间断长途运输,从而意识到通过在一定间隔内建立信号转换站,就能加强电码信号的强度,从而实现了信号的远距离传输。

17.2 "信息技术+"创新

信息技术是用于管理和处理信息所采用的各种技术的总称,主要包括计算机科学和通信技术等。信息技术在社会各个行业的应用过程,是一个创新、升级、再造过程,这个过程促进了社会各行各业效率的提升。

例17-5:信息技术在贝塔学院教学管理系统中的创新分析。

贝塔学院教学管理系统主要功能包括用户管理、课程管理、成绩管理、教学资源管理等。下面一一分析这些功能在应用过程中做了哪些创新。

在应用信息技术之前,教师和学生管理主要依赖手工操作,如手动录入学生、教师和课程信息等。这不仅效率低下,而且容易出错。引入教学管理系统后,可以通过系统自动管理信息用户,包括用户注册、权限分配、信息修改等。

传统的课程管理依赖人工排课和安排,容易出现冲突和资源浪费。教学管理系统可以通过算法自动排课,减少了人工干预和错误,使课程安排更加合理和高效。

在未使用教学管理系统时,成绩的录入和管理都由人工完成,工作量大且容易出错。引入教学管理系统后,成绩的录入、查询、分析和报表生成都可以通过系统自动完成,大大减轻了教师的工作负担,也提高了成绩管理的准确性和实时性。

传统教学资源管理依赖纸质文档或简单的电子文档管理,效率低下且不利于共享和重利用。教学管理系统可以将教学资源数字化,并实现资源分类、标签和版本管理,方便资源的查找、共享和重利用,提高了教学资源的利用效率和效果。

贝塔学院通过应用信息技术,实现了教学管理的全面创新。这种创新不仅提高了教学管理的效率和质量,还提升了学生的学习体验和教师的教学效果。通过教学管理系统的应用,贝塔学院为学生和教师提供了一个更加便捷、高效和互动的教学环境。前文中,我们指出创新包括思维创新、产品(服务)创新、技术创新、组织和机制创新、管理模式创新、营销创新、商业模式创新等不同类别。下面我们从产品创新、组织和机制创新、商业模式创新三个方面,进一步阐述信息技术如何与传统行业、产业结合,从而产生了创新,并不断推动原来产品、行业、经济、社会服务等方面的进步和发展。

17.2.1 产品创新

例 17-6:智能手杖——信息技术与传统技术集合的产物。

自从人类出现,手杖就成为帮助老年人、视觉障碍人士或行动不便人士的重要物品。传统意义上手杖主要有帮助走路、探路等功能,信息技术与手杖结合,使得手杖成为一个智能手杖,集成了多种先进功能。这些功能非常方便,能够为老年人或视障人士等提供更安全、更便捷的行走体验,极大地方便了他们的外出。

1. 导航与定位功能

智能手杖可以配备导航系统,能够准确获取用户的位置信息,并通过语音或可视化界面提供导航服务,帮助用户避免迷路。同时配备定位系统,方便家人随时找到老年人,从而能够方便照顾一些记忆衰退、手脚不便的老年人。

2. 避障功能

一些智能手杖配备了红外线测障传感器或激光雷达,能够检测和识别障碍物,并通过语音或震动等方式提醒,这样能够为使用者提供一定的安全防护。

3. 紧急呼叫

对于一些老年人来说,一旦摔倒、急性病发作等,可以通过智能手杖内置的紧急呼叫系统,一键呼叫联系人,如家人、救助机构等,及时获得帮助。

4. 健康监测

老年人身体健康状态监测非常关键,一方面老年人需要运动,另一方面老年人不能过量运动。因此部分智能手杖还具有健康监测功能,如心率监测、血压监测等,可以实时收集用户的健康数据,以提醒老年人不能过量运动。

5. 照明功能

部分智能手杖配备了 LED 灯,从而能够在夜晚或光线较暗的环境中提供照明功能,确保用户的行走安全,这也给用户带来了方便。

正如例 17-6 所讨论的,信息技术使得传统产品功能更加丰富、操作更加便捷、实用性更加强大,大大提高了使用者的体验感。应用信息技术加以创新、升级产品的功能,有的能够提升人们的日常生活品质,让生活更加舒适和安心,如智能家居设备;有的能够提高工作效率,减少工作强度,如智慧农业领域的自动灌溉系统、自动施肥系统、环境监测系统等,这些都能够提高生产力;还有的能够转变人们的生活方式,使人们日常生活更加便捷,如移动设备的应用,在支付、管理、工作等方面带来了便利。

通过信息技术进行产品创新,已经成为推动经济发展的重要力量。充分应用信息技术,促进信息技术与传统产业结合,不断创新产品,能够提高生产效率和服务质量,推动传统产业的转型升级,使得经济发展迈向更高层次。信息技术在不同领域中的应用如下。

1. 智能制造

信息技术与先进制造的融合,推动了智能制造的发展,通过数字化、网络化和智能化技术,实现了制造过程的全面监控、智能诊断和协同决策。信息技术不仅是智能制造的技术基础,也是其发展的关键支撑要素,通过大数据、云计算、人工智能等技术,智能制造成为自适应、自动化、自我优化的系统。同时,智能制造强调全员、全过程、全领域和全局视角,实现了从机器操作到智能协同决策的全面提升,促进了制造业的复兴和产业生态的升级。

信息技术与智能制造之间存在着密切的关系。信息技术在智能制造中扮演着重要的角色,为制造过程的各个环节提供支持和服务,推动制造业向数字化、网络化、智能化方向发展。

首先,信息技术是智能制造的技术基础。通过数字化技术,将现实世界的物理信息转换为数字形式的数据,实现全面监控、智能诊断和协同决策。网络化技术则实现全局、全方位联通和数据共享,使智能制造能够更好地适应市场需求和竞争环境。此外,智能化技术以大数据、云计算、人工智能、物联网等新兴技术为核心,将制造过程转换为自适应、自动化、自我优化的系统。

其次,智能制造是信息技术在制造领域的具体应用和转化。在机器层面,智能制造实现了从机械化、半自动化到全自动化的飞跃;在过程层面,实现了信息流、物流、资料流的协同优化;在领域层面,实现了机器人、新材料、新能源、新食品、新医药等行业的聚合和融合;在全局层面,实现了制造业的复兴和产业生态的升级。

最后,信息技术也是智能制造发展的关键支撑要素。随着智能制造的发展,功能和信息安全技术成为未来的关键要素。与传统制造相比,智能制造是信息技术的集合体,面临着新的威胁。黑客可能攻击智能制造系统的控制层软件漏洞,影响装备的控制和运行,造成功能安全风险;也可能攻击应用层软件漏洞,取得关键制造行业的敏感数据、设备运行情况和用户使用信息等,造成重大泄密风险。因此,必须加强信息技术的研发和应用,提升信息技术产业支撑能力,保障智能制造的安全稳定发展。

2. 智慧农业

信息技术在现代农业领域的应用,主要体现在精准农业的发展、智能农业设备的应用以及农产品流通的优化。通过集成卫星定位系统(GPS)、地理信息系统(GIS)和遥感技术,农民能够对农田进行精确监测和管理,从而实现精准施肥、灌溉和病虫害防治,提高农业生产效率和作物产量。同时,自动化灌溉系统和无人机监测等智能设备也被广泛应用,以提高农业生产效率和作物产量。此外,信息技术还用于农产品流通,通过电子商务平台和市场信息系统,农民可以更好地销售产品,了解市场趋势和消费者需求,并提供便捷的销售渠道,促进农产品流通和农民收入的提高。

3. 智慧物流

信息技术在现代物流领域的应用主要体现在物流信息系统、仓库管理系统和运输管理系统的建立和应用上。物流信息系统通过实时数据跟踪,提供货物的实时位置和状态信息,帮助企业优化物流路线和调度,提高物流效率并减少成本。仓库管理系统通过自动化库存管理和订单处理,实时更新库存信息,自动化出入库操作,提高仓库作业效率,减少人为错误,优化库存水平,降低库存成本。运输管理系统通过实时监控和调度运输资源,优化运输路线和装载计划,提高运输效率,并提供运输成本分析和预测,帮助企业做出更明智的运输决策,降低运输成本。总之,信息技术在现代物流领域的应用使得物流运作更加智能化、高效化,提升了企业的竞争力和客户满意度。

4. 智慧交通

信息技术在现代交通领域的应用主要体现在通过智能交通管理系统、导航系统和公共交通信息系统等关键工具,极大地提升了交通的智能化和效率。智能交通管理系统能够实时分析数据,自动调整交通信号灯,优化交通流量,有效减少交通拥堵,提升道路使用效率,保障交通秩序。导航系统则为驾驶员提供实时的最佳路线和交通信息,帮助他们避开拥堵,选择最优路线,提高出行效率和安全性。此外,公共交通信息系统实时更新公共交通车辆的位置和运行状态,为乘客出行提供路线规划,提高了公共交通的运营效率和服务质量,为乘客带来了更加便捷和舒适的出行体验。这些系统的整合和应用,展现了信息技术在现代交通领域的巨大潜力。

17.2.2 组织和机制创新

例 17-7:智慧政府——组织和机制创新。

随着信息技术在政务中的应用,越来越多政府监管、服务业务通过网络即可以办理,政府管理方式、体制机制都发生了变化,甚至政府组织机构也随之发生了变化。智慧政府是指充分利用物联网、云计算、大数据、移动互联网等新一代信息技术,实现政府办公、监管、服务、决策的智能化,形成高效、敏捷、便民的新型政府形态。围绕智慧政府建设,政府在组织结构和体制机制方面进行了创新。

1. 组织结构方面

政府办公、监管、服务需要多个部门合作完成,因此智慧政府建设首先要建立跨部门协作机制,打破传统政府部门之间的壁垒,实现信息共享、资源整合和业务协同。数据能够根据需求在不同部门之间流通,建立起面向业务而不是面向部门的服务方式。另外随着信息化建设的发展,设立专门负责智慧政府建设的数字化管理机构势在必行。信息化建设机构负责统筹规划、协调推进和监督评估智慧政府的建设工作,对传统部门业务进行信息化整合。

2. 体制机制方面

需要建立健全数据治理机制,包括数据采集、存储、共享、使用和保护的各个环节。通过制定电子政务数据标准和规范,明确数据权属和使用权限,确保数据的准确性和安全性。同时,推动政府数据开放共享,促进数据资源的充分利用。构建基于云计算和大数据技术的政府服务平台,实现政府服务的集中化、标准化和智能化。通过整合政府各部门的业务系统和数据资源,提供一站式、个性化的政府服务,提高政府服务的便捷性和效率。另外还需要加强公众参与和监督机制的建设,推动政府决策的民主化和科学化。

无论是政府还是企业,都需要对组织结构和体制机制进行创新,以更好地适应信息技术在全社会的应用。

首先,为了适应数据处理与传递效率的提升,需要对传统的数据收集、加工、处理方式进行改变,以提高信息的处理速度和准确度。大量自动数据采集设备被应用,OA、企业及时通信工具、工作群组被不断地应用。这使得组织结构更趋向于扁平化,信息可以在同一时间内迅速扩散到整个组织范围,减少了中间环节,从而弱化了中间管理层的效用,推动了企业的机构精简。

其次,信息技术的应用使得管理者能够迅速向被管理人员发布信息,增强组织成员的参与性与自主性。这有助于打破传统的等级组织结构方式,促使组织更加开放和民主。集权化的管理者也可以运用先进技术获得更多的信息,从而做出更多的决策。加强了组织内部各部门间以及各部门内工作人员间的协调。通过信息化系统,不同部门可以共享信息、协同工作,从而提高整个组织的运作效率。

最后,信息技术的发展给组织成员较大的工作自主权。员工可以通过信息化系统自主获取信息、完成任务,从而发挥更大的主动性和创造性。较大的工作自主权也加快了组织反应速度,组织能够快速制订相应的策略和调整计划,并建立相应的体制机制。信息技术通过提高信息处理与传递效率、推动组织结构扁平化,从而大幅度提高了组织管理效率,大大提升了组织竞争力。

17.2.3 商业模式创新

随着信息技术发展为新一代信息技术,并且在不同行业充分应用,不仅给各行各业带来了技术上的变革,同时也引发了商业模式的创新。商业模式创新是指将新一代信息技术(如人工智能、大数据、云计算、物联网、5G通信等)与商业模式创新相结合,以创造新的价值、提升效率和增强竞争力。

第 17 章　IT创新

例17-8：共享单车——一种新的商业模式。

大部分人都体验过共享单车,这是一种基于互联网技术的分时租赁自行车服务,能够非常便利地给人提供短途出行服务。用户通过手机App或者微信小程序查找附近的共享单车,扫描车身二维码解锁,即可骑行。骑行结束后,将单车停放在规定区域,手动锁车,系统会自动结算费用。共享单车首先在技术应用方面进行了创新,共享单车是在传统自行车的基础上,应用了物联网、实时定位、移动支付、大数据等技术,实现了实时监控、便捷支付和智能调度等功能,为用户提供便捷、高效的出行体验。

共享单车的创新不仅体现在技术方面,更重要的是开启了共享模式创新。共享模式是一种基于信息技术发展起来的新商业模式,通过共享资源、共同使用或协同合作等方式,能够满足人们的需求,降低单个资源的使用成本。这种模式能够使资源利用最大化,在提高效率的同时还带来了便利性,既能够推动经济发展,同时又降低了资源重复率,具有较高的社会效益。

共享模式能够避免资源的浪费和重复,减少个人或企业对于资源的独占,从而实现更加合理配置资源。通过资源共享,能够有效减少个人或企业的能源消耗,降低对环境的影响,从而实现促进环保和节能、提高社会效益的目的,为社会可持续发展做出贡献。

从例17-8中可以看出,新一代信息技术与单车的结合,不仅仅创新出共享单车这个产品,更涉及商业模式、社会结构、政策环境等多个方面,是一个全方位、多层次、立体化的创新生态系统。

类似的情形有很多,例如在电子商务领域,通过新媒体平台、大数据技术,能够帮助企业精准找到对产品感兴趣的人,从而实现精准广告推送和数字化营销,大大提升了产品销售能力,实现了特殊化产品专销渠道;在教育领域,通过在线课程,实现了教育资源共享,一些企业能够集中优势资源,为需要者提供知识分享服务;在工业领域,工业互联网的出现将销售、管理、生产串联到一起,个性化定制、私人服务等逐渐成为主流,传统加工制造业企业转型为新型产品服务型企业。

新一代信息技术与商业模式创新的结合,为企业带来了显著意义。它提升了效率、生产力和客户体验,促进了创新与发展,优化了决策过程,增强了竞争优势,拓展了市场和业务范围,保障了数据安全和隐私,并推动了可持续发展。通过不断探索和应用新技术,企业能够更好地适应数字化时代,提升竞争力,实现可持续发展的目标。

总之,信息技术已经成为各行各业转型升级的关键驱动力。它不仅提高了工作效率,还极大地改善了人们的生活质量,为构建更加智能、高效、便捷的社会生活环境提供了强有力的支撑。随着技术的不断进步和应用的深入,我们有理由相信,信息技术将继续为推动社会发展和服务创新发挥关键作用,为构建更加美好的未来贡献力量。

17.3 失败与创新

在不少人的心目中,谈到创新,首先想到的是瓦特发明蒸汽机、陈景润攻克数学难题、爱因斯坦发现相对论,从而把创新想得很神秘,高不可攀,一般人难以做到。其实,这种理解是片面的、狭隘的。

人们不去创新往往是因为害怕失败,被创新高不可攀的思想左右,人们会以为只有那些智商很高的人才去改变、去创新。由于害怕失败,很多新的想法被扼杀,其实任何人创新都会面临着失败。由于创新是一种常见的现象,因此创新失败也是正常的。另外,因为创新是对未知现象和事物的探索,是对不可预见的未来进行预测,在创新的道路上充满了不确定的因素,失败也就是司空见惯的事情。企业产品创新的类型与不确定程度如表 17-1 所示。

表 17-1 企业产品创新的类型与不确定程度

创新的类型	不确定程度
最高的不确定度	基础研究和基础性发明
甚高的不确定度	重大的开创性产品创新; 公司以外开创性的生产工艺创新
中等的不确定度	基本产品创新; 在本公司或系统内的开创性生产工艺创新
小的不确定度	公司已有品种的新"一代"产品; 获得专利的创新; 仿制的产品创新; 产品和工艺的改进
很低的不确定度	成熟生产工艺的早期采用; 新"型号"; 产品的衍生; 为创新产品做代理推广(销售); 已有生产工艺创新的晚期采用及在本企业中的特许授权使用; 较小的技术改进

从表 17-1 中我们可以看出,对于企业进行产品创新来讲,与产品相关的基础性发明研究是具有最高不确定度的,当然也具有很大的风险,而一些细节的改进则基本上是在成熟的产品或市场上进行的,不确定性低的同时风险也低。企业在进行产品创新时,成功与否除了与不确定性有关,还与下列因素有关:

- 企业内部具有相当强的研究与发展力量;
- 从事基础研究或者与从事基础研究的机构保持密切联系;
- 有效地利用专利保护自己;
- 企业规模足够大,能长期资助研发;

- 研制时间比竞争对手短；
- 愿意冒高风险；
- 较早且富于想象地确定一个潜在市场；
- 关注潜在市场,培养和帮助用户；
- 研发与企业战略、生产、销售的整合；
- 与科学界和用户保持密切联系。

无论是个人还是企业,无论创新是否成功,我们都应该鼓励创新,只有不断创新才能保持个人、企业、组织甚至是整个国家、民族的进步与发展。即使是失败的创新也表示在某个方向进行了探索,收获了宝贵的经验。通过创新,获取了创新的能力,锻炼了创新的思维,对机制、体制、产品都进行了有益的摸索,因此无论创新是否成功,都应该鼓励。

17.4 实践训练

1．什么是创新？它的特征和作用是什么？

2．思考下列现象,回答相应问题。

（1）现在几乎每个家庭都能浏览互联网,这给社会带来了什么变化？至少说出 5 种。

（2）报纸除了阅读以外,还有什么作用？至少说出 5 种。

（3）建筑用的砖除了盖房、建楼、铺地、砌墙外,还有什么用途？这里说的砖包括砖粉、碎砖、整砖。至少说出 6 种用途。

（4）对"方便面"这一方便食品进行思维扩展训练,至少说出 5 种类似食品。

3．结合下列日常物体,讨论如何结合信息技术加以创新。

（1）水杯。

（2）电热毯。

（3）办公用椅子。

（4）课桌。

4．随着我国经济的发展,人民生活水平日益提高,轿车已进入许多家庭,但同时也给很多城市带来了交通拥挤、停车难等一系列难题,结合你学到的专业知识,请说出几条通过创新来解决停车难的办法。

第 18 章 IT 创业

在这个快速变化的时代,信息技术(IT)已经成为推动社会进步和经济发展的关键力量。它不仅改变了我们的生活方式,也为创业者提供了无限的可能性。IT 在社会各行业领域的应用,能够产生大量全新模式、机会,更好地满足行业需求。本章旨在为有志于进行 IT 创业的读者,提供一个全面学习相关知识的框架,将探讨基于 IT 创业的基本概念、关键要素、环境与机会,以及创业过程中的策略与风险管理。通过学习,读者将能够熟练运用创业相关工具与技术,完成创业计划并实施。

知识目标:
- 熟悉创业相关概念;
- 初步掌握创业过程中的关键要素;
- 了解创业环境与创业机会;
- 思考创业策略与风险应对。

实践目标:
- 熟练使用创业相关的工具与技术;
- 完成创业计划的制订与实施。

素质目标:
- 培养良好的创业品质与职业道德;
- 培养团队协作与领导能力;
- 培养社会责任感与法律意识。

18.1 创业基础

18.1.1 选择创业

1. 创业的含义

从理论上来讲,创业是创业者对自己拥有的资源或通过努力对能够拥有的资源进行优化整合，从而创造出更大经济或社会价值的过程。创业是一种需要创业者组织经营管理以及运用服务、技术、器物作业的思考、推理和判断的行为。根据杰弗里·蒂蒙斯（Jeffry Timmons）所著的创业教育领域的经典教科书 New Venture Creation 的定义：创业是一种涉及思考、品行素质和杰出才干的行为方式，需要在方法上全盘考虑并拥有协调的领导能力。创业是一个相对的概念，与传统的就业、失业、无业相比，它代表了一种更加积极的人生态度。

例 18-1：创业和就业。

一位记者到建筑工地采访了三个建筑工人，第一个建筑工人认为他正在砌一堵墙；第二个建筑工人说他正在盖一所房子；第三个建筑工人则干劲十足，神采飞扬地告诉记者，他正在为建设一座美丽的城市而努力。若干年后，第一个建筑工人还是一个普通工地的建筑工人，第二个建筑工人是在施工现场拿着图纸的设计师，而那个干劲十足、神采飞扬的建筑工人，已经成为一家房地产公司的老板。

虽然三个建筑工人一开始都在工地劳动，但第三个建筑工人从事的是创业活动，而第一、第二个建筑工人则从事的是就业活动。这里我们归纳一下不同于一般就业活动的创业特质。

1) 更大

虽然在某一个阶段，创业者和普通劳动工作者从事的是相同的工作。例如，同为建筑工人、菜市场卖菜的商贩、农业种植户，但是创业者在一开始就具备了比同岗位一般人更高的目标、更大的社会价值追求。在获取了一定的利益之后，创业者会积极地利用这些利益资源再次扩大规模，而就业者则主要考虑用于购买住房、改善生活条件等方面。一些创业者在开始的阶段，往往会把所有的资本都用于再投入，不断地扩大规模。创业者与普通就业者在对资源的利用上有着本质的区别。

2) 更有效率

在更大社会价值目标的驱动下，创业者必定会想方设法地提高工作效率，以获取更大的价值。根据经济学定理，如果创业者想获取更大的社会价值，那么他必须减少所从事工作的社会必要劳动时间，以获取超过同行业的利润，从而完成资本的积累，以支持下一步的创业活动。例如，例 18-1 中第三个建筑工人的工作效率一定会更高，从而得到更多报酬，在养活自己和家人的基础上，就产生了剩余资本用来进行进一步的发展。刘强东在从事电子设备销售的时候，坚持不卖假货，这无形中降低了消费者甄别的成本，提高了效率，从而获得了成功。

3) 凝聚力

为了实现更大的目标，创业者必须与身边人一起工作。创业者必须实现从一个岗位的工作者转变成为一个能够胜任多个岗位的管理者,并且越是成功的创业者,跟随其创业的人越多。

创业者与普通的个体户、商贩之间的区别与联系是什么?创业活动是一个值得尊敬、值得为之付出的过程,其奥秘就在于,创业活动不仅能为自己带来丰厚的回报,更能够为社会带来更大的社会价值。

没有思想的劳动付出可以称为赚钱活动,也就是普通的就业过程,而怀着更大目标的劳动(无论是否有意识)才是创业活动。

2. 创业过程

例18-2:创业过程。

阿尔法公司是Ａ总和几个伙伴共同创立的,从创立到发展成为一个稳定的教育信息化供应商,经历了以下几个阶段。

第一个阶段是公司创立、产品研发阶段。这个阶段是最辛苦的阶段,Ａ总既要亲自投身研发,又要跑客户,还要进行公司管理。包括筹集资金、招聘员工、建立基础设施、制定文化和愿景、设定公司未来发展方向等。其中最重要的还是产品研发与推广,软件产品研发充满了不确定性,从需求分析、产品设计到编程、测试等多个环节,Ａ总需要经常亲自参与。在这个阶段Ａ总付出了大量的时间和精力。

第二个阶段是产品发布、推广阶段。产品开发完成,公司也开始正式运转,这个时候需要通过各种渠道将软件产品推向市场。Ａ总不得不亲自拜访客户,并开展大量公关、路演活动,这个时候由于产品还不稳定,还需要经常处理客户反馈的问题。这一阶段也是公司最困难的阶段,因为启动资金已经用得差不多了,如果软件得不到认可或者资金回笼不及时,公司就面临倒闭危险。

第三个阶段是数量扩张、成长阶段。在Ａ总和同事们的努力下,公司的软件产品在市场上获得成功。随着客户的增加,需要招聘更多的员工,并且在各地开设更多办公室,与更多友商合作。同时客户也提出更多功能需求,软件的规模越来越大。

第四个阶段是成熟、稳定阶段。在这个阶段,公司业务相对稳定。Ａ总随着年龄的增长,身体健康情况大不如从前,公司管理、技术研发都交给了专门的职业经理人,Ａ总主要负责公司战略制定、文化建设、资源整合等工作。公司员工数量、年度营业额、分支机构等都处于一个稳定状态。

不失一般性,我们可以把创业分为以下四个阶段。

第一个阶段:初创阶段。

在初创阶段,以产品或技术来占领市场,同时养活自己和员工。这个时候个性化差异显著,个人能力至关重要。想法(产品或点子)和技巧(销售)都必与众不同,才能在激烈的竞争中脱颖而出。很多人在初创阶段所从事的工作与后期不同,但是在这个阶段积累下来的经验、人脉、能力、资历会影响整个创业过程,甚至会形成创业成功之后公司特有的企业文化。

第二个阶段:成长阶段。

在成长阶段,通过规范管理来增加企业效益,这时需要创业者的思维从想法提升到思考的高度,而原先的个人技巧更多地变成管理技巧,产品的销售是依靠固定渠道来完成的,创业团队也初步形成。对于一些传统行业的创业者而言,走上这个阶段是自然而然的;而对于一些类似于 IT 创业团队的创业者而言,这个阶段很容易发生资金链断裂,即使产品优秀、利润丰厚,也会导致创业失败。

第三个阶段:稳定阶段。

在稳定阶段,公司逐步走上正轨,向成功阶段迈进。这时依靠的是硬实力(产业化的核心竞争力),整个集团和子公司形成了系统平台,依靠的是一个个团队通过系统平台来完成管理,人治变成了公司治理,销售变成了营销,区域性渠道转变成一个个地区性的网络,从而形成了系统。思维从平面变为三维。这时创业者就有了现金流系统(赚钱机器),它是 24 小时为你工作的,这就是许多创业者梦想达到的理想状态。

第四个阶段:成功阶段。

在成功阶段,即创业者的最高境界,逐步实现国际化、产品丰富化,建立了多条产品线,抵御风险的能力进一步提升。集团总部的系统平台和各子集团的运营系统形成的是一种体系。集团总部依靠的是一种可跨越行业边界的无边界核心竞争力(软实力),子集团形成的是行业核心竞争力(硬实力),这样将使集团的各行各业取得它们在单兵作战的情况下所无法取得的业绩水平。思维已从三维变为多维,这才是企业发展所能追求和达到的最高境界。

18.1.2 创业时机

例 18-3:创业最佳年龄。

盖茨、戴尔等人在大学毕业前创立了微软、戴尔等公司,并取得了巨大的成功;马云、张一鸣、马化腾、丁磊等人则在 35 岁以前创业;李开复、柳传志等人,开始创业时都已经在 35 岁以上。创业有没有最佳年龄?是不是越年轻越好?

与 20 多岁的年轻人相比,中年人有更多的资源和经验,是不是意味着中年人创业有更多优势?青年人创业,一般来讲比中年人的负担更少。不同年龄段都有创业成功的典范,不同年龄段的创业者所面对的问题也不同。不同年龄段创业比较如表 18-1 所示。

表 18-1 不同年龄段创业比较

要素点	22岁（包括）以前	23～34岁	35岁（包括）以上
动力分析	(1) 主观方面：部分性格比较活泼，思想比较解放的人主动从事创业活动； (2) 客观方面：部分人由于生活的压力，又不愿意打工，所以从事一些简单的创业活动	(1) 主观方面的因素主要表现在不愿意参加工作，不能接受别人的领导，对工资收入不满等方面，有迫切的创业期望； (2) 客观上往往是具备了一定经济基础，有一定的生活保障，或者是在工作中出现了创业的需求	(1) 主观原因占比较大，受个人实现自我需求的内在动力驱使，一般而言这个阶段的创业人员都是在各自领域取得一定成功的人员； (2) 部分因为失业、工作调整等客观原因引起
第一桶金	缺乏"第一桶金"，因此创业内容往往是"无本买卖"，用自身劳动力换取一定的收入	有少量的自身资金累积，或者是家人的投资，开始以团队的形式创业，并逐步招聘员工	已完成一定的原始积累，在一定的经济基础上创业，从一开始就以公司形式启动
时间成本	个人时间比较自由，处于学习阶段，牺牲了学习的时间来换取创业经验	时间相对比较自由，能够有大量的时间进行创业，家庭等各方面时间占用相对较少	时间较紧张，家庭生活所占用时间较多，时间成本较高
社会经验	没有创业经验，缺乏社会关系、人力资源，创业主要内容一般也是面向同龄人	有一定的社会资源，创业的内容、范围比较广泛	对创业有较深的体会，创业之初一般会有自己独特的产品、文化、见解，逐步形成自身的核心竞争力

从表 18-1 可以看出，不同年龄段的人创业各有优缺点，并不一定在某些特定阶段创业就更好。相对而言，22 岁以前的创业主要是与潮流有关。例如，现在一些大学生在校园创业，以校园流行元素为主，如校园微信营销、校园活动组织、校园商品买卖等，极少有人做与社会有关的产品。相对其他产业而言，基于 IT 技术的创业者普遍比较年轻，其他产业一般在积累一定的资源与人脉之后才开始创业，而基于 IT 技术的创业，往往是有了想法之后便开始。

18.2 创业项目

好的开始是成功的一半，选择一个好的创业项目，是创业者首先要考虑的问题。从创业本身的性质及其内涵来看，创业项目的选择需要考虑以下几个方面的因素：①项目（在初期可能表现为个体户等谋生手段）是否具有较大的前途和广阔的发展空间；②项目是否有成长性；③创业者在从事的创业项目中是否有核心竞争力。

18.2.1 不熟不做

绝大部分的创业者都是从自己熟悉的工作开始，从一个打工者或者个体户，走上公司化、集团化发展的道路。

支撑创业向更大规模、更多效益发展的核心竞争力,往往表现在资源、技术、管理等方面。形成企业的核心竞争力不可能一蹴而就,要通过积累,这就导致大部分创业者的创业项目是自己熟悉的领域。

例18-4:时间酿酒。

近年来,茅台酒价格一直居高不下,成为"国酒",茅台公司股票也高达上千元一股,成为国内A股市场第一高价股。

茅台酒以本地优质糯高粱为原料,用小麦制成高温曲,发酵期长,多次发酵,多次取酒等独特工艺,是它风格独特、品质优异的重要原因。酿制茅台酒要经过两次下料、九次蒸煮、八次摊晾加曲(发酵七次)、七次取酒,生产周期长达一年,再陈贮三年以上,勾兑调配,然后贮存一年,使酒质更加和谐醇香、绵软柔和,才能最终装瓶出厂,全部生产过程近五年之久。

茅台酒之所以被誉为"国酒",因其具有悠久酿造历史、独特酿造工艺、上乘内在质量、深厚酿造文化。据传远古大禹时代,赤水河沿岸居民已擅酿酒。在汉代,茅台镇一带有了"枸酱酒"。唐宋以后,茅台酒逐渐成为历代王朝贡酒,通过南丝绸之路传播到海外。到了清代,茅台镇酒业兴旺,"茅台春""茅台烧春""同沙茅台"等名酒声名鹊起。"华茅"就是茅台酒的前身。

1949年前,茅台酒生产凋敝,仅有三家酒坊。1949年以后,茅台酒又迎来了新的发展机遇。1996年,茅台酒工艺被确定为国家机密加以保护。2001年,茅台酒传统工艺列入国家级首批物质文化遗产,茅台酒不断发展兴盛。

不仅茅台酒是经过一代代人的不断改进而发展壮大,位列奢侈品的轩尼诗XO系列、麦卡伦威士忌,往往都是在橡木桶中储藏几十年,这些酒的品牌,要经过几代人积累打拼,才能成为世界知名品牌。

创业过程同酿造美酒一样,都需要时间,经过不断发酵、坚持、积累、沉淀,最终才能取得成功。积累过程就是不断获取、积累资源、技术、经验的过程,这些资源最终在创业过程中,犹如美酒慢慢转化为独特的味道一样,成为创业者独特的核心竞争力,最终促使创业走向成功。

1. 资源

很显然,在一个行业中积累的时间越久,所获得的资源也就越多。根据创业需要,我们把创业资源划分为以下几个方面,创业者或者准备创业的人可以从以下几个方面来有意识地进行准备。

1)资金

在前文中我们已经分析了创业启动资金的重要性,尤其是"第一桶金"的积累与获取。

创业之所以困难,就在于创业有一定风险,有可能会因为一些意外的发生而导致亏本。而"第一桶金"的获取和积累是非常辛苦的,尤其对于那些把自己辛苦积蓄作为"第一桶金"的人来讲,一旦损失了很难有精力和时间重新积累。所以,如果一个人打算从事某个行业,经过一定的资金积累过程是必需的。

2)合伙人(员工)

俗话说"三百六十行,行行出状元"。通过在一个行业中长期摸爬滚打,很容易接触到这些行业的人才,在创业的时候,创业者就容易找到自己的顾问、合伙人、员工。一个人的企业,只能是个体户,创业者早晚要走上合伙人、雇员制发展的道路,而人力资源管理是任何企业发展壮大都绕不开的问题。

3)客户

这点毋庸置疑,一旦一个人在某个行业中做出一点成绩,那么他必然积累了一定的客户。比如,一个饭店如果开得很成功,则很容易有一批"熟客",有些小店甚至能够传承上百年,就是因为客户相对固定。如果这些饭店的核心竞争力——大厨自立门头,那么很容易带走这些熟客。有了属于自己的客户,创业者比较容易启动。

4)利益相关者

利益相关者是指股东、债权人等可能对公司的现金流量有要求权的人。管理学意义上的利益相关者是组织外部环境中受组织决策和行动影响的任何相关者。通俗地说,利益相关者就是创业者的"人脉",大部分创业者的成功与否受利益相关者影响巨大。熟悉一个行业以后,会积累大量的"人脉",把这些可调用的资源成功转换为创业资源,是创业成功人士必备的一个技能。

2.技术

技术方面非常容易理解,只有长时间研究某个行业,才能积累一定的技术。只有技术熟练到一定程度,才能对行业有全面的了解和掌握,才能创业。如果对一个行业不了解,盲目地进行创业,则很容易失败。

例18-5:用友网络——基于IT创业的成功案例。

1988年创立的用友软件,是中国最好的民营软件企业之一,其创始人王文京一度成为江西首富。1964年12月出生的王文京,毕业于江西财经大学,在国务院机关事务管理局财务司工作五年,本身对财务工作相当熟悉,在工作中发现了当时财务软件的问题,和好朋友一起创立用友(包含用户之友的含义)软件,公司得到迅速的发展壮大。用友软件的发展,得益于王文京能够抓住当时企业的痛点:缺乏有效的财务管理软件。而王文京之所以能够抓住这个痛点,成功创业,则得益于其对财务工作的熟悉。

3. 管理

一般而言，除了个别的创业者有特别的技术或者资源方面的优势，大部分创业者的创业项目都是普通的、不存在壁垒的。即使一开始凭借某些特殊的原因获取一定的优势，但是在一定阶段以后，很难保持独一无二的社会地位。根据经济学原理，一个产品的价格由需求决定，价值由凝结在背后的社会平均劳动时间决定，价格和价值的差即为利润。企业要长期保持利润的最大化，在无法决定价格的时候（价格由企业决定在大多数国家是违法的），企业必须要降低价值——减少每件产品的生产时间——提高劳动效率，来保持持续获取利润。显而易见，只有具备长时间的经验累积，才能更好地管理好企业，提高企业的效率。例如，在马云推出淘宝之后，很多企业跟随其推出网络交易平台，但是淘宝仍然保持了较高的利润，除了其先发优势外，还有马云在管理上首先创造的阿里文化。

在当今时代，信息技术发展迅速，有一些人通过直播、作秀、倒卖等方式一夜暴富，从创业的角度来看，这些都是偶然现象，并不能成为大众创业的表率，也不算是一种创业方式。真正的创业，还是需要脚踏实地，一步步地在正确的道路上不断前进。

18.2.2 痛点

1. 什么是痛点

在上文中我们提到了王文京在工作中发现，很多中小企业缺乏好用的财务管理软件，而财务管理则是政府和企业都必须严格认真对待的事，这是中小企业和政府共同面对的一个痛点，通过解决这个痛点，王文京和他的用友软件取得了巨大的成就。支付宝、微信支付是现在使用最为广泛的支付方式，一开始支付宝的出现是为了解决淘宝零售中，买家和卖家之间互相不信任的问题；后来随着金融改革，允许私营企业进入资金结算领域，支付宝集中精力解决小额支付中现金携带不方便、刷卡麻烦等问题，在水电煤暖缴费、零花钱使用等方面集中解决居民的痛点，从而获得了巨大的发展机遇，截至2019年年底，支付宝用户已经达到5.2亿户。

人们在生活中总是不断产生需求，从基本的生活需求到个人自我实现的需求，如果这些需求很迫切却又很难实现，这就构成了生活中的痛点问题。如果某个企业或者某个人能够帮助解决集中的痛点问题，相信这样的创业者一定会成功。当然无论是痛点，还是解决痛点的方式方法，都必须在法律和道德许可的范围内。

2. 如何发现痛点

创业者在选择项目的过程中，首先需要确定项目所解决的痛点问题，也就是说，创业的第一步即发现痛点，然后根据痛点提出解决方案，自然而然地形成了创业项目。下面从几个方面来讨论如何发现痛点。

1）省钱

对于大多数人而言，要为生计奔波劳累，能够使用最少的金钱获取最大的价值，是每个人迫切需要的。

例如，360杀毒软件以前的杀毒软件都是收费的，如瑞星杀毒软件、金山毒霸、卡巴斯基杀毒软件等，而且费用不菲。后来周鸿祎把360杀毒软件做成了永久免费的，一下子用户激增。之后360依靠广告和增值服务，挣得盆满钵满，在互联网公司中也占有了重要的一席之地。再如，淘宝的入驻商家和购物都是免费的，卖家和买家直接沟通，这样就节省了大量的费用，成为最近几年发展最好的企业之一。

2）省时

现在的生活节奏加快，人越来越焦躁，最不愿意做的事之一就是等待。一开始人们网购是为了省钱，慢慢地人们发现，网络购物平台的最大贡献其实是节省时间：即使在等红灯的几分钟时间里，你也可以下单购买自己想要的货物，而不需要花费几十分钟甚至几小时的时间去排队结账。所以如果一个项目能够解决浪费时间的痛点，那一定是个比较不错的项目，在前面我们已经分析了，节省时间就意味着能够产生更多的利润。

有一个医疗机构叫"一分钟诊所"，创始人是因为自己儿子喉咙痛去医院看医生结果花了两个多小时，所以他就想能不能提供一种医疗服务，可以快速治疗各种常见普通疾病，而不需要提前预约或者排队等候，所以"一分钟诊所"就诞生了。创业6年后，被上市公司以1.6亿美元高价收购。9年后，在49个城市开了569家诊所，大大节省了很多用户的医疗时间和费用。

对于信息技术而言，节省时间更是其得以立足的根本。大部分信息化软硬件的发明创造基本都是为了节省时间，计算机设计之初的目的就是能够更快地进行数学计算。无论是政府还是企业，刚开始投资信息化时都需要一大笔钱，但是随着信息化项目的应用，所节省的时间和金钱远远超过在信息化项目上的投资，这才是信息技术得以不断持续发展的动力之源。所以，对于信息技术从业者而言，要推广自己的信息化项目，首先考虑的是能否为用户带来便利，一些操作容易、培训简单、容易上手的项目，比复杂的系统更容易推广和成功。

3）省力

曾经有人说过："世界的进步都源自懒人的想法。"虽然这是一句玩笑话，但在某些方面不无道理，大部分人都是很懒的，而且会越来越懒。人类发明的各种交通工具、各种机器，大部分是为了解放劳动力，满足懒人的需求。源源不断的产业和产品被开发出来，很多都是服务于懒人。

例如，美团、饿了么等外卖服务，一方面确实满足了一些人节省时间的需求，另一方面也在很大程度上解决了人们不愿意做饭、不愿意跑腿的问题。类似的水果配送、蔬菜配送、搬家公司，都是抓住了人们省力的痛点。再如，百度、谷歌等搜索引擎自身并不产生内容，而是帮助我们整理好需要资料的目录，这些提供检索服务的网站在给人提供便捷的同时，也实现了成功创业。

在创业过程中,寻找痛点的方式还有很多,通过找到真正的痛点,也就是客户迫切的需求,意味着一个好的开始,而好的开始则是成功的一半。对于信息行业从业者而言,因为信息产业本身就是通过提升效率来实现价值,因此,通过信息技术的应用来解决用户的痛点对创业尤其重要。盖茨通过解决普通人使用计算机不会专业化命令行的痛点,建立了微软帝国,成为世界首富;马云通过建立电商平台,解决了买家和卖家互相不信任的痛点,成为中国首富。诸多案例比比皆是,抓住痛点、解决痛点,才能成功创业。

3. 警惕伪痛点

很多创业者在思维上会有盲区,以为自己发现了让人兴奋不已的用户痛点,但可能并不是真正的用户痛点,我们称为"伪痛点",这是创业者自己想出来的不切实际的痛点。有时候创业者以为自己找到了一个空白市场,投入了巨大精力之后,突然发现其实之前也有人发现了,只不过尝试以后就放弃了,或者这个痛点压根不是痛点,这个时候创业者骑虎难下,或者亏得一塌糊涂,导致创业失败。

例 18-6:共享经济。

2016年4月,随着摩拜单车App在上海上线,一个叫胡玮炜的新闻人打开了共享经济这个"潘多拉魔盒",其创立的共享单车,迅速火遍大江南北。

共享单车确实解决了大量城市上班族,从家里到地铁口"最后一公里"的痛点问题。随后出现的共享充电宝、共享汽车、共享午休空间还能从实际出发,但随之而来的共享家电、共享雨伞甚至共享玩具、共享包包等就有点无厘头。这些共享产品看上去确实有一定的需求,但是其实很大一部分是创业者臆想出来的。以共享雨伞为例:下雨找不着伞确实是一个痛点,但是下雨时对伞的需求并不持续;而且雨伞价值比较低,买和租差不多,并且租还得跑到固定地点去还。最重要的是:不是每天都下雨,对雨伞的需求并不大。随着消费理性化,共享经济开始"退烧",当大潮退去,留下了一堆创业失败者,究其原因很大程度在于对痛点把握不准。

当创业者兴高采烈地发现一个痛点时,多注意以下几点,可以避免伪痛点问题。一是认为用户很急,但实际上用户并不急,也就是说你虽然能够为用户节省时间,但用户本身并不在乎时间。二是以为用户有很迫切的消费需求,但其实大多数用户根本不在乎,只是你所代表的一小部分用户在乎,比如一些高品质消费品,只有一小部分人需要。三是不要做消费频次太低的产品,如找律师App,有些人一辈子都用不上律师,这种服务做不大,用户黏性很差,不利于快速持续发展。在下文中我们会讨论用户频次问题,不仅要发现痛点,还需要有较高频次,才能够长久发展。

18.2.3 高频

所谓高频,就是发生频率很高的意思,高频加痛点才是真正的痛点,低频加痛点就是伪痛点。一些创业者在生活中发现了某个需求,认为自己找到痛点,结果一经深入研究,发现只是在特殊情况下的需求。例如,前面举例说明的部分共享经济,有一些发生频率并不高,针对某个特殊需求定制的服务,不会形成大规模的市场。生活中属于高频的需求非常多,人们的衣食住行都是高频事件,因此围绕衣食住行创业的人比较多,如果在这个方面能够独树一帜,则比较容易取得成功。同时高频意味着成本摊薄和快速盈利,资金压力较少;而低频项目则必须投入大量资金,为客户带来定制化体验,资金压力比较大。

这里特别指出,高频在创业项目选择中并不是独立的,而是要和其他创业因素结合起来综合考虑。对于绝大多数项目而言,高频是一个必要条件。例如,最近几年发展较好、基于"互联网+生活"创业的企业,如淘宝、支付宝、美团、滴滴、顺丰等,都是满足人们日常生活需求,基于国内庞大的用户群体,从而取得了成功。甚至专门诞生了一个词——流量,来说明高频即大流量,即价值。

例 18-7:黏合度与高频的案例。

找到痛点,痛点恰好也是高频,那么是否就意味着你能创业成功呢?相比于马云在创业初期被人认为是骗子,马化腾在公司扩张阶段差点卖掉公司,滴滴的融资历程就顺利多了。下面简单来看一下滴滴前三年的融资发展过程。

2012 年 7 月 10 日,北京小桔科技有限公司成立,9 月 9 日在北京上线。

2012 年 12 月,滴滴打车获得了 A 轮金沙江创投 300 万美元的融资。

2013 年 4 月,完成 B 轮融资:腾讯集团投资 1500 万美金。

2013 年 10 月,滴滴打车市场份额为 59.4%,超过其他打车软件市场份额之和。

2014 年 3 月,用户数超过 1 亿,司机数超过 100 万,日均单达到 521.83 万单,成为移动互联网最大日均订单交易平台。

2014 年 12 月,完成 D 轮 7 亿美金融资,由国际知名投资机构淡马锡、国际投资集团 DST、腾讯主导投资启动亿元专车品牌推广——"今天坐好一点"。

类似于腾讯、阿里,滴滴也是抓住了市场需求痛点,并且频次很高,但是滴滴所处时代不同,人们更容易接受新鲜事物,因此机遇也更好。在最初创业的三年间,滴滴就获得了近 10 亿美元的融资,与早期互联网公司相比较,滴滴的发展充分说明,现在创业环境更好。一旦能够完成用户黏合度和高频次需求的结合过程,很容易就被人接受,并且有资本帮助完成发展历程。而腾讯、阿里则用了将近十年的时间来扭转用户消费习惯,将用户黏合度和高频完美结合。

创业过程中,最关键的就是形成创业者独特的核心竞争力,无论你开创哪种事业,要发展壮大,就要在某一方面做到行业平均水平以上,如品质、售后、营销手段等方面,从而获取服务对象的长期认可,才能发展壮大。

大学生由于经验、人脉和资源的限制,往往倾向于选择那些对资源依赖较小、规模较小、能解决具体问题的创业项目。然而,一旦步入社会并积累了一定的人脉和资源,则可能会转向那些成长潜力更大的项目。例如,上面案例中的滴滴创业者,本身就是阿里的副总裁,起点较高、社会资源较广,因此创业比较容易成功。

18.3 创业之路

18.3.1 失败了怎么办

虽然创业需要一往无前的精神,但任何成功创业者都经历过无数挑战和困难。没有经历过风雨的洗礼,怎能欣赏到绚丽的彩虹?不经受严寒的考验,怎能有梅花的芬芳?在创业的道路上,失败是不可避免的。最艰难的是在风雨飘摇和寒冷刺骨的时刻,如何突破困境,如何坚持下去。创业者应努力缩短困难期,实现平稳过渡,争取尽快进入发展壮大的阶段。

面对失败或发展中的困难,创业者应该从多个角度进行反思,通过改变处理问题的方式和积累经验,争取早日蓄势待发,克服困难,从失败中重新站起来。

1. 反思自己是否具有创业者特质,取长补短

1)乐观积极

创业者首先要有良好的心态,习惯从正面角度看待人与事,无论是什么事情,尽量去看事物好的一面,具有从失败中发现机遇的眼光和能力。很多创业者就是在前一次创业失败的基础上发现了新痛点。例如,李维斯牛仔裤创始人就是因为去淘金失败,发现人们需要更耐磨损的裤子,从而开始制作生产牛仔裤。

2)社交能力

创业过程离不开和人打交道,创业过程中需要把自己的想法告诉身边的人,取得别人的认可。研发、销售、管理都需要具备社交技巧,每一个成功创业者都是一个优秀的演讲家。喜欢社交活动并积极与他人互动,是一个成功创业者必备的技能。

3)坚韧

这点毫无疑问,任何一个创业者都必须具有坚韧不拔、锲而不舍的精神。尤其是在创业遇到困难的时候,往往坚持一下,胜利就在眼前。

4)精力旺盛

创业活动需要投入更多的精力,因此精力充沛、身体健康是成功创业的一个基础。创业者应该积极投身于体育锻炼中,保持良好的体格,以应对艰辛的创业活动。

5) 凝聚力

任何一个创业活动,最终都不是靠一个人就能取得成功的。创业者必须具备担当意识,具有主动承担责任的能力,并且能够团结团队,具有良好的凝聚力。

6) 风险承受能力

创业是一项冒险活动,必须具备良好的风险承受能力,能够适应长期在较大的压力下工作。面对风雨,能够不卑不亢;面对寒冷,能够坚持前行。

7) 创造性

创业从某种角度来讲就是创造事业,因此所从事的工作一定要有开创性。在前面也讨论过,创业过程需要形成与众不同的核心竞争力,这种核心竞争力的形成就是一个反复不断创造的过程。

8) 应变能力

创业者面临不断发展变化的环境,所以具备一定的应变能力,是创业活动能够保持长久的重要条件。

9) 执行力

执行力是创业者需要具备的最重要的特质,没有执行力的企业几乎不可能存活,一个缺乏执行力的人不可能创业成功。

2. 有没有具体的创业计划

很多创业活动的开始具有一定的偶然性,有的人因为恰巧产生某个想法而开始创业,有的人因为生活所迫而开始创业。如果创业初期缺乏创业计划,只是简单规划就立即开始工作,会导致创业过程中的"头痛医头,脚痛医脚"。人无远虑,必有近忧,因此良好的创业计划有助于创业成功。一般而言,创业计划可以包括以下几个方面。

1) 项目概述

对项目总体进行概述,描述所要进入的行业、产品(或服务)及主要客户范围以及所属产业的生命周期是处于萌芽、成长、成熟还是衰退阶段。另外,还有企业所选用的公司形态、营业时间长短等。

2) 具体产品/服务

整理一下创业要提供的核心产品/服务:具体产品、性能及特性;主要产品介绍;产品的市场竞争力;产品的研究和开发过程;发展新产品的计划和成本分析;产品的市场前景预测;产品的品牌和专利等。

3) 市场分析

包括以下内容:对产品需求市场进行预测;市场现状综述;竞争厂商概览;目标顾客和目标市场;本企业产品的市场地位等。

4）生产计划

包括以下内容：产品制造和技术设备现状；新产品投产计划；技术提升和设备更新的要求；质量控制和质量改进计划。

5）管理计划

在创业的生产活动中，存在着人力资源管理、技术管理、财务管理、作业管理、产品管理等，这里面每个环节都很重要。简单描述一下将采用什么样的形式去进行管理，如何找到合适的人。

6）营销策略

应包括以下内容：市场机构和营销渠道的选择；营销队伍的管理；促销计划和广告策略；价格决策。

7）财务管理

财务规划一般要包括以下内容：企业在初创或扩张时，对流动资金需要预先有周详的计划和进行过程中的严格控制；损益表反映的是企业盈利状况，它是企业在一段时间运作后的经营结果；资产负债表则反映在某一时刻的企业状况，投资者可用资产负债表中的数据衡量企业的经营状况。

公司需要实施有效的风险管理，这包括识别和评估市场、竞争和技术方面的基本风险。公司应采取预防措施以抓住附加机会，并考虑现有资本的扩展以及计划表现的设定。

一两次的创业失败，并不意味着人生的失败，反而获取了创业经验，对自身性格进行反思，改掉缺点，对创业项目进行反思，制订良好的计划。待到机遇来临，行业风起，再次投身事业中，必定能够获得成功。

18.3.2　创业难，守业更难

> 拓展阅读：经济转型与接班。

《进取·使命·思变2019解码中国"新生力"白皮书》对家族企业接班人的调查发现，A股上市公司已有15位"90后"掌舵人，包括安排传承或临危受命，集中在2018—2019年密集接班上任，未来30年中国企业约有60万亿元人民币的财富将由第一代创始人传给第二代。中国的家族企业占全部私企的85%左右，上海交通大学的一份报告指出，不愿接班的子女占82%。

现在社会正处于工业化向信息化转变的关键时期，企业所面临的环境瞬息百变，机遇和挑战并存，这对企业掌舵人的要求更高，家族企业如何处理好接班人与元老之间的关系，临危受命的家族成员是否有能力挑起企业继续发展的大梁，集体企业如何遴选出符合需求的职业经理人，这些都是国内第一批发展起来的大型企业集团面临的问题。

1. 要守业,先守人

"苟富贵,无相忘",不乏因为合伙人出走、核心员工叛逃而导致企业一落千丈的例子。实达集团是1988年创立的一个从事电子计算机与周边设备生产的企业,成立之后发展迅速,其生产的票据打印机一度占领国内绝大部分市场。但随后其核心层员工集体出走,创办了新大陆集团,从此以后实达发展不瘟不火,与同期创办的东软、同方、联想、长城等相比,无论是规模还是持续发展能力上都有较大差距。大名鼎鼎的苹果公司,在1985年乔布斯因权力斗争失败而离开之后,一度陷入非常大的困境,市场份额由16%跌至4%,直至1996年乔布斯回归,才重塑往日辉煌,至2011年乔布斯去世后,目前苹果公司一直处于防守阶段,艰难地保持着往日的辉煌。"人"始终是企业中最核心的因素,一个人盘活一个企业的案例比比皆是,而当这个人离开的时候,企业能否仍然保持以往的活力与发展能力,是企业长期发展的关键。

2. 要守业,先守住自己

创业成功之后,仍然能够保持长期发展的企业,大部分是能够保持创业期间艰苦朴素、勇于奋斗精神的企业。

3. 守业,不是守成

对于守业者而言,并不意味着坚持原来的发展策略一成不变,而是要根据社会变化积极地抓住机遇。盖茨曾说过:"现在社会发展变化迅速,不仅是大鱼吃小鱼,还是快鱼吃慢鱼。"因为固守原来的产品和经营之道,缺乏创新而导致企业破产倒闭的例子比比皆是,如诺基亚,曾经的手机巨头、市场领头羊,在拥抱智能手机的过程中不能及时调整产品战略,导致企业被收购。海尔集团则由一家传统的家电制造企业,及时地向生态集团发展,鼓励"人+产业"的众创模式,企业发展始终保持了良好的活力。守业阶段更需要有敏锐的市场把握能力,及时地进行改革创新,才能保持持续发展。

创业成功,并不意味着可以高枕无忧,因为社会一直在发展变化,因此守业也非常重要。无论在哪个国家,百年企业、百年品牌都值得尊敬,经过历史的沉淀,在百年的发展坚持中,所留下的经验和知识都是宝贵的、值得学习的。百年企业、百年品牌在其发展历史中,都凝聚了值得学习的核心竞争力和管理经验,这些都值得一代代企业家去学习、研究,以扬长避短,维护自己企业的发展。

18.4 实践训练

项目名称:基于人工智能的智能语音助手开发。

1. 实践目的

(1) 掌握人工智能基础知识,了解智能语音助手的工作原理。

（2）培养团队协作和项目管理能力。

（3）提升创新意识和实际动手能力。

2．实践要求

（1）以小组形式进行，每个成员明确自己的职责和任务。

（2）完成从市场调研、产品设计、技术选型、编程实现、测试优化到项目推广的整个流程。

（3）需要提交项目计划书、项目报告、代码文档、测试报告等材料。

3．实践过程

（1）市场调研：分析当前市场上智能语音助手的需求和竞争情况，确定目标用户群体和产品定位。

（2）产品设计：根据市场调研结果，设计产品的功能、界面和用户体验。

（3）技术选型：选择合适的技术栈，包括语音识别、语音合成、自然语言处理等。

（4）编程实现：小组成员分工合作，完成产品的编码和开发工作。

（5）测试优化：进行功能测试、性能测试、用户体验测试等，根据测试结果进行优化和改进。

（6）项目推广：制订推广计划，通过社交媒体、线上活动等方式吸引用户并收集反馈。

4．实践总结

（1）总结项目开发过程中的成功经验和不足之处，为今后的项目提供借鉴。

（2）分析项目在市场上的表现和用户反馈，评估产品的市场前景。

（3）反思团队合作和项目管理方面的经验教训，提升团队协作能力。

参 考 文 献

[1] 吴军. 产业互联网：互联网与产业深度融合的下一个十年[M]. 北京：中信出版社，2022.

[2] 彼得·德鲁克. 管理的实践[M]. 齐若兰，译. 北京：机械工业出版社，2021.

[3] 凯利·麦格尼格尔. 自控力[M]. 王鹏程，译. 杭州：浙江人民出版社，2020.

[4] 陈春花. 组织行为学[M]. 北京：机械工业出版社，2019.

[5] 张晓刚. IT职业道德与法律[M]. 北京：清华大学出版社，2022.